コモンウェルスの政治思想史

エリザベス一世期の政治的イングランド意識

Akihiro Yamane
山根 明大【著】

RIKKYO
UNIVERSITY PRESS
立教大学出版会
〈発売　丸善雄松堂〉

コモンウェルスの政治思想史

――エリザベス一世期の政治的イングランド意識――

目次

まえがき

本書の目的は、エリザベス一世期の「コモンウェルス（commonwealth）」という国家観・共同体観を検証することにより、近代国家の思想的基盤とも言うべき「政治的イングランド意識」について考察することである。もちろん、「政治的」という語の持つ意味合いは論者によってまちまちであろうが、本書ではアリストテレスの「政治的動物」（即ち、人間は自然本性上、政治的動物であるが故に共同体もしくは国家を形成し、そこでの共通の利益を目指した「善き生活」を通じて人間本性が完成される、といった議論）を念頭に置いている。ただし、前記のアリストテレス的思考はテューダー朝イングランドという歴史的文脈の中で独自の形で受容・展開されたのであり、本書はこうした歴史的文脈を重視しながらテクストを解読するというアプローチを採っている（本書のタイトルが「コモンウェルスの政治思想」ではなく、「コモンウェルスの政治思想史」となっているのはこのためである）。言い換えるならば、本書において筆者は、「コモンウェルス」という概念あるいは言語を諸々の社会の中で検証することを通じ、エリザベス一世期のイングランド社会全体を描き出すことを目的としている。

エリザベス期（もしくはテューダー朝）のイングランドにおいて、「国家」に相当する語はいくつか存在する。例えば、'England' の他に 'commonwealth'（もしくは 'commonweal'）、'country'、'kingdom'、'realm' などが主要なものとして挙げられる。中でも、'commonwealth' は前述のアリストテレス的思考を内包しつつも当時のイングランド人の政治的メンタリティーを最もよく反映したものであり、その意味で道徳的価値を強く帯びた概念であった（この概念については特に本書第2章を参照）。一六世紀はイングランドに限らず、ヨーロッパにおいて宗教改革を経て、中世キリスト教共同体が理念上のみならず歴史的現実としても瓦解し、近代主権国家へ移行していく時代であるが、本書で検証するように'commonwealth'は正にこうした移行を示す国家・共同体概念だと言えよう。

グローバル化の進展する現代世界にあって、EU（ヨーロッパ連合）は加盟国を増やしながら拡大する一方で、改めてその存在意義を問われつつある。例えば、EUへの反発が強まるイギリスでは、保守党のデーヴィッド・キャメロン政権下でEUからの離脱を問う国民投票が実施され（二〇一六年六月二三日）、離脱支持が残留支持を上回ることになった。そのイギリス国内では、二〇一四年九月一八日にスコットランド独立の是非を問う住民投票が既に行われており（周知の通り、この投票では接戦の末、スコットランド独立は否決されることとなった）、近代国民国家という枠組みはもはや安泰ではなかろう。今後も政治共同体の編成は「統合」と「分裂」を繰り返しながら進んでいくであろうが、本書がこうした国家の再編と共にエリザベス期（あるいはテューダー朝）のイングランドの思想や歴史について考える機会を読者に提供することができれば幸いである。

凡例

- □ 本書では新暦（グレゴリオ暦）を採用しており、原則として新年の始まりは一月一日としている。
- □ 人名・地名に関しては、原則として現地の発音に準じている。ただし、既に日本語で定着している発音表記については、それを用いる場合もある。
- □ 引用文中の（　）は原文を訳したものであるが、〔　〕は筆者が補足したものである。
- □ STC 番号を付した史料は、Early English Books 1475-1640 もしくはリプリント版 The English Experience などを利用した。
- □ 本書で使用する略号は以下の通りである。

Add.: Additional MS
APC : Acts of Privy Council
BL : British Library
Cotton.: Cotton MS
CRO: Cheshire Record Office
CSPD: Calendar of State Papers, Domestic
CSPF: Calendar of State Papers, Foreign
CSPS: Calendar of State Papers, Spanish
CSPV: Calendar of State Papers, Venetian
EEBO: Early English Books Online
Eger.: Egerton Papers
HL: Huntington Library
HMC: Historical Manuscripts Commission
HPT : P.W.Hasler, ed., *The House of Commons 1558-1603: Published for the History of Parliament Trust by Her Majesty's Stationery Office*, 3vols. (London, 1981).

Lansd.: Lansdowne MS

ODNB: Oxford Dictionary of National Biography

OED: Oxford English Dictionary

Salisbury MSS: Calendar of the Manuscripts of the Most Hon. The Marquis of Salisbury, K.G., Preserved at Hatfield House, Hertfordshire

SP: State Papers

SR: The Statutes of the Realm

STC: Short Title Catalogue (2nd ed.)

TNA: The National Archives

序章　初期近代[1]の政治的イングランド意識

（1）エルトンの「近代」国家論

イングランドの統治形式（the forme and manner of the gouernement of Englande）、あるいはその政体（the policie）は……プラトンが彼のコモンウェルスについて、クセノフォンが彼のペルシャ王国について、サー・トマス・モアが彼の仮構せるユートピアについて、それぞれ創作した作品とは種類を異にする。それらの国々は、過去において存在したことが決してなく、未来においても実現することはない。それらは哲学者たちの心を占め、彼らの機知が産み出した虚しい想像・空想（baine imaginations, phantasies）である。[2]

これはトマス・スミス（Smith, Sir Thomas, 1513-77）の『イングランド国制論』の一節であり、彼はここで自分の著作のテーマがトマス・モア（More, Sir Thomas, 1478-1535）らの論じる理想国家ではなく、あくまで現実のイングランドの国制[3]であることを高らかに宣言しているのである。尤もスミスのこの言明には多少の誇張が含まれているし、モアの『ユートピア（*Utopia*）』（1516）が単に理想国家を論じた著作ではなく、「羊が人間を喰らう」という有名なフレーズが示すように、囲い込みという当時のイングランドが直面していた現実の問題に言及していることを我々は知っている。しかしながら、その一方で筆者は、スミスのこの一節ほど一六世紀イングランドにおける国家観の大転換を明示するものはないと思わざるを得ない。即ち、スミスの時代のイングランド人の国家に対する考え方は、モアの時代のそれと大きく異なる（完全な断絶という意味ではない）ものであるのではないかと。

とりわけ、テューダー朝イングランドの国政における思想の重要性については、中世との連続性の中で論じられてきた。例えばJ・W・アレンは、教会に対する世俗権力の優位性の支持という「心理的（psychological）」変化はウィリアム・オッカム（Ockham, William, 1280?-1349）やジョン・ウィクリフ（Wycliffe, John, 1330?-1384）のような中世的遺産から生じたのであり、ヘンリ八世は彼らの思想を、宗教を根拠とする服従の教条へ適用したに過ぎないと考えた。[4] これに対してF・L・バウマは、テューダー朝の君主政は中世の国制を基礎にしているといった見解に抗しながら、テューダー朝の王権理論は根本的に一五世紀の「政治的心理（political psychology）」とは懸け離れたものであったと主張した。[5]

他方、G・R・エルトンはこうした「政治的心理」の変化の中に、統治様式における単なる一五世紀から一六世紀への移行ではなく、中世から近代への移行を見出した。エルトンが一五三〇年代に中央行政機構へ近代的国家官僚制度が導入されたとし、それを「テューダー行政革命」と名付けたのはあまりに有名であるが、彼によると、この一連の改革において中心的役割を果した人物がトマス・クロムウェル（Cromwell, Thomas, 1st Earl of Essex, 1485?-1540）であった。[6] エルトンの「テューダー行政革命」は一九六〇年代以降大きな議論を巻き起こし、特に制度の面では枢密院や議会や星室庁といった諸々の統治機構に関する実証的な研究が為された結果、一五三〇年代を国家の「近代化」の明確な転換点とみなすことに対してはもっと慎重でなければならないことが明らかとなった。[7]

同時にエルトンは理念の面で、クロムウェルが活躍した時期の古典的ヒューマニズムとプロテスタンティズムという思潮について言及している。即ち、こうした思潮に依拠した社会改革と「市民」的自由の伸張こそ近代の自由なるブリテン国家の礎となるものであり、一五世紀末からエリザベス期までの一連の改革の推進力となった、といった見解[8]に彼は異議を唱えたのだった。彼によると、イングランドでは一五三〇年代までに既に古典的ヒューマニズムが普及していたため、当時の急激な方向転換の説明の際に特別な重要性を持ってはいなかった。[9]このように、エルトンは制度の面で一五三〇年代のイングランドに国家の「近代化」の端緒を見出す一方、理念の面での大転換を否定したのである。

(2) 従来の「リパブリカニズム」研究とその問題点

以上のように、「テューダー行政革命」を提唱したエルトンは、その根拠を一五三〇年代の制度的変革に求めながら、当時の（古典的ヒューマニズムとプロテスタンティズムという）思想が果した役割をそれほど評価していなかった。その後、（エルトンの議論を意識しているにせよ、意識していないにせよ）一六～一七世紀のイングランドの思想は主に「リパブリカニズム」研究という形で再評価され、「近代」国家成立の思想的な方面からの説明が為されるようになった。

一六～一七世紀のイングランドの思想史研究進展の切っ掛けを作ったのはJ・G・A・ポコックであったと言えよう。彼はH・バロンらによる「シヴィック・ヒューマニズム」という問題提起[10]を受け、アリストテレスの『政治学』と「徳(virtue)」を重視しながら、それまでにないスケールの思想史研究を打ち出した。即ち、彼の大著『マキァヴェリアン・モーメント』[11]によると、ルネサンス期イタリアに「徳性ある自立的市民が政治を担ってこそ、公正なる秩序が実現する」といった「リパブリカニズム」が形成され、一七～一八世紀のイギリスと建国期アメリカの歴史を動かす中心的な政治思想となった。またポコックは一七世紀半ばのイングランドの「内乱」期を、マキァヴェッリを思想的動因とする「リパブリカニズム」の議論が西欧世界に「再浮上」した時期として高く評価した。[12]

同時に彼は、なぜエリザベス期と初期ステュアート朝のイングランドにおいて、「市民的生活」や共和政についての主題が支持されなかったのかという問題提起を行った。[13] 彼によれば、共和主義者やシヴィック・ヒューマニストの主題の出現は他の思考様式によって妨げられたのであり、そのようなものが真にイングランドで発展するのは一七世紀半ばの「内乱」と空位期間を経て、より古い見地が崩壊した後のことである。ポコックはこのような観点から、伝統的な君主政国家の下で「市民的意識（civic consciousness）の十分な発展を欠いた」[14]ルネサンス期のイングランドには立ち入った検討を加えることはなかった。[15]ともあれ、ポコックは「内乱」期を決定的な転換点とみなすことにより、「内乱」期以前の政治言説の様式と「内乱」期以後のそれとの間に非常にはっきりとした境界線を引いたのであり、彼のこうした視座はその後の思想史研究に大きな影響を与えることとなった。[16]

これに対し、Q・スキナは『近代政治思想の基礎』[17]において、中世後期と初期近代（一三～一六世紀）のヨーロッパにおける政治思想の「主要なテキストの概説」を行うことにより、「近代」国家の概念が形成されるに至った経緯を次のように説明している。[18] まず彼は、一二～一四世紀のイタリア諸都市が教皇庁と神聖ローマ帝国との関係の中で共和政自治を発展させたことに言及した上で、特に「自由（liberty）」の概念に注目することにより、「市民」たちが彼らの政治生活は如何なる外部の支配からも「自由」であるという主権の主張を行うとともに、彼らが相応しいと思う通りに自らを治めるという既存の共和主義的政治制度を擁護した、と述べている。このような共和主義的「自由」は、とりわけ一五世紀初頭のフィレンツェの人文主義者たちによって継承されたが、一六世紀には皇帝軍やメディチ家のために、イタリアの共和主義的「自由」は終焉を迎えることになった。このようなイタリア・ルネサンスは、一五世紀になると人文主義者たちの移動によって北方ヨーロッパに伝播し、北方人文主義者たちは特に有徳な統治の諸原理と支配者の教育に関心を向け、「君主の鑑」や社会の指導者を対象にした進言書というジャンルを発展させた、とスキナは説明する。

とはいえ、こうした北方人文主義に関するスキナの考察は、トマス・モアが活躍した一六世紀前半までで実質的に打ち切られており、彼の研究もまた、「内乱」期以前のイングランドを軽視したポコックらの思想史理解の域を脱するものではないと言える。その一方でスキナは、アリストテレス的な「徳」を重視していたポコックに対し、キケロ的な「自由」に注目することによって前人文主義期（一二～一四世紀）の思想の重要性を主張したのであり、彼のこうした視点は後の「ネオ・ローマ」理論として結実し[19]、R・タックのような近代自然法思想についての考察や自由主義に関する研究に多大な影響を与えることになった[20]。

一方、「内乱」期以前のイングランドの思想の重要性を指摘する研究は数多く存在し[21]、中でもP・コリンソンは、それまでの思想史が等閑視してきたエリザベス期について画期的なテーゼを打ち出した。コリンソンによると、「コモンウェルス」での「活動的生活」についてのイングランド人の視野は、ポコックが考えているほど制限されたものではなかった[22]。即ち、彼は「君主政共和国（monarchical republic）[23]」という問題提起を行うことにより、初めてエリザベス期イングランドにおける「リパブリカニズム」に注目したのだった。もちろん彼は、「継続的で首尾一貫した共和主義運動」について論じている訳ではないし、いわば立憲君主政の端緒をエリザベス期のイングランドに見出している訳でもない。しかしながら彼は、理論面では特に「一六世紀初頭のヒューマニズムの遺産」に、実践面ではカトリック勢力のエリザベス暗殺計画に対抗するために作成された「連合盟約（Bond of Association）」や、一五八五年のバーリ卿ウィリアム・セシル（Cecil, William, Lord Burghley, 1520-98）の草案[24]に言及しながら、社会の上層・下層に関らず、イングランドは「最も異常な政局でさえ、機知に富んだ方法で、また聡明に」対応することができた、と述べている。彼によると、それ故に我々は「最盛期のエリザベス朝社会の政治的洗練（political sophistication）と政治的能力（political capacity）の両方を、過小評価しないように」注意しなければならない。このようにコリンソンは、ポコックがエリザベス期の政治的思考と政治的活動の「共和主義のような様式（quasi-republican modes）」を過小評価していると批判した上で、「市民は臣民の内に隠されていた」と述べるのだった。[25] ただし、前記のようなコリンソンのエリザベス期の政治思想に関する考察は、必ずしも厳密なテクストの言説分析に基づいたものではない（この点で本書と大きく異なる）。

言説分析という学問的手法を用いることにより、コリンソンの「君主政共和国」を本格的に思想史の問題として捉え、「内乱」期以前、特に一六世紀後半から一七世紀前半にかけての研究史上の間隙を埋めたのはM・ペルトネンであった。彼は四〇〇タイトルを優に越す一次史料の踏査を通じ、「活動的生活」・「徳」・「混合政体（mixed constitution）」などの政治的語彙と課題の共有を根拠として（それ故にペルトネンは古典的ヒューマニズムを偏重していると言え、彼の「リパブリカニズム」もまた、普遍的な理想国家における「活動的市民」といった抽象的な道徳論に止まるものであった）、「内乱」期以前から既に「リパブリカニズム」の「衝撃」がイングランドにもたらされていたことを強く印象づけた。[26] 特にエリザベス期のイングランドについて言うならば、ペルトネンによると、ヒューマニストと共和主義者の議論が最も普及・利用されたのは宮廷ではなく、その外部の（地方）都市の共同体においてであった。[27] そして彼は、都市における「リパブリカニズム」についてはほとんど知られていないと指摘した上で、エリザベス期のイングランドにおけるいくつかの著作もしくは英訳書を取り上げた。ペルトネンはこうした著作や英訳書の中に、「リパブリカニズム」の最も急進的なマキァヴェッリ的形態を見出そうとしたのであるが、同時に彼は、「内乱」期以前のイングランドにおける「リパブリカニズム」が制限されたものであったということを指摘するのを忘れなかった。[28] さらにペルトネンは、フランシス・ベイコン（Bacon, Francis, 1st Viscount St. Albans, 1561-1626）をイングランドにおける「リパブリカニズム」の「創始者」と高く評価し、マキァヴェッリからハリントンに連なる言説史の「主脈」に位置づけたのだった。[29] ペルトネンの考察はどちらかというと初期ステュアート朝に偏っており、必ずしもエリザベス期の「リパブリカニズム」を解明したとは言えないが、彼が「リパブリカニズム」の醸成の場として宮廷とその外部を区別し、後者の果した役割を強調した点は無視できない。

こうしたポコックに対する異議申し立て[30]も含め、「リパブリカニズム」研究は現在多様化の一途を辿っている。最近の「リパブリカニズム」研究では、『初期近代イングランドの君主政共和国』という論文集が出版され、コリンソンの「君主政共和国」に対する再評価が為されつつあるのは注目に値する。[31] この論文集はコリンソンの「君主政共和国」を政治思想史の問題として捉えるのみならず、宗教・文学・教育といった観点からも論じており、彼のテーゼの持つ可能性を示した点では評価できる。その一方で、コリンソン自身が認めているように、この論文集は「イングランドの君主政共和国の都市という次元 (the urban dimension)」を等閑視しており、[32] ペルトネンが提示したようなエリザベス期の宮廷外の政治的領域に関する考察が未だに不十分であることを露呈した。また（前述のコリンソンとペルトネンの議論も含めて）この論文集の論者たちは、それぞれエリザベス期の「リパブリカニズム」を極度に単純化し、一つの均質的な思考形態として提示しようとしており、およそ半世紀に亘る同治世の長さを考えると、こうした学問的アプローチには限界があると言わざるを得ない。

（3）「イングランド人意識」という議論の射程

このように、「君主政共和国」というテーゼを打ち出したコリンソンの研究、「君主政共和国」を本格的に思想史の問題として捉えたペルトネンの研究、そしてこのテーゼの多角的な再考を試みた論文集『初期近代イングランドの君主政共和国』の中の諸々の研究は、①古典的ヒューマニズム偏重の故の（普遍的な理想国家における「活動的市民」

といった）抽象的な道徳論への傾向、②エリザベス期の宮廷外の政治的領域に関する考察の不足、③エリザベス期の「リパブリカニズム」の極度の単純化、といった問題を抱えているように思われる（ただし、コリンソンは宮廷外の政治的領域の重要性を認識していたし、ペルトネンは不十分ながら実際にその考察を試みていた）。とりわけ、「リパブリカニズム」の醸成の場として宮廷とその外部を区別したペルトネンでさえ、エリザベス期の宮廷の「リパブリカニズム」と宮廷外の政治的領域のそれを無関係のものと捉え、一方のみ（ペルトネンの場合は後者）を論じるという一面的な学問的アプローチを採っている。しかしながら、一六～一七世紀はイングランドに限らず、ヨーロッパ全体で国家のあり方あるいは国家についての考え方が大きく発達する時代であるし、またL・コリーやR・ヘルガーソンの「イギリス人意識（Britishness）」もしくは「イングランド人意識（Englishness）」に関する研究を考慮すれば、少なくともエリザベス期においては、宮廷の「リパブリカニズム」と宮廷外の政治的領域のそれは（同一のものでないにしても）何らかの関係性を持っており、ある種の「国民統合」に寄与したとみなすのが妥当ではなかろうか。

周知の通り、コリーは『イギリス国民の誕生』において、一七世紀末以降のイギリス‐フランス間の戦争の中で「イギリス人意識」が創出されたと述べているが、彼女によると、こうした意識の創出にとって特に重要だったのがプロテスタンティズムであった[33]。つまり、当時の「イギリス人」（コリーの仮定が正しいとするならば）はこのプロテスタンティズムという「共通の枠組み」により、敵国フランスをカトリックという「他者」として認識し、多くの文化的な差異にも拘らず、イングランド人、ウェールズ人、スコットランド人は初めて纏まることができた、という訳である[34]。斯くして、圧倒的多数の「イギリス人」は「国（nation）」に関する受動的な認識から脱し、「国」のために精力的に参加するようになったのである[35]。彼らにとって「活動的な愛国者」であることは、「市民として政治に参加する権利（citizenship）」の承認を勝ち取る重要な足掛かりであり、また国家運営についての発言権や選挙権への最短距離であった[36]。

尤もコリー自身が（B・アンダーソンに依拠しながら）指摘している如く、前記のような「イギリス人意識」の創出は決して純粋な文化的・民族的均質性を持った「イギリス人」を意味しておらず、むしろそれは脆弱な人工の構築物としての、一つの「つくり出された国民」であった[37]。それ故、イギリスは一つの比較的新しい「国」であると同時に、イングランド、ウェールズ、スコットランドという古くからある三つの「国」の集まりでもあったのである。加えて、コリーは愛国主義に内包される「複雑さと奥深さ」を指摘した上で、愛国主義の「創造力にとんだ再構築」の必要性を説いている[38]。

コリーの「イギリス人意識」もしくは「イングランド人意識」に近いものをエリザベス期のイングランドに見出そうとしたのがヘルガーソンであった。彼は前述の「近代」国家に関するエルトンの議論を念頭に置きながら、「王国(kingdom)」から「国(nation)」への理念上の移行がこの時期のイングランドで始まったのではないか、という提言を行った[39]。彼によると、「王国」が世襲君主個人と同一視され得る「王朝国家」であるのに対し、「国」は「ポスト王朝国家的ナショナリズム(postdynastic nationalism)」を体現するもので、その構成員が用いる「言語(language)」によって境界が形作られるのだった。

もちろん、ヘルガーソン自身も指摘しているように、イングランド宗教改革を通じて王権はより一層強化されたのであり、王権こそが当時のイングランドにおける唯一かつ最も強力な「統合力(unifying force)」であった[40]。したがって、エリザベス期の「極めて強い国民的自意識(the intense national self-consciousness)」はこうした強力な王権の庇護を受けたものだった、とヘルガーソンは述べている。その一方で彼は、エリザベス期のイングランドに「国民国家(nation-state)」という「多元的共同体の基盤(the pluralist communal base)」（即ち、多種多様な共同体を内包しながらも、全体として一つの纏まりを持った国家の原型）を見出すことができるのであり、このような多元性を有する共同体は「ナショナル・アイデンティティー の源泉(the fundamental source of national identity)」としての王権に対抗した、[41]とも述べている。とはいえ、各共同体の間にある「壁 (the walls)」はそれほど堅固なものではなく、「予想外の類似性 (unexpected similarities)」が多元的な共同体を結びつけたのであり、この点にヘルガーソンは「王朝国家」から「国民国家」への変化の兆しを看取したのだった。

（4）本書における視座：政治的イングランド意識と「コモンウェルス」

以上のようなコリーの「イギリス人意識」もしくは「イングランド人意識」といった概念、またこうした概念（に近いもの）をエリザベス期のイングランドに見出そうとしたヘルガーソンの議論は、（ペルトネンの主張とは逆に）エリザベス期の宮廷の「リパブリカニズム」と宮廷外の政治的領域のそれを、（ある程度の差別化を図りながら）両者の関係性の中で統一的に把握することの妥当性を示唆していると言える。他方、コリーとヘルガーソンの研究は、（地図・風刺画・彫刻などの）図像史料から「イギリス人意識」もしくは「イングランド人意識」を読み解くといった文化史的アプローチを含んでおり、必ずしも厳密なテクストの言説分析を行っている訳ではない。したがって、本書ではこうしたテクストの言説分析という方法を採用するのであるが、（ポコックの『マキァヴェリアン・モーメント』やスキナの『近代政治思想の基礎』に顕著なように）テクスト自体をそれぞれの歴史的状況から切り離して考察するのではなく、テクストの言説を多様な歴史的空間の中に位置づけることにより、その社会的広がりを示すことを目的としている。この言説とはエリザベス期の国家もしくは政治共同体に関する「イングランド（人）意識」、即ち、政治的イングランド意識のことであるが、ここで政治的イングランド意識の定義、換言するならば、当時のイングランド人が如何なる国家もしくは政治共同体を思い描き、忠誠を誓っていたかという問題が浮上する。

既に言及したように、コリーとヘルガーソンは、こういったイギリス人あるいはイングランド人の忠誠の対象とし

て 'nation' や 'kingdom' を強調しているが、本書ではエリザベス期のイングランド人の「コモンウェルス (commonwealth)」(もしくは「コモンウィール (commonweal)」) という国家観・共同体観に注目したい。これについて、コリンソンは『初期近代イングランドの君主政共和国』のあとがきの中で、「一六世紀にはリパブリックと互換性のあるコモンウェルスという言葉があり……我々はエリザベス期の人々のイングランドとイングランド人意識 (Englishness) の発見に出くわす[42]」と述べている。彼によると、一六世紀のイングランドにおいては「より熱烈な愛国心 (a more fervent patriotism)、母国とコモンウェルスへの献身」が見られるのであり、こういったものは「ナショナリズムではないとしても、文化的に構成された国民性 (nationhood)」であった[43]。このようなコリンソンの指摘（必ずしも厳密な実証に裏付けられたものではない）は、エリザベス期の「コモンウェルス」という「リパブリカニズム」的な「イングランド（人）意識」が十分に探求されていない[44]という事実を示唆していると言える。

この「コモンウェルス」は、あらゆる人間にとっての「善きものごと (good things)」を意味していたが故に重要な政治言語であった[45]。つまり、ある人間がどのような社会的階層・地位にあろうと、またその者が如何なる動機を持ち、如何なる行動を取り、如何なる団体に所属していようと、「コモンウェルス」という名の「共同体の利益 (the community interest)」に資する限りにおいて、それは善きものであった。同時に、「コモンウェルス」はイングランド固有の言語であり、イングランド人は他国の人民とは全く異なる、といった観念を育んだという意味で「無意識の内にナショナリスト (unthinkingly nationalist)」の言語であった[46]。しかしながら、元来「コモンウェルス」は「国家 (state)」よりも高次の共同体であり、後者は前者に奉仕すべき存在であった。したがって、「国家」が消滅しても「コモンウェルス」はあらゆる場所に残存し、結局より適切な方法で「コモンウェルス」自体を再構成するのだった[47]。こうした「コモンウェルス」という言語の位相に関し、スコットランド宗教改革を推進したジョン・ノックス (Knox, John, 1514?-72) は次のように言及している。

あらゆる王国はコモンウェルスであり、少なくともそうでなければならない。他方、あらゆるコモンウェルスが必ずしも王国ということにはならない。[48]

ここでノックスは、「コモンウェルス」が「王国（kingdom）」よりも高次の概念であることを指摘しているのだが、両者の関係を近代の「市民社会」と「国家」の関係と比較することも可能であろう。

D・ロリソンによると、多様な地域・宗教・階級・民族・職業などを内包した'kingdom'や'Christendom'のような共同体には「いくつかの利益（several interests）」が存在し、それぞれが切り離されながら対立する傾向にある。[49] こうした「低次の利益（subordinate interests）」は（共同体の構成員である）彼ら彼女らの文脈の中では正当なものであるが、その一方で全ての異なる共同体や団体が従属する一つの「より大きな共同体（greater community）」が存在するのだった。この「より大きな共同体」は理想的なものであるが故に、全ての「部分（the parts）」が従属する「全体（the whole）」とは何か、ということを巡る議論が引き起され、このような共同体に「コモンウェルス」（もしくは「コモンウィール」）という際立ってイングランド的な名前が付けられたのである。

筆者が思うに、こういった理想的かつイングランド的な「より大きな共同体」としての「コモンウェルス」は、ある種の「国民統合」を考察する際の最も適した国家概念であり、エルトンが提起した「近代」国家という問題に対し、思想的な観点から解答を与え得るものである。本書における政治的イングランド意識とは、イングランドの「コモンウェルス」（「公共のものごと」や「共通の利益」、あるいはそれらの実現を目指す国家・政治共同体）のための政治参加の意識のことであり、こうした政治意識がエリザベス期イングランドの多様な歴史的空間の中で社会的広がりを示し、展開されていく過程を描き出すこと、これこそ本書の目的である。

以上のように、序章では研究史を整理することにより、エリザベス期の政治的イングランド意識という本書における視座を提示した。第1章ではエリザベス期イングランドの時代背景について概観し、第2章では政治的イングランド意識の中核である（テューダー朝の）「コモンウェルス」概念について、より具体的な思想的説明を行う。第3章〜第5章では、政治的イングランド意識が（エリザベス期のイングランドという）現実の歴史・社会の中で如何なる段階を経て醸成されていったのか、を考察するためのケーススタディを行うのであるが、筆者は次の三つの段階を想定している。即ち、①政治的イングランド意識が形成されるエリザベス治世前期（一五五八〜七〇年頃）、②政治的イングランド意識が発展するエリザベス治世中期（一五七〇、八〇年代）、③政治的イングランド意識が急進化の兆候を見せ始めるエリザベス治世後期（一五九〇年頃〜一六〇三年）の三段階で、それぞれ第3章、第4章、第5章で論じられることになる。そして、結びでは本書の検証から得られた結論を説明するとともに、一七世紀以降の政治的イングランド意識の展開について概観する。

（註）

1 原語は 'early modern' でしばしば「近世」と邦訳されるが、本書では「初期近代」と呼ぶこととする。期間としては大体一五世紀末～一八世紀末を想定している。

2 Thomas Smith, *De Repvblica Anglorvm: The Maner of Gouernement or Policie of the Realme of England, Compiled by the Honorable Man Thomas Smyth, Doctor of the Ciuil Lawes, Knight, and Principall Secretarie vnto the two most Worthie Princes, King Edwarde the Sixt, and Queene Elizabeth* (London, 1583; STC 22857) [L.Alston, ed., *De Republica Anglorum* (Cambridge, 1906)], sig.Q3v.

3 本書では、国家の事柄に関する政治としての「国政」と国家の制度的な統治機構としての「国制」を区別している。

4 J.W.Allen, *A History of Political Thought in the Sixteenth Century* (London, 1928), pt.II, chs.1, 2.

5 F.L.Baumer, *The Early Tudor Theory of Kingship* (New York, 1966), pp.2, 3, 210.

6 エルトンの「テューダー行政革命」論については G.R.Elton, *Tudor Revolution in Government: Administrative Change in the Reign of Henry VIII* (Cambridge, 1953); idem, *The Enforcement of the Reformation in the Age of Thomas Cromwell* (Cambridge, 1972); idem, *Reform and Renewal: Thomas Cromwell and the Commonweal* (Cambridge, 1973) を参照。

7 「テューダー行政革命」を巡る議論については、特に C.Coleman and D.Starkey, eds., *Revolution Reassessed* (Oxford, 1986) が有益である。

8 こうした見解については A.F.Pollard, *England under Protector Somerset* (London, 1900); W.G.Zeeveld, *Foundations of Tudor Policy* (Cambridge, 1948) などを参照。

9 Elton, *Reform and Renewal*, pp.5, 36, 99.

10 この問題については H.Baron, *Humanistic and Political Literature in Florence and Venice at the Beginning of the Quattrocento* (Cambridge, 1955); idem, *The Crisis of the Early Italian Renaissance* (Princeton, 2nd ed., 1966); idem, *From Petrarch to Leonardo Bruni: Studies in Humanistic and Political Literature* (Chicago, 1968); idem, 'Petrarch: His Inner Struggles and the Humanistic Discovery of Man's Nature', in Rowe and Stockdale, eds., *Florilegium Historiale: Essays Presented to Wallace K. Ferguson* (Toronto, 1971) などを参照。また、バロン以外のイタリア・ヒューマニズムに関する研究として E.Garin, *Italian Hu-*

manism, Philosophy and Civic Life in the Renaissance, P.Munz, trans. (New York, 1965)（E・ガレン著、清水純一訳『イタリアのヒューマニズム』、創文社、一九六〇年）; G.Holmes, *The Florentine Enlightenment, 1400-1450* (London, 1969) などがある。

11 J.G.A.Pocock, *The Machiavellian Moment: Florentine Political Thought and the Atlantic Republican Tradition* (Princeton, 1975)（J・G・A・ポーコック著、田中秀夫、奥田敬、森岡邦泰訳『マキァヴェリアン・モーメント：フィレンツェの政治思想と大西洋圏の共和主義の伝統』、名古屋大学出版会、二〇〇八年）.

12 Pocock, *Machiavellian Moment*, ch.XI.

13 この問題については P.Zagorin, *A History of Political Thought in the English Revolution* (London, 1954), pp.146-49; J.H.M.Salmon, *The French Religious Wars in English Political Thought* (Oxford, 1959), p.12; E.Rawson, *The Spartan Tradition in European Thought* (Oxford, 1969), pp.187-88; R.Eccleshall, *Order and Reason in Politics: Theories of Absolute and Limited Monarchy in Early Modern England* (Oxford, 1978), pp.2, 153; J.P.Sommerville, *Politics and Ideology in England, 1603-1640* (Harlow, 1986), pp.58, 238; D.Wootton, Introduction, in idem, ed., *Divine Right and Democracy: An Anthology of Political Writing in Stuart England* (Harmondsworth, 1986), pp.70-71; J.Scott, *Algernon Sidney and the English Republic 1623-1677* (Cambridge, 1988), pp.18, 48-58; K.Sharpe, *Politics and Ideas in Early Stuart England: Essays and Studies* (London, 1989), p.18 などを参照。

14 Pocock, *Machiavellian Moment*, p.348.

15 ただしポコックは、イングランドのヒューマニズムが君主の「助言者 (counselor)」としてのヒューマニスト像を提出することにより、自らの市民的な意識を発展させたとも主張している (*Ibid*., pp.338-39)。このようなヒューマニストは、君主が持たない意識と技量を以て、彼自身の「徳」もしくは統治に参加する個人の能力をある種の（統治者と臣民の）「連合 (association)」に捧げていたのであり、こうしてアリストテレス的な市民像の方向へ一歩踏み出していたのである。

16 例えば B.Worden, 'Milton's Republicanism and the Tyranny of Heaven', in G.Bock, Q.Skinner, and M.Viroli, eds., *Machiavelli and Republicanism* (Cambridge, 1990) はポコックのこうした視座を反映している。また D.Bush, *The Renaissance and English Humanism* (Toronto, 1939), pp.69-100; A.B.Ferguson, *The Articulate Citizen and the English Renaissance* (Durham, 1965); J.K.McConica, *English Humanists and Reformation Politics under Henry VIII and Edward VI* (Oxford, 1965); M.Dowling,

Humanism in the Age of Henry VIII (London, 1986); A.Fox and J.Guy, *Reassessing the Henrician Age: Humanism, Politics and Reform 1500-1550* (Oxford, 1986); J.A.Guy, *Tudor England* (Oxford, 1988), pp.408-13; R.J.Schoeck, 'Humanism in England', in A.Rabil (Jr.), ed., *Renaissance Humanism: Foundations, Forms, and Legacy*, 3vols. (Philadelphia, 1988), vol.2, pp.5-38; G.R.Elton, 'Humanism in England', in A.Goodman and A.MacKay, eds., *The Impact of Humanism on Western Europe* (Harlow, 1990) などの研究は、特に一六世紀半ばのイングランドにおけるヒューマニズムの衰退という観点からポコックの視座を支持している。

17 Q.Skinner, *The Foundations of Modern Political Thought*, 2vols. (Cambridge, 1978)（Q・スキナー著、門間都喜郎訳『近代政治思想の基礎：ルネッサンス、宗教改革の時代』、春風社、二〇〇九年）. またスキナによるポコック批判については Skinner, *Foundations of Modern Political Thought*, vol.I, pp.xiv, 4-5, 27-28, 42-48, 156, ch.4 を参照。

18 スキナのこの著作に対する筆者の評価の詳細については『イギリス哲学研究』第三四号、二〇一一年、八一～八三頁 の書評を参照されたい。

19 スキナの「ネオ・ローマ」理論については Q.Skinner, *Liberty before Liberalism* (Cambridge, 1998)（Q・スキナー著、梅津順一訳『自由主義に先立つ自由』、聖学院大学出版会、二〇〇一年）を参照。

20 R.Tuck, *Philosophy and Government 1572-1651* (Cambridge, 1993). タックはこの著作の中で、特に一六世紀後半のヨーロッパにおけるキケロ主義とタキトゥス主義の重要性を強調している。

21 例えば M.Walzer, *The Revolution of the Saints* (Cambridge, 1965); D.Hirst, *The Representative of the People?: Voters and Voting in England under the Early Stuarts* (Cambridge, 1975); D.Norbrook, *Poetry and Politics in the English Renaissance* (London, 1984); K.O.Kupperman, 'Definitions of Liberty on the Eve of Civil War: Lord Saye and Sele, Lord Brooke, and the American Puritan Colonies', *Historical Journal* 32 (1989); D.H.Sacks, 'Parliament, Privilege, and the Liberties of the Subject', in J.H.Hexter, ed., *Parliament and Liberty from the Reign of Elizabeth to the English Civil War* (Stanford, 1992) などの研究を参照。

22 P.Collinson, 'The Monarchical Republic of Queen Elizabeth I', *Bulletin of the John Rylands Library* 69 (1987). 因みに、コリンソンのこの論文は 佐々木武「近世共和主義：『君主のいる共和国』について」、近藤和彦編『岩波講座・世界歴史 一六：主権国家と啓蒙 一六～一八世紀』、岩波書店、一九九九年 で詳しく取り上げられている。

23 コリンソンはスキナから「君主政共和国」の着想を得たことを明かしている。コリンソンによると、スキナは（「ネオ・ローマ的自由」

を強調することにより）法の支配こそが「君主政共和国」、即ち、君主政という形態を採りながらも共和主義的な性格を併せ持った政体、を実現可能にしたと考えた。こういった点については J.F.McDiarmid, ed., *The Monarchical Republic of Early Modern England: Essays in Response to Patrick Collinson* (Ashgate, 2007), pp.245, 59 を参照。また君主政と共和政という一見相容れない二つの政体を結合させたコリンソンのこの用語については様々な異論があるかもしれない。しかしながら、'republic' という語は後述のラテン語 'res publica' に由来し、元来は公益への奉仕を意味していたため、古代ギリシア・ローマの君主政・貴族政・民主政といった三つの国家形態を包括した概念であった。マキァヴェッリの時代になると、'republic' は（一者ではなく）複数者の支配する国家形態を指す言葉となり、今日では君主政を採らない国家形態全般を意味するようになった。その一方で、近代以降、君主政が立憲主義化することによって名目的なものとなった、あるいは共和政自体が社会主義のみならず、民主政や独裁制なども包含するようになったのに伴い、君主政と共和政の区別は今日では実際的意義を喪失したと言える。

24 バーリ卿はこの草案の中で、万一エリザベスが突然死した場合、イングランドは君主不在の状態で大評議会と議会が一時的に統治を行い、女王の後継者を選ぶべきだとしている。バーリ卿の草案もしくはその関連史料として TNA, SP 12/176/11, 22-23, 28-30; HL, MS EL1192 を参照。

25 P.Collinson, *De Republica Anglorum: Or, History with the Politics Put back* (Cambridge, 1990), pp.23-24.

26 M.Peltonen, *Classical Humanism and Republicanism in English Political Thought, 1570-1640* (Cambridge, 1995), pp.7, 11-12.

27 *Ibid.*, p.54.

28 *Ibid.*, pp.54-55.

29 *Ibid.*, p.196. ベイコンの政治学を「活動的生活」の実践といった視点からより個別具体的に描き出した研究として木村俊道『顧問官の政治学：フランシス・ベイコンとルネサンス期イングランド』、木鐸社、二〇〇三年を参照。

30 前記のようなコリンソンとペルトネンの議論を受け、ポコックは二〇〇三年版『マキァヴェリアン・モーメント』のあとがきの中で反論を試みている（このあとがきも含めたポコックの反論については ポーコック著『マキァヴェリアン・モーメント』、第一六～一七章をここでは参考にしている）。ポコックによると、コリンソンとペルトネンが指摘していることの多くは、「タキトゥス主義（Tacitism）」というカテゴリーに属するもので、それは一六世紀後半に一般的な言説の様式であり、自らを不完全な君主国に服従させることと、君主国が不完全である点を自ら明確に述べることにその本質があった。この「タキトゥス主義」は宮廷の「リパブリカニズム」以上のものに達することはなく、不平を抱いた廷臣・顧問官・有力者が自らを元老としてイメージする手段となったものの、国王を廃して貴族政を実現する手段はほとんどなかった。こうしてポコックは、イングランドを共和国として想像するように、またそのような共和国の基礎となり得るような「能動的市民」生活の概念を探求するように強いるためには、「内乱」、統治の解体、そして実際の国王殺しが必要であった、という点を強調するのだった。因みに、こうした点については D.Armitage, A.Himy and Q.Skinner, eds., *Milton and Republicanism* (Cambridge, 1995) などを参照。

31 McDiarmid, ed., *Monarchical Republic of Early Modern England.* この他にも、最新の「リパブリカニズム」研究としては M.van Gelderen and Q.Skinner, eds., *Republicanism: A Shared European Heritage*, 2vols. (Cambridge, 2002); E.Nelson, *The Greek Tradition in Republican Thought* (Cambridge, 2004); J.Scott, *Commonwealth Principles* (Cambridge, 2004); A.Hadfield, *Shakespeare and Republicanism* (Cambridge, 2005); 田中秀夫、山脇直司編『共和主義の思想空間：シヴィック・ヒューマニズムの可能性』、名古屋大学出版会、二〇〇六年；佐伯啓思、松原隆一郎編著『共和主義ルネサンス：現代西欧思想の変貌』、NTT出版、二〇〇七年；菊池理夫『共通善の政治学：コミュニティをめぐる政治思想』、勁草書房、二〇一一年などが重要である。

32 McDiarmid, ed., *Monarchical Republic of Early Modern England*, pp.257-58. 事実、この論文集はエリザベス期に限って言えば、ウィリアム・セシルやトマス・スミスの如き宮廷人の政治思想の検証、ウィリアム・シェイクスピア (Shakespeare, William, 1564-1616) の作品などの特定の文学的著作あるいは当時のイングランドで流行していたギリシア・ローマ古典の内容的検討、を中心としており、明らかに宮廷外の政治的領域に関する考察を欠いていると言える。

33 L・コリー著、川北稔監訳『イギリス国民の誕生』、名古屋大学出版会、二〇〇〇年。

34 ただしコリーは、プロテスタンティズム以外の「国民形成 (nation building)」の要素についても指摘しており、例えば運河網・道路網の発達、国内における自由取引の発展、各地での新聞・定期刊行物の刊行、急速な都市化などを挙げている（同上、三八七頁）。

35 同上、三八八頁。

36 同上、三八九頁。

37 同上、五～六頁。

38 同上、三八九頁。

39 R.Helgerson, *Forms of Nationhood: The Elizabethan Writing of England* (Chicago, 1992), pp.2, 4.
40 *Ibid*., p.9.
41 *Ibid*., pp.5, 10.
42 McDiarmid, ed., *Monarchical Republic of Early Modern England*, p.251. 本書では特に「リパブリカニズム」の具体的な定義を提示していないが、こうしたコリンソンの言語認識に依拠して「リパブリカニズム」を論じている。
43 *Ibid*., pp.251-52.
44 この要因として、コリンソンは「ナショナリズム」をフランス革命・産業革命以後のものとする通説が根強いことを挙げている(*Ibid*., pp.251-52)。
45 D.Rollinson, *A Commonwealth of the People: Popular Politics and England's Long Social Revolution*, 1066-1649 (Cambridge, 2010), pp.13-14.
46 *Ibid*., p.14.
47 *Ibid*., p.14.
48 D.Laing, ed., *The Works of John Knox* (Edinburgh, 1848), vol.2, p.458.
49 Rollison, *A Commonwealth of the People*, p.15.

第1章　エリザベス期イングランドの時代背景

第1節　イングランド宗教改革とエリザベス一世の登場

（1）ヘンリ八世の離婚問題とイングランド宗教改革

一五一七年、マルティン・ルター (Luther, Martin, 1483-1546) が贖宥状販売に抗議してウィッテンベルク城教会の門に「九五ヵ条論題」を掲げたのを切っ掛けにドイツが宗教戦争に突入すると、宗教改革の波はすぐにヨーロッパへ押し寄せることとなった。この頃、イングランドのヘンリ八世 (Henry VIII, 1491-1547) はルターに反駁する自著をローマ教皇に献呈して「信仰の擁護者」の称号を得ていたが、王妃キャサリン (Catherine of Aragon, 1485-1536) との間に未だ男子を儲けることができないでいた。既にキャサリンは四〇歳を迎えており、彼女から男子誕生を望むのは困難であるように思われた。こうした中、ヘンリはキャサリンの侍女の一人アン・ブーリン (Boleyn, Anne, 1507?-36) と出会い、次第にアンとの間に男子を儲けることを願うようになった。即ち、ヘンリはキャサリンと離婚し、アンを新しい王妃として迎えようとしたのである。そのため、ヘンリは（カトリックの教義では離婚はあり得なかったので）ローマ教皇にキャサリンとの結婚の無効を宣言してもらう必要に迫られた。

当初、「信仰の擁護者」の称号を得ていたヘンリは、枢機卿にも任じられローマ教皇庁に影響力を保持していたトマス・ウルジ (Wolsey, Thomas, 1473?-1530) の存在もあり、この件について楽観的であった。しかし、ヘンリの思惑は外れ、教皇からキャサリンとの離婚許可を得られないばかりか、逆にヘンリ自身がこの離婚問題でローマに召喚されそうになるという有様であった。一五二〇年代後半以降、イタリア戦争は神聖ローマ皇帝側に有利に進み、時の教皇クレメンス七世 (Clemens VII, 1478-1534) は皇帝カール五世 (Karl V, 1500-58) の支配下に置かれていたため、皇帝の叔母に当たるキャサリンの離婚を許可することができなかったのである。そこでヘンリは、一五二九～三六年にいわゆる「宗教改革議会」を開き、ローマ・カトリック教会に反する立法を次々と通過させていった。

　この「宗教改革議会」は一時期休会となったが、一五三三年三月の第四会期には「上告禁止法」が提出された。トマス・クロムウェルによって起草された「上告禁止法」は、教会に関する裁判も最高の決定権は国王にあると主張し、イングランドの法廷を飛び越えて直接ローマ教皇へ上告することを禁止したものであった。「上告禁止法」が制定された結果、カンタベリ大司教の主宰する法廷が離婚問題に関する正式な最終決定の場となり、同年四月、トマス・クランマ (Cranmer, Thomas, 1489-1556) はヘンリとキャサリンの結婚は無効であり、したがってヘンリとアンは合法的に結婚しているという判決を下した。また一五三四年一一月に開かれた第六会期では「国王至上法」が制定され、イングランド国王が「イングランド教会の地上における唯一最高の首長 (supreme head)」であることが宣言された。[1] この「国王至上法」により、これまでローマ・カトリック教会の一部に過ぎなかったイングランドの教会は分離・独立し、イングランド国王がその支配者となった。以上のように、ヘンリの離婚問題はイングランド宗教改革を惹起し、結果としてイングランド国教会を成立させることになったのである。

（2）エリザベスの誕生

「宗教改革議会」の最中の一五三三年初め、アン・ブーリンに妊娠の兆候が表れ、同年九月七日、グリニッジ王宮で一人の王女が誕生した。彼女こそ後のエリザベス一世（Elizabeth I, 1533-1603）である。王子ではなく、王女が誕生したのは父王ヘンリにとって大きな失望であったが、それでも王女エリザベスの誕生のために盛大な祝賀行事が執り行われた。また二〇代半ばのアンにはなお男子出産の可能性もあり、この時点でヘンリの寵愛を失うことはなかった。しかし、一五三六年一月にアンが男子を早産で失うと、ヘンリは彼女に代わる新王妃によって男子の王位継承者を得ることを考え始めた。そして、同年五月ヘンリの命により、アンは不義の汚名を着せられて逮捕され、有罪の宣告を受け処刑された。同時に、ヘンリとアンの結婚は当初から無効であったとされ、アンの娘エリザベスは（キャサリンの娘メアリと共に）非嫡出子の身分に落とされた。メアリは母キャサリンに対するアンの冷酷な仕打ちを忘れたことはなかったが、アンが処刑されると幼いエリザベスを不憫に思い、姉らしい愛情を示すようになった。

ヘンリはアンの処刑直後に三番目の王妃となるジェーン・シーモア（Seymour, Jane, 1509?-37）と結婚し、一五三七年一〇月に待望の男子エドワードを得た。ジェーンはこの出産の後に産褥熱で他界することになり、お互い早くに母を失ったこともあってか、エリザベスは四歳違いの義理の弟エドワードに親愛感を持って接した。ルネサンス期の宮廷に生きる者の常として、エリザベスとエドワードは共に人文主義者から教育を受け、姉弟はさらに親密になっていった。とりわけ、ロジャー・アスカム（Ascham, Roger, 1515-68）はエリザベスの個人教師として有名であり、彼は『学校教師（*The Schoolmaster*）』（1570）の中でラテン語教授法を論じるとともに、人文主義的教養の見地に立って古典の必要性について説いている。[2] アスカムらの教育を通じ、エリザベスはフランス語やイタリア語に加えてギリシア語やラテン語も習得し、ルネサンス期の君主にとって不可欠な教養を身に付けていったのである。

（3）エリザベスの即位

一五四四年に制定された「王位継承法」では、イングランド王位継承順位は①エドワード、②メアリ、③エリザベスと定められていた。一五四七年一月にヘンリが死去すると、幼いエドワード六世 (Edward VI, 1537-53) が即位しその伯父サマセット公 (Seymour, Edward, Earl of Hertford, 1st Duke of Somerset, 1506?-52) が摂政として実権を握った。しかし、一五四九年に、イングランドにおける唯一の合法的な礼拝様式を規定した「共通祈祷書」を巡ってデンヴォンシァとコーンウォルで、続いて共有地の「囲い込み」に対する不満からノーフォークで民衆蜂起が勃発すると、摂政サマセット公は責任を問われて失脚し、その後処刑された。

サマセット公の次に権力の座に就いたのはノーサンバランド公 (Dudley, John, Duke of Northumberland, 1502-53) であった。彼は四男ギルフォード (Dudley, Guildford, ?-1554) をヘンリ七世 (Henry VII, 1457-1509) の曾孫ジェーン・グレイ (Grey, Jane, 1537-54) と結婚させ、エドワード六世亡き後、ジェーンをイングランド王位に即けて操縦する、という野望を抱いていた。一五五三年七月、エドワードが一六年の短い生涯を終えると、すぐにジェーンの即位宣言が行われた。しかし、ノーサンバランド公の計画を察知した王女メアリが挙兵して公の軍を打ち破り、王位に即いた。こうしてジェーンは「九日間の女王」となり、メアリ一世 (Mary I, 1516-58) が即位することになったのである。その後、ジェーンは、メアリとスペインのフェリペ皇太子（後のフェリペ二世）の結婚を阻止すべく起った「ワイアットの乱」[3]に関与した廉で、夫ギルフォードと共に処刑された。

エリザベスもまた「ワイアットの乱」への加担を疑われ、ロンドン塔に拘禁されて取り調べを受けることになった。カトリックのメアリには、イングランドのプロテスタントに支持されているエリザベスを王位継承から排除しようという考えもあったようだが、この反乱に加担した証拠は見つからず、エリザベスは危機を脱することができた。結局メアリはフェリペとの間に子を儲けることができず、カトリック信仰を維持するという条件でエリザベスを王位継承者と認めざるを得なくなった。フェリペとの結婚によって対フランス戦争に巻き込まれたメアリは、大陸における最後の領土カレーを失い、一五五八年一一月失意の内に死去した。そして、新しいイングランド国王として、二五歳のエリザベスが即位することになったのである。

第2節　エリザベス期イングランドの国際情勢

(1) イングランド王位継承を巡る議論

こうしてエリザベスはイングランド国王の地位に就いたのであるが、彼女の王位継承について全く異論がなかった訳ではない。というのも、ヘンリ八世はアン・ブーリンとの結婚を無効としており、エリザベスは非嫡出子のままイングランド王位継承権を認められていたからである。とりわけ、ヨーロッパのカトリック諸国において、エリザベスは非嫡出子であり、スコットランド女王でもあったメアリ・ステュアート (Mary Stuart, 1542-87) こそ正統なイングランド王位継承者である、と考えられていた。[4] そして、メアリの支持者たちは、エリザベスの次のイングランド王位継承を主張したのではなく、エリザベスの王位継承自体を否定したのだった。それ故、メアリがフランス皇太子妃もしくはフランス王妃である間、[5] 彼女がイングランド王位継承権を有しているという主張は、イングランドにおいて大いに不評であった。

メアリの二番目の夫ダーンリ卿 (Henry Stuart, 1545-67) も有力なイングランド王位継承候補者であった。ダーンリ卿の王位継承権は妻メアリのものと同様、ヘンリ七世の長女マーガレット (Margaret Tudor, 1489-1541) に由来していた。スコットランド女王であるメアリはダーンリ卿よりも上位の(イングランド)王位継承権を有していたが、(スコットランド生れのメアリとは違い)ダーンリ卿はイングランドのヨークシァで生れたので、彼の王位継承権を上位とみなすことも可能であった。こうしたダーンリ卿の王位継承権は、特にメアリがフランスにいる間、イングランドのカトリックにとっては非常に魅力的なものであった。[6] メアリがスコットランドに帰国すると、彼女は多くのイングランドのカトリックから好意的に見られるようになったが、それでもなおダーンリ卿は、メアリの正統性を認めないイングランドのカトリックの支持を得ていた。[7] しかし、メアリとダーンリ卿の結婚成立後、卿のイングランド王位継承権について主張されることはほとんどなかった。[8]

こうした(特にメアリ・ステュアートの)イングランド王位継承権の主張に対抗するためにも、エリザベスは結婚して継嗣を儲ける必要があった。とはいえ、イングランド女王との結婚はかなり魅力的なものであり、イングランド国内外を問わず、エリザベスは多くの結婚候補者を得ていたため、このことは彼女の即位直後はそれほど大きな問題ではなかった。例えば外国の王族では、(メアリ一世の死によって独身となっていた)スペイン国王フェリペ二世(Felipe II, 1527-98)、スウエーデン国王エーリク一四世(Erik XIV, 1533-77)、神聖ローマ皇帝フェルディナント一世(Ferdinand I, 1503-64)の次男と三男などが結婚候補者であった。またイングランド国内では、エリザベスの寵愛を受けていたロバート・ダドリ(Dudley, Robert, 1st Earl of Leicester, 1533-88)が結婚候補者だったのは広く知られている。だが、エリザベスが一五五九年議会でイングランドという王国と結婚したのを宣言したことからも窺えるように、[9] 彼女の結婚に対する態度は消極的であった。

イングランド国内について言うならば、かつてウィリアム・セシルも認めていたように、[10] ハンティンドン伯(Hastings, Henry, 3rd Earl of Huntingdon, 1535?-95)は有力な王位継承候補者の一人であった。彼はヨーク家の血を引いてはいたが、血統という点ではテューダー、ステュアート家出身の王位継承候補者より劣っていた。それでも、男性という彼のジェンダー、あるいは「ピューリタン」（急進的なプロテスタント）の支持は彼の大きな強みであった。そして何よりも、義兄のロバート・ダドリの支援を受けていたことが、彼がイングランド王位継承候補者たり得た最大の要因だった。しかし、一五六四年にダドリがレスタ伯に叙せられ、自らメアリ・ステュアートとの結婚を望むようになると、ハンティンドン伯の王位継承の可能性は明らかになくなっていった。

ヘンリ・スタンリ (Stanley, Henry, 4th Earl of Derby, 1531-93) の妻マーガレット (Strange, Margaret, 1540-96) も有力なイングランド王位継承候補者であった。マーガレットの王位継承権は、グレイ家のキャサリン (Grey, Catherine, 1540-68) とメアリ (Grey, Mary, 1545?-78) のものより下位であったが、マーガレットは（「九日間の女王」となった）長女ジェーンが反乱に関与していたことを根拠に、キャサリンとメアリは王位継承から排除されるべきだと主張した。[11] ヘンリ八世の遺言の中で優先された血統を持ち、イングランド生れのマーガレットは、イングランド王位に近い人間とみなされていた。[12]

ただし、ハンティンドン伯やマーガレットがイングランド王位を継承する可能性はあったものの、王位継承者は次第にメアリ・ステュアートとキャサリン・グレイに絞られていった。[13] メアリがヘンリ七世の長女マーガレットの孫娘であったのに対し、キャサリンはその次女メアリ (Mary Tudor, 1496-1533) の孫娘であったため、前者に上位の相続権があった。それ故、血統という点ではキャサリンを支持する者たちは決して有利ではなかった。その一方で、外国人による普通財産の相続に関するコモン・ローの規則を王室の相続にまで適用し、スコットランド生れのメアリではなく、生粋のイングランド人のキャサリンに上位の相続権がある、とみなすことも可能であった。加えて、ヘンリ八世の遺言、即ち、彼の子供とその子孫の次に、（ヘンリ七世の次女で）彼の妹メアリの家系がイングランド王位を継承すべきだ、という主張がキャサリン側の追風となった。いずれにせよ、エリザベスの即位直後、彼女の次のイングランド王位継承者（あるいは彼女に取って代わることのできる人物）として、メアリ・ステュアートとキャサリン・

グレイが有力視されていた。

(2) メアリ・ステュアート関連の陰謀

とりわけ、メアリ・ステュアートによるイングランド王位継承の可能性は、当時のイングランド‐スコットランド関係に大きな影響を及ぼした。一五六〇年七月に締結されたエディンバラ条約は両国の関係の画期を成すものであり、この条約により、フランス軍のスコットランドからの撤退とその拠点の破壊が決定され、またメアリがフランス王妃である間は、一二人の貴族による国務会議にスコットランドの統治が託されることになった。さらに重要なことに、この条約でメアリはエリザベスのイングランド王位継承を認め、同年八月のスコットランド議会でカルヴァン主義に基づく国家教会の樹立が決定されたこともあり、イングランドは北方の脅威を免れることになった。エディンバラ条約は一五六〇年代のイングランド‐スコットランド関係を規定するものと言え、特に一五六〇年代前半のイングランドは(エリザベスとメアリという)二人の「ブリテン女王(British queens)」の間の親睦と交友を強調することにより、スコットランド女王メアリをブリテン的合意へ編入するという「内包政策(policy of inclusion)」を試みたのだった。[14]

だが、こうしたイングランド側の思惑とは裏腹に、メアリは(彼女自身の意思はどうあれ)イングランド国内外のカトリック勢力の様々な陰謀に関ることになり、エリザベスの悩みの種となった。例えば、一五六九年の北部反乱は、中央政府に対する北部のカトリック貴族の反感、宮廷における権力闘争の激化といった様々な要因が複雑に絡み合って起ったと言えるが、直接的な原因は(一五六七年にスコットランド王位を追われた)メアリがイングランドに亡命してきたことにある。[15] エリザベスはメアリを宮廷に受け入れようとしたが、枢密院の反対に遭って断念し、結局メアリはシュルーズベリ伯(Talbot, George, 6th Earl of Shrewsbury, 1528?-90)の下に軟禁されることになった。ところが、ノーフォーク公（Howard, Thomas, 4th Duke of Norfolk, 1536-72）がメアリと結婚して彼女をイングランド王位に即かせようと考え、北部の貴族たちもそこに自分たちの復権の可能性を看取した。即ち、彼らは、メアリがイングランド王位を継承することにより、イングランドは再びカトリックに回帰し、同時にウィリアム・セシルらを排斥できると考えたのである。この計画には、北部のカトリックの有力貴族であるノーサンバランド伯（Percy, Thomas, 7th Earl of Northumberland, 1528-72）やウェストモアランド伯（Neville, Charles, 6th Earl of Westmorland, 1543-1601）に加え、レスタ伯や駐英スペイン大使も関与していた。しかし、間もなくレスタ伯はこの計画から身を引き、ノーフォーク公も（この陰謀を見抜いていた）エリザベスに詰問されて自分の所領に引き籠り、一五六九年一〇月に彼はロンドン塔に拘禁された。

続いてエリザベスは、ノーサンバランド伯とウェストモアランド伯を召喚しようとしたが、彼らは同年一一月、遂に武装蜂起に踏み切った。彼らは、近くローマ教皇がエリザベスを破門する教書を出し、ネーデルラントのスペイン軍も自分たちを支援してくれると考えていたようである。しばらくの間、反乱軍は北部を蹂躙したが、他の北部のカトリック勢力が反乱に加わらず、ネーデルラントのアルバ公（Alba, Fernando, Alvarez de Toledo, 1507-82）も援軍を送らなかったこともあり、反乱の首謀者たちは国境を越えてスコットランドに逃亡した。そのためエリザベスは、約六〇〇〇人の一般の反乱参加者を処刑し、ノーサンバランド伯とウェストモアランド伯の所領を没収し、その支配地域を解体した。この結果、エリザベスは北部地方の支配を確立するとともに、スコットランドにも影響力を及ぼすことができるようになった[16]。

ロンドン塔に拘禁されていたノーフォーク公は一旦釈放されたが、一五七一年のリドルフィ陰謀事件に関与することになった。このカトリックの陰謀事件は、スコットランドのロス司教にしてメアリの宗教政策上の助言者であったジョン・レズリ（Leslie, John, 1526/27-96）やフィレンツェ生れの銀行家ロベルト・リドルフィ（Ridolfi, Roberto di,

1531-1612）を首謀者とし、エリザベスの廃位を目論んだものであった。彼らの計画によると、ネーデルラントからアルバ公率いるスペイン軍がイングランドに上陸し、これに呼応してイングランド国内のカトリックが蜂起することになっていた。そして、彼らはエリザベスを廃位してメアリを即位させ、メアリをノーフォーク公と結婚させようとしたのだった。リドルフィはローマ教皇ピウス五世（Pius V, 1504-72）やスペインのフェリペ二世、アルバ公との接触を試みたが、彼の密使が捕らえられたため陰謀は発覚し、多くの逮捕者を出すことになった。（メアリ復位のため、大使としてロンドンにいた）レズリは逮捕・投獄された後にイングランド退去の条件で釈放され、計画実行のため大陸にいたリドルフィは逮捕を免れたが、ノーフォーク公はこの陰謀事件に加担した廉で処刑された。

その後も、こういったメアリ・ステュアート絡みのカトリックの陰謀が相次ぎ、一五八三年にはエリザベス暗殺を企図したスロックモートン陰謀事件が起った。これは大陸に遊学していたフランシス・スロックモートン（Throckmorton, Francis, 1554-84）がカトリック勢力と接触し、密命を帯びてイングランドに帰国したところを捕らえられた事件である。この陰謀を逸早く見抜き、スロックモートンを逮捕したのはフランシス・ウォルシンガム（Walsingham, Sir Francis, 1532-90）の組織であったが、ウォルシンガムはスロックモートンから次のような驚くべき証言を得た。つまり、スペインに後援されたフランスのギーズ公（Henri I de Lorraine, 3rd Duc de Guise, 1550-88）の軍がイングランドに上陸するのに呼応してイングランド国内のカトリックが蜂起し、エリザベスを殺害するとともに幽閉中のメアリを救出してイングランド王位に即ける、という計画が立てられていたのである。この陰謀事件の結果、スロックモートンは処刑され、スペイン大使はイングランド国外に退去させられることになった。

一五八六年にも同類のエリザベス暗殺を企図した陰謀事件が起った。バビントン陰謀事件である。アンソニー・バビントン（Babington, Anthony, 1561-86）はメアリの小姓を務めていた人物で、彼は教皇からエリザベス暗殺の許可を得ていた大陸のカトリック勢力と接触し、（パリ駐在の）スペイン大使の支援も受けていた。そして、バビントンらは、イングランド国内のカトリックやスペイン軍の助力を得てエリザベスを殺害し、メアリをイングランド王位に即ける、といった陰謀を企てたのである。エリザベス暗殺計画はバビントンが担当したが、またもウォルシンガムの組織がこの陰謀を察知し、バビントンとその一味は逮捕・処刑されることになった。さらに、メアリはこの陰謀事件でバビントンと連絡を取り合っていたとして有罪・死刑を言い渡され、エリザベスも死刑執行令状に署名した。一五八七年二月、遂にメアリ・ステュアートは処刑された。

（3）エリザベス外交についての評価

このように、メアリ・ステュアートのイングランド王位継承を目論んだカトリック勢力の陰謀は脅威であったが、エリザベス即位直後のイングランドは対外的に中立路線を取っていたと言える。しかしながら、一五七〇年代のネーデルラント蜂起の激化とそれに対するスペイン側の鎮圧強化という国際情勢の影響を被り、イングランドはそれまでの中立的な対外政策を変更せざるを得なくなった。一五七二年四月には、スペインを仮想敵国とし、イングランド－フランス間の相互援助を約束したブロア条約が締結されたが、それはフランスとの恒久的平和を保証することにはならなかった。なぜならば、フランス国内の宗教内乱、宮廷内派閥抗争の激化に加えて、フランス側がネーデルラントへの領土的野心を見せ、状況次第ではスペインとさえ結ぼうとするような曖昧な態度を取ったからである。このように、フランスとの関係が不安定なものである一方、一五七〇年代後半以降、スペインとの関係は悪化の一途を辿っていたため、一五七八年にはエリザベスとフランス王弟アンジュー公（François, duc d'Anjou, 1554-84）の結婚が模索されるようになった（この結婚問題については本書第4章第3節を参照）。

ただし、こうしたエリザベス外交は、一貫性のあるものであったか否か、あるいは効果的なものであったか否か、といった点で評価が分かれている。例えば、R・B・ワーナムによると、エリザベス外交（特にネーデルラント政策）は一貫性のあるものであり、それはスペインのみならずフランスに対する警戒の上に成り立っていた。換言するならば、エリザベスはフランスをスペインと対立させつつ、ネーデルラントがフランスの手へ渡らぬよう、スペインの影響下に置いたままにしようとしたのであった。[17] そして、ワーナムは、このようなエリザベス外交を先見の明があり、成功したものとして評価している。

これに対し、C・ウィルソンは、エリザベス外交は「戸惑うほどの御都合主義の連続[18]」であった、と述べている。つまり、ウィルソンは、エリザベスがネーデルラントの自治回復に熱心であったということに懐疑的であり、彼女がフランスを恐れていたことは確かだけれども、ネーデルラント政策を最優先していたというのは誇張のし過ぎで、根拠のないことだとしている。そして、ウィルソンは、ネーデルラント蜂起に対するエリザベスの消極的な態度が蜂起した者たちの内部分裂をもたらしたとし、この点でエリザベス外交はかなりの失敗であったと評している。

他方、一五七〇年代と八〇年代のエリザベス外交について詳細な研究を行ったW・T・マッキャフリは、ワーナムやウィルソンに比べ、より複雑で説得的な見解を打ち出した。[19] まず（ウィルソンとは異なり）マッキャフリはエリザベスのネーデルラント政策に一貫性を見出しながらも、そのネガティヴな面として、彼女がテューダー朝イングランドの拡大に努めた訳ではなく、ネーデルラント蜂起を支援してまで大陸の領土を獲得しようとはしなかったことを挙げている。逆にポジティヴな面として、エリザベスの関心が国防にあったことを挙げており、ネーデルラントへのフランスの拡張を防ぎ、イングランドの対岸におけるフランス支配を許そうとしなかったこと、またスペイン軍のネーデルラントからの撤退やネーデルラントの自治回復など、スペインに対して政治的・宗教的妥協を働き掛けたことを評価している。しかし、（ワーナムとは異なり）マッキャフリは、エリザベスは一貫した対外政策の推進者というよりはむしろ、事の成り行きによって左右されていたとみなした。というのも、エリザベス外交は一貫性を持っていたものの、手に負えない国際情勢の変化に対しては、その場凌ぎのやり方で対応せざるを得なかったからである。マッキャフリの言葉を借りるならば、エリザベス外交は「本質的に大部分は受動的なものであり、北海の向こうの出来事の満ち干に対応するもの[20]」であった。

第3節　エリザベス期イングランドの中央行政機構

(1) 宮廷・枢密院・パトロネジ

前節で見てきたように、エリザベスはイングランド王位継承権を有する(とみなされた)メアリ・ステュアートという難問を抱えつつ、宗教改革後の予測不能なヨーロッパの国際情勢に対応していく必要に迫られた。無論エリザベスのみでこうした状況に対処できた訳ではなく、当時のイングランドには彼女を支える中央行政機構が存在した。エルトンは、テューダー朝と臣民を結び付ける「接触点(points of contact)」として宮廷・枢密院・議会を重視した[21]が、特に宮廷と枢密院はテューダー朝にとって不可欠な中央行政機構であった。

まず宮廷(court)は国王の公私に亘る生活の場であると同時に、政治の舞台という性格を併せ持っていたが、次第に国王としての生活が営まれる宮廷(宮内府)と、国王を頂点とする政府が区別されるようになった。宮廷では、儀礼に象徴される公的な意味合いを持つものと国王の私的生活の両方が営まれていたが、宮廷の日常は次のような部門によって支えられていた。即ち、国王以下、大勢が居住する宮廷の生活物資の調達やその経理を担当するハウスホールド(Household)、国王としての公私に亘る生活や宮廷儀礼などを司るチェインバー(Chamber)、宮廷行事に不可欠な馬を扱う主馬寮(Royal Stable)などが主な機関であったが、その中で国王の私的な事柄に従事したのがプリヴィ・

チェインバー（Privy Chamber）であり、宮廷としての性格を象徴していた。[22] そして、その職務の性質上、プリヴィ・チェインバーには寵臣が登用され、次第に宮廷政治の中心を占めるようになった。ヘンリ八世期の晩年には、このプリヴィ・チェインバーは権力という点で枢密院に匹敵するようになっていたが、ヘンリ八世の死と共に衰退し、メアリ一世とエリザベスの時代には同職に女性が登用されたこともあり、プリヴィ・チェインバーはその政治的重要性をほとんど失うことになった。[23]

一方、プリヴィ・チェインバーとは対照的に、宮廷の中で政治機関としての性格を明確にし、政治的影響力を行使するようになったのが枢密院（Privy Council）である。[24] 枢密院はエリザベスの下、少数の主要な官職保有者で組織され、女王の諮問機関として内政・外交についての助言、政策の執行、裁判所の監督を職務とした。枢密院は諮問機関であるとはいえ、枢密顧問官（Privy Councillor）のほとんどは宮内府や政府などの高位官職を有した上でそれぞれ女王から任命されていたので、実質的な政策や方針の決定機関たり得たのであり、その意味において政治の中枢であった。[25] このように枢密院は国王に属する私的機関であったが、全体として国王に集団的責任を負うものではなく、実際の政策は（宮廷内居住者としての）枢密顧問官たちに対する国王の個人的な直接諮問によって決定された。そこには政党政治を育む何物もなく、政治は依然として機構的なものというより個人的なものであった。[26]

ともあれ、枢密顧問官は通常、官僚的組織において上位の官職に就いていたのであるが、彼らが保有した官職は次のようなものであった。例えば、ハウスホールドの宮内府長官（Lord Steward of the Household）、収支・会計に当たるハウスホールド財務官（Treasurer of the Household）およびハウスホールド管理官（Comptroller of the Household）が挙げられ、またチェインバーにおいては長官としての宮内卿（Lord Chamberlain）、その補佐である宮内次官（Vice-Chamberlain）、収支担当のチェインバー財務官（Treasurer of the Chamber）、主馬寮を取り仕切る主馬頭（Master of the Horse）などが重職とされていた。他方、政府の行政職においては大法官（Lord Chancellor）、国璽尚書（Lord

Keeper of the Great Seal)、財務府長官（Lord Treasurer)、国王秘書長官（Principal Secretary）が高位官職とされていた。これらの高位官職を保有することで必ずしも枢密顧問官への就任が約束される訳ではなかったが、エリザベスが枢密顧問官に任命した者たちの大半は、前に列挙したいずれかの官職を有していた。[27]

エリザベス期には枢密院は縮小され、枢密顧問官の人数は一〇数名程度となったが、廷臣たちは枢密顧問官に就任する可能性のある官職を求め続けた。廷臣たちにとって、枢密顧問官に就任する可能性があると評価され得るフィールドに立っていることは重要であり、[28]パトロネジ（patronage）の支配権を握れるか否かは大きな問題であった。パトロネジには爵位・騎士号などの名誉の分配、役得収入を保証する官職の分配、そして特許権および王領地の借地権の付与などがあったが、とりわけ名誉の分配に関しては、エリザベスは持ち前の吝嗇ぶりを発揮した。エリザベス治世の始めと終わりを比較すると貴族の数は減少し、騎士の数は六〇〇余りから一時は三〇〇余りにまで減った。分配の対象となった官職は女王の家政部門、中央行政部門、司法部門、教会、そして統監（Lord Lieutenant)、治安判事（justice of the peace）など地方行政部門に及び、その総数はおよそ一〇〇〇余りであった。しかし、これらの官職を希望する者の数は約二倍に上り、競争はかなり厳しいものであった。特許権の数は限定されていなかったが、与え過ぎると臣民の大きな反発を呼び起したし、王領地の借地権の分与は、長期的に見て国家財政を破綻させ得るものであった。

これらの恩恵を分与する際、エリザベスは全てを直接下賜したのではなく、時として有力な廷臣たちの助言に従い、彼らを通じて分与することがあったため、恩恵を与え得る有力廷臣と恩恵に与ろうとする廷臣の間には、パトロンとクライアントという関係（clientage networks）が成立することになった。特に枢密顧問官は恩恵分与についてエリザベスに助言することができたので、枢密顧問官への就任はパトロネジの支配権を約束するものであった。[29]そして、恩恵分与を巡る競争は、クライアントから後援を依頼された有力廷臣同士の競争という形を取り、有力廷臣たちは血縁関係や利害関係などの理由から競争を代理したのだった。

（2）有力廷臣たちと「派閥」

以上のようなパトロネジを通じ、有力廷臣たちの下に「派閥（faction）」が形成され、それに依拠した政治体制が成立した訳だが、この「派閥」政治には必然的にいくつかの欠点が伴っていた。第一に、「派閥」領袖が与えるパトロネジに付随する役得、特に猟官のための非公式の謝礼（gratuities）が時として単なる賄賂や買官に成り下がり、政治の混乱と腐敗を招聘する危険性を秘めていた点が挙げられる。[30] そのため、エリザベスは「派閥」を超越した自立性を守りながら、「派閥」領袖たちのパトロネジを慎重に監視し、恩恵の偏向や謝礼の濫用を防ぎ、政治の安定、要職者のモラルの向上、そして「派閥」間の均衡維持に采配を振ったのであった。[31] 第二に、エリザベスからの恩恵下賜を巡る「派閥」領袖間の抗争が、政治や国の安定を脅かすほど激化する可能性を常に孕んでいたという点が挙げられ、それ故に、枢密院内の「派閥」抗争の激化を阻止し「派閥」の均衡状態を絶えず確保することが、女王の地位の安泰および政局の安定保持のために最も必要とされた。[32] そして第三に、このような「派閥」政治の弊害を未然に防ぐ確かな歯止めが不在であったという点が挙げられ、（エリザベスとウィリアム・セシルが「派閥」抗争の激化を阻止したという見方もあるとはいえ）政治の腐敗・歪曲化の抑制を確固たる制度ではなく、個人に求めることには限界があった。[33]

一五七二年以降の枢密院では、エリザベス自身の推挽による新しい枢密顧問官たちが登場するのに伴い、「派閥」の再編成が進んだ。このことに関し、マッキャフリはエリザベス治世中期の枢密顧問官を、意識的に絶えず政策形成や最高レベルでの意思決定に関与しようとした「政治家」型と、重要な政策決定には関与せず恩恵の獲得に専念する「廷臣」型と、専門知識を駆使して主に司法部門で活躍するが、枢密院にはあまり姿を見せず、政治の動向には無関心の「官僚」型に分類している。[34] 特にマッキャフリは、「政治家」型の枢密顧問官としてバーリ卿、レスタ伯、そしてクリストファ・ハットン（Hatton, Sir Christopher, 1540-91）の三人を挙げているが、彼らこそ新たに色分けされた「派閥」人を率い、エリザベス治世中期の政策決定に強力な発言権を持った「派閥」領袖であった。以下、三人の「派閥」の性格について概観してみよう。

まずバーリ派についてであるが、バーリ卿は国王秘書長官の職をトマス・スミスとフランシス・ウォルシンガムに譲り、一五七二年以降、次第にパトロネジの方向を政治よりも家系維持を尊重する傾向の強い貴族社会へと集中させていった。[35] そしてこの変化は、貴族としての家系を守ろうとする保身からとも、あるいは息子たちの政治活動の地歩固めからとも考えられる。[36] エリザベス治世前期において、枢密院内のセシル派は大法官ニコラス・ベイコン（Bacon, Sir Nicholas, 1509-79）、宮内卿ウィリアム・ハワード（Howard, William, 1st Baron of Effingham, 1510?-73）、ウィリアム・ピータ（Petre, Sir William, 1505?-72）らを擁する最大の「派閥」であり、「セシルのコモンウェルス（Cecil's Commonwealth）」と呼ばれていた。ところが、一五六九年のセシル排斥の陰謀の結果、ペンブルック伯（Herbert, William, 1st Earl of Pembroke, 1501?-70）やニコラス・スロックモートン（Throckmorton, Sir Nicholas, 1515-71）らがレスタ派に走り、また一五七二年前後にセシル派の「派閥」人が相次いで死去したこともあり、同派は急速に縮小していった。そして、エリザベス治世中期には、バーリ派の枢密顧問官はトマス・スミス、ニコラス・ベイコン、宮内卿サセックス伯（Radcliffe, Thomas, 3rd Earl of Sussex, 1525?-83）だけとなり、しかも一五七七年にスミスが、一五七九年にベイコンが死去した後、一五八五年に至る数年間、枢密院内のバーリ派はほとんどいなかった。このような事情もあり、一五七二年以後、バーリ卿はエリザベスの要請に応じて発言しつつも、治世前期に比べると政治に関する発言は少なくなり、貴族界にパトロネジを拡大し、貴族の子弟たちの後見役に伴う経済的役得と社会的な家系の安泰を図ることに力を注いだ。このように、一五七二〜八五年のバーリ派は、家系維持を第一とする貴族たちの相互扶助集団としての性格を強く帯びていたのである。[37]

バーリ派に替わり、エリザベス治世中期に最大「派閥」となったのがレスタ派であり、女王の即位以来、レスタ伯は自身の「派閥」の勢力伸長のために女王との結婚、あるいは次期イングランド王位継承者と目されていたメアリ・ステュアートへの接近を試みていた。また彼は一五七二年以降、ネーデルラント遠征の実現という明確なしかも極めて政治色の強い目標を掲げ、積極的な対スペイン外交を展開しようとした。一方、レスタ伯はエリザベス治世開始以来「パトロネジの秘書」[38]を自称し、宮廷・地方を問わず広範にパトロン役を果していた。そして、彼のパトロネジは①文化人たちへのパトロネジ、②ハイ・ステュアード職(High Stewardship)を通じた地方の州・都市へのパトロネジ、③(「左翼プロテスタントのパトロン」[39]としての)プロテスタントたちへのパトロネジ、④外交特使へのパトロネジ[40]の四つに分類できる。[41]とりわけ、一五七二年頃の聖職者任命に対するレスタ伯の発言力の低下[42]は、彼の関心をイングランド国内のピューリタンからネーデルラントの海乞食(Zee Geusen)へと移行させ、フランスとの同盟を断念させることになった。そして、レスタ伯はフィリップ・シドニ(Sidney, Sir Philip, 1554-86)を始めとする「派閥」人をネーデルラントへ派遣し、カトリック国スペインに対抗する国際的なプロテスタント擁護者という名声[43]を得ようとしたのだった。このようにレスタ伯は、イングランド国内外の情勢に応じて政治意識・野心の方向を変え、パトロンとしての性格をも変化させる一方で、彼の「派閥」は婚姻関係を通じて築かれた強力な血縁集団であることを最大の特徴としていた。[44]以上のように、エリザベス治世中期のレスタ派は、血縁関係を基軸とする、極めてプロテスタント色の強い活動的な最大「派閥」であり、レスタ伯と縁戚関係にあるウォルシンガム、シドニらを中心として、ネーデルラント遠征という明確な目標に向かって結束したのであった。

最後にハットン派についてであるが、ハットンは一五七二年に親衛隊長(Captain of the Guard)に任じられ、一五七七年には騎士への叙位、宮内府次官就任、枢密顧問官への推挙と急上昇を遂げた。彼のパトロネジに目を向けるならば、少なくとも一五八七年の大法官就任までは、バーリ卿とレスタ伯のような地方名望家層とのパトロネジ関係はほとんど見られない。だがハットンは、レスタ伯やウォルシンガムら、対スペイン強硬派と同調しながらフランシス・ドレイク（Drake, Sir Francis, 1543?-96）を後援する一方、レスタ伯の威信の低下が目立ち始めた宗教界にパトロネジ関係を広げていった[45]。そして、ハットンは「反ピューリタン（Anti-Puritan）」の烙印を押され、議会や枢密院でしばしば孤立状態に追い込まれたため[46]、宗教的信条の如何に関らず、請われれば誰にでも保護を与えるようになった[47]。このように、宮廷に縁故のないハットンには血縁関係のみならず、中央・地方の貴族あるいは宗教的信条を基盤とする「派閥」形成は不可能であった。要するに、ハットンの行動原理の核となるものは「派閥」でも論理でもなく、エリザベスの思惑に対する慎重な協力であった[48]。即ち、彼は女王の意志・命令に追従しつつも、枢密院や議会において臨機応変の対応を示したのである。

以上のように、エリザベス期の有力廷臣たちは「派閥」を形成し、特にバーリ派・レスタ派・ハットン派の三つが強い影響力を持っていた。ただし、これらの「派閥」は必ずしも固定されたものではなく、政治的状況によっては流動性を示したし、（本書第4章第3節で言及するように）「派閥」の有無やその効能を巡って様々な見解があるのもまた事実である。他方、（バーリ卿・レスタ伯・ハットンという）派閥領袖たちの関心が三者三様であったため、政治的破綻が生じにくい状況が出来上がり、エリザベスが「派閥」均衡を心掛けていたこともあり、政局は安定へと向かった[49]。このような意味で、エリザベス期（特に治世中期）の宮廷あるいは枢密院は「非常に成功した政治組織[50]」であったと言えよう。

（註）

1 ただし、エリザベス治世の一五五九年に制定された「国王至上法」において、「最高の首長」から「最高の統治者（supreme governor）」という表現に変更された。

2 尤もアスカムは英語の重要性についても認識しており、外来語や難解な語句を避けて平明な英語の文体を用いることを力説している。

3 当時のイングランドにおいて、メアリとカトリックの外国人フェリペの結婚は大いに不評であり、ケント出身の軍人トマス・ワイアット（Wyat, Sir Thomas, 1521?-54）は、一五五四年二月この結婚を阻止すべく軍勢を率いてロンドンに迫ったが、失敗し処刑された。この反乱で、メアリを廃位してジェーンを再び即位させる計画が発覚したため、ジェーンは夫ギルフォードと共に処刑されることになった。

4 例えば、メアリ・ステュアートの義父でもあったフランス国王アンリ二世（Henri II, 1519-59）はローマ教皇パウルス四世（Paulus IV, 1476-1559）に、エリザベスは非嫡出子であり、メアリ・ステュアートこそ正統なイングランド王位継承者である、と宣言させるように画策していた。このことについては *CSPF*, ser.iii, I, pp.54-55 を参照。

5 メアリ・ステュアートは一五五八年四月に（後の）フランソワ二世（François II, 1544-60）と結婚した。

6 *CSPS*, Eliz., I, pp.137-38.

7 *Ibid*., p.262.

8 L M.Levine, *The Early Elizabethan Succession Question 1558-1568* (Stanford, 1966), p.9.

9 R.Holinshed, *Chronicles of England, Scotland, and Ireland* (London, 1807-08), IV, p.179.

10 Levine, *Early Elizabethan Succession Question*, p.7.

11 *Ibid*., p.9.

12 *CSPV*, VI, p.1077.

13 Levine, *Early Elizabethan Succession Question*, pp.10-11.

14 S.Alford, *The Early Elizabethan Polity: William Cecil and the British Succession Crisis, 1558-1569* (Cambridge, 1998), p.97.

15 一五六七年二月、二番目の夫ダーンリ卿がエディンバラ郊外の屋敷で爆殺された後、メアリはその犯人と目されるボスウェル伯(Hepburn, James, 4th Earl of Bothwell, 1535?-78) と結婚したため、それに反発する貴族たちによってリーヴェン湖上の島に幽閉され、スコットランド王位を息子のジェイムズ (James VI and I, 1567-1625) に譲るよう強いられた。翌年五月、メアリはリーヴェン湖から脱出して兵を集めたがラングサイドで敗れ、結局イングランドへ亡命することになった。

16 北部反乱をイングランド‐スコットランド関係という視点から論じたものとして R.Pollitt, 'The Defeat of the Northern Rebellion and the Shaping of Anglo-Scottish Relations', *Scottish Historical Review*, vol.LXIV, I, no.177 (1985) を参照。

17 R.B.Wernham, *Before the Armada: The Growth of English Foreign Policy 1485-1588* (Cape, 1966), p.320.

18 C.Wilson, *Queen Elizabeth and the Revolt of the Netherlands* (Macmillan, 1970), p.16.

19 こうしたマッキャフリの見解については W.T.MacCaffrey, *Queen Elizabeth and the Making of Policy, 1572-1588* (Princeton, 1981) に集約されている。

20 *Ibid*., p.193.

21 G.R.Elton, 'Tudor Government: The Points of Contact', in idem, *Studies in Tudor and Stuart Politics and Government* (Cambridge, 1983).

22 P.Williams, *The Tudor Regime* (London, 1979), pp.21-27. 宮内府組織の変遷に関しては 井内太郎「国王の身体・儀礼・象徴：テューダー絶対王政期における国王権力の象徴過程」、岡本明編著『支配の文化史：近代ヨーロッパの解読』、ミネルヴァ書房、一九九七年 に詳しい。

23 D.Loades, *Power in Tudor England* (London, 1997), p.41.

24 G.R.Elton, *The Tudor Constitution* (London, 1960), pp.88-116.

25 松浦志穂「エリザベス朝末期における枢密院議官の派閥活動」、『史論』第五二号、一九九九年、一〇五頁。

26 越智武臣『近代英国の起源』、ミネルヴァ書房、七六頁。

27 松浦「枢密院議官の派閥活動」、一〇五頁。

28 同上、一〇六頁。

29 同上、一〇三頁。

30 W.T.MacCaffrey, 'Place and Patronage in Elizabethan Politics', in S.T.Bindoff, J.Hurstfield and C.H.Williams, eds., Elizabethan Government and Society (London, 1961), pp.117-19.

31 *Ibid*., pp.97-98.

32 井野瀬久美恵「エリザベス朝中期の派閥政治」、『史林』六八‐一、一九八五年、一〇六頁。

33 同上、一〇六～〇七頁。

34 MacCaffrey, *Making of Policy*, pp.437-39.

35 *Ibid*., pp.455-57.

36 *Ibid*., p.457.

37 井野瀬「エリザベス朝の派閥政治」、一〇九頁。

38 MacCaffrey, *Making of Policy*, p.441.

39 *Ibid*., p.440.

40 例えば、スコットランド大使のヘンリ・キリグル (Killigrew, Sir Henry, 1528?-1603) とトマス・ランドルフ (Randolph, Thomas, 1523-90)、フランス大使のニコラス・スロックモートンらがこの意味でのレスタ派の「派閥」人である。

41 井野瀬「エリザベス朝の派閥政治」、一一〇頁。

42 MacCaffrey, *Making of Policy*, pp.91-93.

43 *Ibid*., p.444.

44 例えば、ウォルシンガムの他に、ベドフォード伯 (Russell, Francis, 2nd Earl of Bedford, 1527?-85)、ハンティンドン伯 (Hastings, Sir Henry, 3rd Earl of Huntingdon, 1535?-95)、ヘンリ・シドニ (Sidney, Sir Henry, 1529-86)、ペンブルック伯 (Herbert, William, 1st Earl of Pembroke, 1501?-70)、フランシス・ノールズ (Knollys, Sir Francis, 1514?-96) らが婚姻関係を通じて結束していた。

45 例えばハットンは、ロンドン主教ジョン・エイルマ (Aylmer, John, 1521-94) やカンタベリ大主教ジョン・ホイットギフト (Whitgift, John, 1530-1604) とパトロネジ関係を結んでいる。

46 MacCaffrey, *Making of Policy*, pp.113-17.

47 このような例として、ピューリタン的傾向を示したカンタベリ大主教エドマンド・グリンダル (Grindal, Edmand, 1519?-83)、隠れカトリックのチャールズ・アランデル (Arundell, Sir Charles, ?-1587) とノーサンプトン伯 (Howard, Henry, 1st Earl of Northampton, 1540-1614) を挙げることができる。

48 MacCaffrey, *Making of Policy*, p.454.

49 井野瀬「エリザベス朝の派閥政治」、一一五頁。

50 MacCaffrey, *Making of Policy*, p.459.

第2章　政治的イングランド意識の思想的要素：テューダー朝の「コモンウェルス」概念

第1節　古典的ヒューマニズムの政治言説

(1) テューダー・ヒューマニズムの展開

序章で言及したように、G・R・エルトンは一六世紀イングランドの制度的変革の中に「近代」国家の端緒を見出す一方で、理念（もしくは思想）の果した役割をそれほど重要視していなかった。その後、「近代」国家成立の思想的説明は主に「リパブリカニズム」研究という形で為されるようになったのだが、特にP・コリンソンとM・ペルトネンの研究、あるいは論文集『初期近代イングランドの君主政共和国』の中の諸々の研究は、①古典的ヒューマニズム偏重の故に（普遍的な理想国家における「活動的市民」といった）抽象的な道徳論に止まりがちである、②エリザベス期の宮廷外の政治的領域に関する考察が不足している、③エリザベス期の「リパブリカニズム」を極度に単純化し、一つの均質的な思考形態として捉える傾向にある、という三つの問題を抱えていた。とりわけ、「リパブリカニズム」の醸成の場として宮廷とその外部を区別したペルトネンは、エリザベス期の宮廷の「リパブリカニズム」と宮廷外の政治的領域のそれを無関係のものと捉え、一方のみ（ペルトネンの場合は後者）を論じるという一面的な学問的アプローチを採っていた。そこで本書では、L・コリーとR・ヘルガーソンの「イングランド人意識」やコリンソンの「コモンウェルス」という「リパブリカニズム」的な「イングランド（人）意識」（このコリンソンの発想は実際には十分に検証されていない）を参考にし、宮廷と宮廷外の政治的領域の関係性に注目しながら、エリザベス期の政治的イングランド意識が展開されていく過程を検証する。この政治的イングランド意識とは、イングランドの「コモンウェルス」のための政治参加の意識のことであり、本書ではこういった一種の（宮廷と宮廷外の政治的領域、もしくは宮廷外の諸々の政治的領域を、それぞれある程度差別化しながら接合し得るという意味で）「国民統合」としての政治意識、あるいはそうした意識の社会的広がりを多様な歴史的空間の中で考察することにより、コリンソンとペルトネンの研究、あるいは論文集『初期近代イングランドの君主政共和国』の「近代」国家成立の思想的説明の修正を試みたい。

第1章ではエリザベス期イングランドの時代背景について概観したが、続く第2章ではテューダー朝の思想的背景を概観しつつ、政治的イングランド意識の中核とも言える「コモンウェルス」という概念のより具体的な思想的説明を行おうと思う。テューダー朝の政治的イングランド意識にとり、筆者が特に重要だと考える思想的要素は、①古典的ヒューマニズム、②プロテスタンティズム、③コモン・ロー、の三つである。第2章第1節ではまずテューダー朝の古典的ヒューマニズムについて概観した後、そこから生じた「コモンウェルス」という概念が具体的にどのようなものであったかを（当時の言説も交えながら）示したい。

一般的に、古典研究・古典教育などを通じ、人間の自由と解放・人間の完成を目指したルネサンス・ヒューマニズムは、一四、一五世紀のイタリアで展開され、一六世紀になると、アルプス以北のヨーロッパ諸国にも普及していったとされている。F・カスパリは、テューダー朝イングランドにおけるヒューマニズムを、次のような四つの時期に区分して考察している。[1] 即ち、一五世紀末のヒューマニズム発生期／トマス・モアの『ユートピア』やトマス・エリオット（Elyot, Sir Thomas, 1490?-1546）の『為政者論（*The Boke Named the Governour*）』(1531) などのような、ヒューマニズムに関する大著が出現する一五三〇年代までの時期／宗教改革やその反動の影響を受けつつも、ヒューマニズムが発展した時期／エリザベス期のヒューマニズム最盛期、の四時期である。特にヘンリ八世期からエリザベス期に至る、ヒューマニズムの連続・非連続について、カスパリ、D・ブッシュ、R・W・チェンバーズらの間で論争が巻き起されたが、[2] 植村雅彦はこの論争を承け、基本的にカスパリの時期区分に倣いつつテューダー・ヒューマニズムを考察した。植村はヒューマニズムを、特定の公式化された主義・主張もしくはイデオロギーではなく、「人間が人間らしくあり、人間らしく生きることを願う姿勢・精神態度」[3] と定義し、より広い意味で捉えようとした。そして植村は、テューダー朝の知的領域のみならず、政治・経済・社会・教育といった多角的な視点から、ヒューマニズムの意義を論じたのである。

このように、ヒューマニズムは多義的な性質を持っているが故に、[4] それに関する研究も多種多様である。まずP・O・クリステラーらのように、ルネサンス・ヒューマニストを古典古代以来の「レトリック」的伝統の中に位置づける研究がある。[5] 菊池理夫も弁論術・修辞としての「レトリック」について取り上げ、古代ギリシア・ローマにおける「レトリック」は、都市生活や直接民主政と密接に関連した実践的・公共的・政治的側面を持つ総合的な知・技芸であり、ルネサンス・ヒューマニストはこのような「レトリック」の復興者であったとしている。[6]

またP・マックは、エリザベス期のグラマー・スクールとオクス・ブリッジにおける「レトリック」教育を取り上げるとともに、「レトリック」が当時の政治・宗教・文化の中でどのように展開されていたかを考察した。[7] 具体的にはマックは、エリザベス期の枢密院での政治的議論・議会での演説・宗教書・文学作品などの「文体（style）」を詳細に検証し、当時のイングランドにおける古典古代の「レトリック」の重要性を指摘したのだった。

「レトリック」は法廷での弁論においても重要な要素であり、法学の予備教育としても「レトリック」が用いられていた。例えばA・D・ボイアーは、エドワード・クック（Coke, Sir Edward, 1552-1634）以来のコモン・ローの伝統において、キケロ的な古典的「レトリック」の持つ重要性について言及した。[8] 特にボイアーは、クックがグラマー・スクール、大学、法学院（Inns of Court）を通じて「レトリック」教育を受けていたこと、あるいはクックの蔵書に多くの「レトリック」に関する古典が存在することなどを理由に、「レトリック」がクックの著作に与えた影響の大きさを指摘したのだった。

（2）「レス・プブリカ」と「コモンウェルス」の汎ヨーロッパ性

以上のようなテューダー朝イングランドで受容された、大陸由来の古典的ヒューマニズムは、当時のイングランドの政治思想にも大きなインパクトを与えることになった。特にテューダー朝の政治思想にとって重要だったのが「レス・プブリカ」という概念、そしてそこから生じた「コモンウェルス」あるいは「コモンウィール」という概念であった。例えばQ・スキナは、ルネサンス期イングランドにおいて、「公共のものごと」や「共通の利益」を意味する古典古代の「レス・プブリカ」の概念が「コモンウェルス」もしくは「コモンウィール」の概念に読み替えられ、数多くの社会経済改革の主張が新たに喚起されたと述べている。[9]

周知の通り、一六世紀初頭のイングランドは、薔薇戦争やそれに続く内乱を終結させ、散発的な混乱を経験しながらも長期の比較的安定した平和を享受していた。その一方で、人口の増加や経済の発展に伴う社会の流動化と変貌は、「囲い込み運動」に象徴されるように様々な矛盾や社会問題を生み出した。そして、前述のような平和は、内乱の中では等閑視されがちであったこれらの社会問題への取り組みを可能とする状況を作り出し、[10]「コモンウェルス」論は正にそのような取り組みを喚起するための政治理論だったのである。トマス・モアの『ユートピア』や、トマス・エリオットの『為政者論』あるいはトマス・スターキー (Starkey, Thomas, c.1495-1538) の『プールとラプセットの対話 (*A Dialogue between Pole and Lupset*)』(c.1530) などは、この時期の代表的な「コモンウェルス」論と言える。[11]

しかしながら、当時のイングランド人の思考形態が中世思想との連続性を保持していたのもまた事実であり、このような「コモンウェルス」論の普及といった変化は、公式化された思想というよりはむしろ態度における変化であった。[12]とはいえ、「コモンウェルス」論とそれによって喚起された一連の改革は、一般の生活、とりわけ公的生活に対する新しい態度の出現を示していると言えよう。

G・R・エルトンもまた、「コモンウェルス」は当時、君主を頂点とする階層社会を前提としながらも、「共通の利益に関する事柄」あるいは「国民に利益をもたらすことを目的とする王国」の意味を含み、政治共同体の全構成員が共に利益を享受して繁栄するという、一つの理想的なヴィジョンを提示するものであったと主張した。[13]このように、当時のイングランド人にとって、「レス・プブリカ」と「コモンウェルス」はほぼ同義であり、「コモンウェルス」を問題とするほとんどの論者は、ただ公正な「コモンウェルス」を描くだけではなく、現実の社会が抱える様々な問題を指摘し、それらに取り組み、解決することで初めて真の「コモンウェルス」が実現することを強調した。[14]ここでテューダー朝イングランドにおいて、この「コモンウェルス」という政治言語が実際にどのように用いられていたか一瞥してみたい。

コモンウェルス (Commō wealth) は様々な身分や階層の人々から成る生ける身体 (liuing body) である。この身体は二つの性質、即ち、最も価値ある人間である霊魂 (soule) と、成員もしくは器官 (parts) から成り立っている。霊魂とは国王あるいは至高の統治者 (supreame gouernour) のことである。・・・・〔その一方で〕コモンウェルスは定住者の集合もしくは集団であり、それはいわば我々全てにとって母のような存在である。……このコモンウェルスという言葉は、ラテン語の人々の事柄（res populica）という意味のレス・プブリカ（Respublica）に由来し、古代ローマの人々は、コモンウェルスもしくは文明社会（ciuill societie）の統治をそのように〔レス・プブリカと〕呼んでいる。またそれ〔レス・プブリカ〕は、古代ギリシアの人々によってポリテイア（Polutia）というギリシア語に由来する政治的統治（politicall gouernment）と呼ばれ、それ〔ポリテイア〕は公正に秩序づけられ、中庸な理性（moderation of reason）によって支配される都市の統治、もしくは状態を意味している。[15]

これは一六〜一七世紀のウェールズ人でオクスフォード大学出身の作家であったトマス・フロイドの『完全なるコモンウェルス』という著作の引用であるが、ここでフロイドは「コモンウェルス」を「生ける身体」と呼ぶとともに、それは古代ローマの「レス・プブリカ」あるいは古代ギリシアの「ポリテイア」に由来する、と述べている。ここでの「レス・プブリカ」は「人々の事柄」、即ち、前述のような「公共のものごと」や「共通の利益」を意味し、また「ポリテイア」はアリストテレス政治学の影響を受けたものと言える。周知の通り、プラトンの「ポリテイア」は「正義」を実現するための理想国家であり、アリストテレス政治学においては「ポリテイア」は多数者による正しい「国制」を意味した。他方、フロイドの「ポリテイア」は「中庸な理性」に依拠したポリス的統治を理想とするものであると言えるが、「中庸」はアリストテレス政治学の中心テーゼの一つであった。

加えて、この時期のイングランドの政体は、しばしば「ボディ・ポリティーク（body politique）」（政治的身体）の理論によって定義されるのだが、[16] ここでもその影響を看取することができる。「ボディ・ポリティーク」の理論はたいていの場合、イングランドの政体を人体に譬え、国王をその頭部に、臣民をその胴体に据えるのであるが、フロイドは前者を「霊魂」に、後者を「器官」に据えている。言い換えるならば、フロイドの「コモンウェルス」とは「至高の統治者」である国王によって統治されるものであり、必ずしも君主政と矛盾するものではなかった。そして、このようなフロイドの主張は、古典古代の「レス・プブリカ」（もしくは「ポリテイア」）が中世から初期近代にかけての（イングランドのような）ヨーロッパ内の地域ごとの個別条件の中で、一定の変容を被りながら受容されたということを示唆していると言えよう。[17] 即ち、そのような「レス・プブリカ」は、世俗の王権と教会を包括する共同体を意味し、その結果、統治の諸形態の違いを問題とする視点は希薄になり、（君主による恣意的な支配ではない）君主政もまた「レス・プブリカ」と呼ばれた。当然のことながら、「レス・プブリカ」の英訳語とされている「コモンウェルス」（あるいは「コモンウィール」）も統治形態の一つではなく、君主政を含めたあらゆる統治形態の基盤となり、またそれらが実現を目指すべき状態を意味していた。[18] それ故に、「コモンウェルス」といった概念は、テューダー朝という君主政国家における中心的な政治思想となり得たのであり、「君主政共和国」の理論的根拠とされたのであった。

ただし、一六世紀初頭あるいはそれ以前のイングランドにおいて、「コモンウェルス」（もしくは「コモンウィール」）概念は汎ヨーロッパ的な視点を持っており、イングランド王国というよりはむしろ中世キリスト教共同体の倫理・道徳上の改革を目指すためのものであった、とさえ言える。[19] カトリックの改革者であるトマス・モアがイングランド宗教改革以前に著した『ユートピア』もまた、そうした汎ヨーロッパ的な視点を有する著作であった。即ち、彼は理想の「コモンウェルス」像を人文主義的に描き上げる中で、当時のヨーロッパ・キリスト教社会の倫理的堕落を厳しく批判したのである。[20] 無論こうした視点はモア独自のものではなく、彼の同時代人によっても共有されていた。

イングランドで出版されたものの中で、「コモンウェルス」という名を冠する恐らく最初の著作と考えられるエドマンド・ダドリ（Dudley, Edmund, 1462-1510）の『コモンウェルスの木』[21] もまた、このような汎ヨーロッパ的な視点を有していた。ダドリによると、「コモンウェルスの木」には「四つの根（the fowre rootes）」があり、そこから「四つの豊かな果実（fowre plenteous fruites）」が生じるという。[22] つまり、「正義（Justice）」という根からは「崇高なる威

信 (honorable dignitie)」という果実が、「真実 (truth)」という根からは「世俗的な繁栄 (worldlie p[ro]speritie)」という果実が、「調和 (concorde)」という根からは「安寧 (Tranquillitie)」という果実が、「平和 (peace)」という根からは「良き規範 (good example)」という果実が生じるのだった。[23] そして、これらの「四つの根」から生じた「四つの豊かな果実」は美しいばかりでなく、君主とその全ての臣民にとって有益なものでもあった。[24] 同時にダドリは、こうした「コモンウェルスの木」がトルコのような異国の地にも存在することを認めた上で、次の点で彼のもの（即ち、汎ヨーロッパ的なキリスト教共同体のもの）とは大きく異なるとしている。

したがって、この〔トルコ人の〕コモンウェルスの木はこれら四つの果実を生み出すのであるが、しかし、その果実は決してそれほど豊かではなく、我らカトリックとこのキリストの王国 (our catholike and this xpen realme) にとって必要なものでもない。というのも、彼ら〔トルコ人〕の木には第五の果実がなく、それは最も繊細で、キリスト教君主とその臣民 (a xpen prince and his subiecte) にとって最も有益な、神の栄光 (the honor of god) という果実のことであり、この果実が豊かであれば、神の愛 (the love of god) という第一の根 (the first roote) によって必ずこの木に生育し続け、〔キリスト教徒たちは〕信行 (faithfull workes) と荘厳な御言葉 (gloryous worde) と神秘的な儀式 (curyous ceremonies) を通じて神を愛し、知ることになるに相違ない。そして、この果実は邪教徒もしくは異教徒 (Paynims or Gentiles)、即ち、トルコ人あるいはサラセン人の間のコモンウェルスの木には決して育つ筈はなく、それは偏に彼らが神の真の愛や知恵 (true love or knowledge of god) という根を欠いているからである・・・・要するに、この〔神の愛という〕根を欠いた木は、決してこの〔神の栄光という〕果実を生み出すことはないであろう。[25]

つまり、ここでダドリは、トルコ人やサラセン人のような異教徒（とりわけ、イスラム教徒）も確かに「コモンウェルスの木」を持っており、前述の「四つの根」を通じて「四つの果実」を生み出すことを認めている。とはいえ、彼らの「コモンウェルスの木」は「カトリック」あるいは「キリストの王国」の木の如く、豊かな果実を生み出すことはないとされる。というのも、トルコ人やサラセン人の「コモンウェルスの木」には「神の愛」という主要な根がない故に、「神の栄光」という果実が生育しないからである。このように、ダドリは「コモンウェルス」という概念を、カトリック世界もしくはヨーロッパ・キリスト教共同体といった枠組みで捉え、「神の愛」と「神の栄光」をその枢要としたのだった。

（3）普遍的な理想国家「コモンウェルス」と「活動的生活」

以上のように、宗教改革以前（特に一六世紀初頭）のイングランドにおいて、「コモンウェルス」論はイングランド王国というよりは、それを含めたより広範な中世キリスト教共同体の改革を目指すものであった。こうした汎ヨーロッパ性に加えて、この時期の「コモンウェルス」を論ずる全ての作品は、特定の理想像を以て積極的に現実へ働き掛けようとする姿勢と、直接のあるいは遠回しの現実批判によって現実の堕落を食い止めようとする姿勢を常に持っていた。[26] そして、このような「コモンウェルス」論は倫理的・道徳的な側面を強調しながら、表面上は理想国家論という形を採る傾向にあった。とりわけ、トマス・モアの次の一節ほど「コモンウェルス」の理想国家としての普遍的な性格を明示するものはないと言えよう。

以上、私はユートピアの国家形態とその組織をできるだけ正しく説明した積りである。思うにこの国は、単に世界中で最善の国家であるばかりでなく、真にコモンウェルスもしくはパブリック・ウィールの名に値する唯一の国家であろう。いかにもコモンウェルスという言葉を今でも使っている所は他にもいくらもある。けれども実際にすべての人が追求しているものは個人繁栄（private wealth）にすぎないからだ。何ものも私有でないこの国では、公共の利益が熱心に追求されるのである。[27]

モアはギリシア・ローマ古典とキリスト教思想の中から選び出した道徳原理を実現し得る、倫理的に卓越した理想国家を「ユートピア」と名付けた。そして、彼はこの理想国家「ユートピア」で育まれた精神的価値こそ、当時のヨーロッパ・キリスト教社会の倫理的堕落に対置されるものであり、その構成員の心に訴え掛け、彼らを道徳的に更生させる最良の手段だと考えたのである。前記の一節において、モアはこうした倫理的・道徳的に理想化された「ユートピア」を「コモンウェルス」（あるいは「パブリック・ウィール」）と呼び得る唯一かつ最善の国家とし、そこでは私的な「個人繁栄」の対極に位置する「公共の利益」が追求される、と述べている。[28]

ただし、モアが「ユートピア」と同一視した「コモンウェルス」という倫理的に卓越した理想国家は、道徳原理を強調するが故に政治性を帯びていなかった、という訳ではなかった。とりわけ、テューダー朝イングランドにおいて、「コモンウェルス」（あるいは「コモンウィール」）は有徳な「市民」が各々の政治参加を通じ、「活動的生活」を実践するための空間として認識されるようになった。この「活動的生活」は古典的ヒューマニズムの受容に伴って活性化された古典古代以来の伝統的な議論であり、「哲学者の生活」としての「観想的生活」という伝統的な対抗理念によって、常にその倫理的価値の優位性を問い直されてきた。

ルネサンス期のヒューマニストたちの著作を読む際、我々はしばしばそこで「雄弁（eloquentia）」に大きな価値が置かれていることに気付くが、彼らの運動は本来的には学問運動として、精緻な論理学を有する形而上学的スコラ哲学と対決し、内容と形式、思想と表現、英知と雄弁、哲学と「レトリック」の総合を追求するものであった。一方、ヒューマニストたちの運動は単なる学問運動に止まらず、彼らがヨーロッパにおける二つの文化的伝統である哲学と「レトリック」の内の後者を代表する場合、それは政治に対する実践的コミットをも意味した。[29] テューダー朝イングランドにおいて、「活動的生活」が「観想的生活」との対比を伴いながら主張されたのは、このような思潮を背景としている。

しかしながら、テューダー朝イングランドのヒューマニストたちは倫理的価値の選択問題に加え、「活動的生活」の実践可能性という問題に直面することになった。[30] 即ち、イタリアのような都市共和国の「広場」とは異なり、国王が主宰する「宮廷」が政治の中心的な舞台となる君主政国家において、「自由な市民」としての「活動的生活」の実践は事実上不可能だったのである。このような「活動的生活」の実践の困難のみならず、「観想的生活」を尊重する新プラトン主義の普及もあり、一六世紀後半になると、イングランドの宮廷社会において「活動的生活」の価値の相対的な低下が見られるようになった。[31] またこの時期のイングランドでは、宮廷における「活動的生活」の欺瞞性を強く批判したカントリ論の高揚とストア主義の復興により、「観想的生活」が浸透していった。[32]

とはいえ、一六世紀後半のイングランドのヒューマニストたちが、「活動的生活」を支持して「コモンウェルス」に対する政治的義務の実践を試みながら、観想的なユートピア論を「虚しい想像」として拒否したのもまた事実である（もちろん、彼らは純粋な知的営為としての「観想的生活」の意義を必ずしも否定した訳ではない）。[33] 言うまでもなく、彼らがテューダー朝イングランドにおける政治的主体として思い描いたのは、人文主義的教養を背景に君主に「助言」する宮廷の顧問官たちであったが、他方でテューダー朝のイングランドでは中央の宮廷に限らず、地方の共同体も「活動的生活」の場とみなされていた。[34]

古典古代の「レス・プブリカ」に由来する「コモンウェルス」という政治的な空間は、正に国家のために「市民」が「活動的生活」を実践する場所として認識され、[35] 特にテューダー朝イングランドにおいては、キケロの著作を通じてこうした思考が普及していったと言えよう。例えば、「われわれは自分のためだけに生まれたのではなく、祖国もわれわれの生命の一部をみずから要求する」というキケロの『義務について(*De Officiis*)』(44 B.C.)の一節は、当時のヒューマニストたちによって頻繁に引用されたのだが、かのウィリアム・セシルもこの『義務について』を「死の当日までずっと、懐中かポケットに入れて常に携行していた」というエピソードを残している。[36] このように、「コモンウェルス」は倫理的・道徳的に完成された理想国家という側面を持ちながらも、「活動的市民」の政治的義務の遂行を喚起した点で政治性を強く帯びた概念であった。

ともあれ、テューダー朝イングランドのヒューマニストたちは、「活動的生活」と「観想的生活」の間で逡巡することになるのであるが、このことは、トマス・モアの『ユートピア』の中の、王の参議官として現実政治に関与することを薦める登場人物モアと、現実政治への関与が無意味であり、哲学者にとって有害であるとしてその薦めを拒むラファエル・ヒスロデイの対比にも示されている。尤も、このような逡巡はアリストテレス以来の伝統であり、やはり大陸由来の古典的ヒューマニズム関連の著作を通じ、イングランドのヒューマニストたちの内面で問題化されたものであった。

しかし、幾分は観想(contemplation)の中に、また幾分は活動(action)の中に存する哲学(Philosophie)という学問を考慮すると、統治の技術(skill of gouernment)はやはり同様に、双方〔観想と活動〕の上に成り立っている必要性がなければならない。観想(contemplation)に専心する者たちは、真に専ら真実についての知識(knoweledge of trueth)の獲得に精を出し、それ以上進もうと欲することなく、彼らの想像力を全面的に、如何なる方法で世界が知恵の雨によって導かれ得るかを考慮することの中に止めるのである。このような者たちは、ホメロスが実際に描いている如く、権威(authoritie)や家あるいは家族に無頓着で、人と交わらない孤独な生活(priuate and solitarie life）を楽しむのを常とした。そしてその心の平静（rest）、より正確には無為（idlenesse）から、我々はまず願望によって彼らを説得し、それで十分でないのであれば強制によって、彼らを市民の義務（ciuill duetie）の第二の部分である統治という活動（action of gouernmente）へ引き寄せるべきである。というのも、人に属する全ての必需品（commodities）を維持する際に見られるように、自然（nature）についての知識や観想は、その活動が実際に伴わなければ、無益であることが分かっているからである。[37]

これは、翻訳者は不詳なのだが、（シェイクスピアの『ハムレット』に影響を与えたとも言われている）ローレンティウス・グリマルドゥス（Goslicius, Laurentius Grimaldus, 1530-1607）の『助言者』という著作の英訳で、ここでも「活動的生活」と「観想的生活」が比較され、前者の後者に対する優位が説かれている。特に彼は、ストア主義の「アパテイア（apateia）」を「心の平静」あるいは「無為」と形容することにより、「活動」の重要性を説いたのだった。また古代ギリシアでは、成年男子の「市民」から成る公共空間としての「ポリス（polis）」と生命保全のための私的な領域としての「オイコス（oikos）」が明確に区別されていたのだが、言うまでもなく、「市民の義務の第二の部分である統治という活動」は「ポリス」において行われるものであった。

前記のモアとグリマルドゥスの議論が示すように注目すべきは、「活動的生活」を支持する論者であろうと、「観想的生活」を支持する論者であろうと、両者の比較を通じて自らの結論を導き出しているということである。加えて『助言者』では、「為政者の職務、臣民の幸いなる生活、コモンウィールの幸福」というサブタイトルに示唆されているように、「コモンウェルス」論という枠組みの中で「市民」の「活動的生活」の重要性が説かれている。要するに、テューダー朝イングランド（特にモアたちが活躍した一六世紀初頭）において、「コモンウェルス」は（アリストテレスの「政治的動物（zōon politikon）」という理念が示す如く）「市民」が「活動的生活」を実践するための政治的な空間として認識され、現実へ働き掛けるための（必ずしも特定の国家や政治共同体に限定されていないという意味で）普遍的な理想国家という性格を強く帯びていたのである。[38]

第2節　プロテスタンティズムの政治言説

(1) プロテスタンティズムと古典的ヒューマニズムの親和性

以上のような古典的ヒューマニズム（とりわけ、「レス・プブリカ」という古典古代の公共概念）に大きく依拠した「コモンウェルス」といった概念は、汎ヨーロッパ的な中世キリスト教共同体における倫理・道徳上の改革を目指すとともに、普遍的な理想国家における「市民」の「活動的生活」を称揚するものであった。このように、「コモンウェルス」は当初（特に一六世紀初頭）必ずしもイングランド的な性格を帯びた概念ではなかったのだが、イングランド宗教改革以降のプロテスタンティズムに触発されながら、その（中世キリスト教共同体という汎ヨーロッパ性、あるいは理想国家という普遍性と対置されるところの）イングランド性を付与されることになった。政教分離の十分進展していない初期近代という歴史的環境の下で、プロテスタンティズムと古典的ヒューマニズムは結果として結合することになったのだが、ここではまず両者の親和性について言及しておきたい。[39]

プロテスタンティズムと古典的ヒューマニズムの関係性を巡っては、一七世紀半ばから一七世紀末のイングランドの古典的共和主義者の多くは反カルヴァン主義者であったのに対し、[40]一六世紀末から一七世紀初頭においてはピューリタニズムと古典的ヒューマニズムの密接な繋がりが存在した、[41]といった議論がしばしば為されてきた。こうした議論の中で、特にカルヴァン主義は政治思想の先駆とみなされる一方、前記のような思想は必ずしもカルヴァン主義固有のものではないといった反論もある。つまり、カルヴァン主義者によって展開された（とみなされてきた）「抵抗権」論はカルヴァン主義に特有のものではなく、彼らの敵対者であったカトリック側にほぼそのまま継承されたことはよく知られているし、[42] 彼らの政治思想は専らカルヴァン主義の教義から生じたというよりは、明らかに（カトリック、プロテスタントを問わない）キリスト教人文主義に負うところが大きかったのである。[43]

このように、古典的ヒューマニズムとプロテスタンティズム単独の結合を疑問視する研究が存在するのに加え、初期近代イングランドにおける古典的ヒューマニズムとプロテスタンティズムの親和性自体を否定する見方もある。[44] しかしながら、当時のイングランドの政治思想を完全に世俗的なものと考え、政治と宗教、あるいは世俗的要素と霊的要素を切り離すことができないのもまた事実である。とりわけ、エリザベス期イングランドの政治思想を適切に理解する鍵は、むしろ政治と宗教（あるいは古典的要素とプロテスタント的要素）の混合について正確に描写し、評価することの中にあると言える。[45]

例えばP・レイクは、こうした古典的ヒューマニズムとプロテスタンティズムの混合を内包した反カトリックが、主として初期ステュアート朝の文脈の中では、宮廷の「腐敗」や邪悪な「助言」を批判し、カトリックの圧制・迷信から福音の自由を奪回する必要性を説くように駆り立てた、としている。[46] その一方でレイクは、テューダー朝（特にエリザベス期）において前記のような反カトリックは、イングランド国王は主権と自治権を保持しており、イングランドは外部の干渉を受けない世襲の君主政であると主張することにより、ローマ教皇とその支援者であるフランスとスペインに対する「敬虔な君主（godly prince）」あるいは「クリスチャンの主権者（Christian emperor）」といった、いわゆる「絶対主義」の擁護を促進することになった、と述べている。[47] ただし、レイクによると、「君主政共和国」の兆候が見られたエリザベス期においては、その治世が進むにつれ、次第に君主の「反ピューリタニズム」的な反動がより攻撃的な形で顕在化するようになった。[48]

（2）「宗教的政治」論の登場と「クリスチャン・コモンウェルス」

　このように、（教義というよりはむしろ宗教的立場としての）プロテスタンティズムと古典的ヒューマニズムの親和性については様々な議論が存在するのだが、以下で述べる如く、政教分離の十分進展していないテューダー朝イングランドにおいて、宗教に依拠した政治論が大々的に展開されたのは事実であるし、[49]「クリスチャン・コモンウェルス」という概念が明示するように、両者は密接不可分なものと言える。とりわけ、「宗教的政治」論の高揚の背景には、イングランドへの（共和主義ではなく、いわゆる権謀術数としての）マキァヴェリズムの普及と、それに対する宗教人の危機感があった。こうしたマキァヴェリズム批判はプロテスタント、カトリックを問わず、テューダー朝イングランドにおいて広く見受けられるものであり、しばしば「カメレオン（chameleon）」・「ポリティーク（politique）」・「マキァヴェリアン（Machiavellian）」・「無神論者（Atheist）」といった蔑称を通じて行われた。[50] そしてこの背景には、世俗的な「政治」が宗教に優先し、時には宗教を利用しさえするという事態に対する宗教人の深刻な危機感があった。また、このような危機感によって生じた、頑なまでの「政治」それ自体の拒否と神学的な政治論への執着は、神学的な思考の確固たる支配の現れというよりも、むしろ聖職者たちの防御的姿勢を示すものであった。[51]

　しかしながら、宗教人はただ単にマキァヴェリズムを批判しただけではなく、彼ら自身の政治論、即ち、「宗教的政治」論を提示したのだった。例えば、リチャード・フッカー（Hooker, Richard, 1553/54-1600）が『教会統治の法』第五巻の冒頭で「我々は、純正で汚れなき宗教（pure & vnstained religion）が公共の統治（publique regiment）に関するあらゆる関心事の中で最高のものであるべきだということに同意する」[52]と述べているように、宗教に基づいた政治的統治が主張されたのである。フッカーは政治的統治における宗教の効能を次のように説明している。

宗教はあらゆる種類の人間を改善し、彼らを公共の事柄（publike affaires）においてより実用的な（more seruiceable）人間にしなければならない、即ち、統治者たち（gouernors）はより良心（conscience）を以て統治を行うように、下位の者たち（inferiours）は良心のためにより進んで服従するようにしなければならない[53]……。

このように、テューダー朝イングランドでは宗教人でさえ現実主義的な「政治」を受け入れており、言葉を裏返すならば、現実主義的な政治論が無視し得ない影響力を持ち始めたのだった[54]。同時に、フッカーによると、宗教は臣民の「服従」を要求する一方で、「公共の統治」や「公共の事柄」に関るものであり、「コモンウェルス」の統治にとって不可欠なものであった。そして、このことはフッカーの次の言葉に端的に示されていると言えよう。

あらゆる身分の安全が宗教に依存すること、心から愛される宗教は人間の能力（mens habilities）を完全にし、コモンウェルスにおけるあらゆる種類の有徳な奉仕（vertuous seruices）を可能にするということが明らかとなる。……我々が考えるべきは、あらゆる真実の徳（all true vertues）がその生みの親として真の宗教（true religion）を称え、また非常によく統治されたコモンウィール（all well ordered Common weales）が宗教をその最も重要な支え（their chiefest stay）として愛さねばならないということである[55]。

フッカーがここで主張しているのは、「コモンウェルス」は宗教の上に成り立つものであり、宗教といった土台があって初めて「コモンウェルス」の実現は可能となるということである。このように、テューダー朝（特にエドワード六世期とエリザベス期）のイングランド人たちは「真の教会の市民」として「コモンウェルス」の実現を思い描いていたのである。彼らは新たに確立されつつあった（イングランドの）プロテスタンティズムに依拠しながら、キリストの「同胞」から成る社会の樹立を目指し、教会のみならず、政治・社会・経済上の改革を推進した。こうして、この時期のプロテスタンティズムは、イングランド人の間に「クリスチャン・コモンウェルスマン（Christian commonwealthman）」としての自覚を促し、彼らの「ナショナル・アイデンティティー」とでも言うべきものを形成することになった。[56]そして、このようなプロテスタンティズムと（特に「レス・プブリカ」といった公共概念によって代表される）古典的ヒューマニズムの結合の産物としての「クリスチャン・コモンウェルス」という概念の中にこそ、我々は特殊イングランド的な性格を見出すことができるのである。

第3節　コモン・ローの政治言説

（1）ルネサンス期のコモン・ローを巡る学説史

以上のように、古典的ヒューマニズムに大きく依拠した「コモンウェルス」という概念は、中世キリスト教共同体という汎ヨーロッパ性と理想国家という普遍性を保持する一方、（「クリスチャン・コモンウェルス」といった概念に象徴されるように）イングランド宗教改革以降のプロテスタンティズムとの結合を通じてイングランド性を付与されることになった。ただし、こうしたプロテスタンティズムと古典的ヒューマニズムの親和性と同様、テューダー朝イングランドにおけるコモン・ローもまた古典的ヒューマニズムと親密な関係にあり、「コモンウェルス」概念にイングランド性を付与するのに貢献した。[57]事実、ルネサンス期のコモン・ローを巡る学説史は古典的ヒューマニズムとの関係性を焦点としてきたのであり、例えばコモン・ローの「島嶼性」を主張したJ・G・A・ポコックやD・R・ケリーらは、イングランドの法律家たちはコモン・ローに対する確信の故に、ルネサンス期の古典的ヒューマニズムあるいはローマ法といった大陸のパースペクティヴに眼を閉ざしたままであった、としている。[58]

特にポコックは、一九五七年に刊行された『古来の国制と封建法』の中で、大陸ヨーロッパとの比較というパースペクティヴの下に、大陸とは異なるイングランド固有の政治言説をコモン・ローに求め、それを「古来の国制（ancient constitution）」論という一個の類型として描き出そうとした。言い換えるならば、ポコックは、同時代の大陸諸国家とは異なり、コモン・ローという独自の自足的な法体系が存在していたイングランドでは、このコモン・ローの起源が「記憶に残る以前の時代（time out of mind）」にまで遡り、その伝統は一〇六六年のノルマン・コンクエスト（Norman Conquest）によっても断絶しなかったという国制史観が伝統的に培われてきた、と主張したのである。

彼はそれを「コモン・ロー・マインド（common-law mind）」と名付け、イングランド特有の政治的メンタリティを形成しているとみなしたのであるが、このようなメンタリティは職業法律家のみならず、同時代のジェントルマンに広く共有され、一七世紀半ばの「内乱」期や一六八〇年前後のブレイディ論争を経て、後にエドマンド・バーク（Burke, Edmund, 1729-97）にまで連なる政治言説の一つの系譜を形成した、としている。[59] とりわけ、ポコックは、「古来の国制」論が下院のコモン・ローヤーたちの支配的な政治言説であっただけではなく、王権側の論者を含めたイングランド共通の政治言説であったと述べることにより、[60]後の「修正主義（revisionism）」[61]に繋がる視座を提供したのだった。いずれにしても、ポコックは、「古来の国制」論を説いたコモン・ローヤーたちの政治的思考は、当時大陸ヨーロッパで流行していた古典的ヒューマニズムの知的雰囲気とは切り離された、イングランド固有のコンヴェンショナルな観念に根差した「島嶼的性格」のものであった、ということを指摘したのである。

同時にポコックは、こういったイングランドの「コモン・ロー・マインド」の性格を、一六世紀に興ったフランスの人文主義的歴史研究と対照させながら描こうとした。彼によると、当時のイングランドの政治と法を主導した「コモン・ロー・マインド」が（エドワード・クックに典型的に見られたような）超記憶的な古来の「慣習」という観念によって構成されたもので、歴史研究における「比較」の基礎が欠けていたのに対し、古典的ヒューマニズムの歴史研究に立脚したフランスやスコットランドの歴史家は「封建主義の発見」をもたらしていた[62]。しかしながら、「慣習」の古来性を神話的に想定するイングランドのコモン・ローヤーたちの多くは、このような大陸の新たな知的パースペクティヴに眼を閉じたままであり、ヘンリ・スペルマン（Spelman, Sir Henry, 1564?-1641）が初めて古典的ヒューマニズムの歴史研究の方法に基づき、イングランド法を封建法として認識したのは稀有な例であった[63]。

これに対し、P・クリスチャンソンが（初期ステュアート朝の）コモン・ローヤーたちの政治的思考の中に「シヴィル・ロー・マインド（civil-law mind）」を見出したように、R・J・テリル、C・P・ロジャズ、H・S・パウリッシュらは、当時のコモン・ローヤーたちが展開したコモン・ローの議論には大陸法のパースペクティヴが組み入れられていた、と主張した[64]。特に一五八〇年代には、訴訟の著しい増加に伴って不確実性を増したイングランド法は改革を余儀なくされ、当時のイングランドのコモン・ローヤーたちは、大陸の古典的ヒューマニズムの系譜に連なる様々な学問、特にローマ法を積極的に参照することにより、コモン・ローの合理化・体系化を試みたのだった。土井美徳によると、この結果、コモン・ローの「慣習」にローマ法の「理性」が結び付き、一七世紀の「古来の国制」論が形成されることになった[65]。

（2）コモン・ローの「慣習」・「理性」と「コモンウェルス」

前述のようなポコックの先駆的業績により、一七世紀イングランドの国制や法は「古来の国制」論という観点から論じられるようになったのであるが[66]、その基本的特徴は次の通りである。即ち、「古来の国制」論はジョン・フォーテスキュー（Fortescue, Sir John, 1385?-1479?）の『イングランド法の礼賛について（*De Laudibus Legum Angliae*）』 (c.1470) を一つの典拠とし、ジェームズ期においてはエドワード・クックによる延べ一三部に上る『判例集 (*Les Reports*)』(1600-15, 56, 59) や、アイルランド法務長官ジョン・デイヴィス (Davies, Sir John, 1569-1626) の『アイルランド判例集 (*Le Primer Report des Cases and Matters en ley Resolves and Adjudges en les Court del Roy en Ireland*)』(1615) に典型を見出すことができ[67]、他の法体系に対するコモン・ローの「イングランド固有の (insular)」性格と優越性を主張する[68]。また「古来の国制」論によると、イングランド法は「記憶に残る以前の時代」から続いてきた不変の慣例であり、臣民の権利と自由はこのようなコモン・ローによって保障される。そして、法の解釈主体が厳密に限定され、万人の有する「自然的理性 (natural reason)」とは区別された「人為的理性 (artificial reason)」を長い研究と経験を重ねて獲得し、イングランド法の歴史的由来を把握した職業法律家のみが法解釈に携わることができる、と主張するのであった[69]。

ともあれ、このような「古来の国制」論は国王大権の伸長に対抗するための有力な政治理論として、一七世紀イングランドにおける「政治論争の主要なモードの一つ」となった[70]。とりわけ、「古来の国制」論においては「慣習」と「理性」という二つの要素が重要であり、一六世紀イングランドはローマ法(もしくは中世自然法)の受容の結果、両要素の結合が始まった時代とみなすことができる[71]。

また先に触れたように、フォーテスキューは「古来の国制」論の形成において重要な役割を果したのであるが、同時に彼の著作は「島嶼的」な国民の慣習と新プラトン主義的ヒューマニズムの融合に基づきながら、初期近代イングランドの法曹の哲学的・法学的発展の典拠とされた[72]。そして、このような思考様式の中に、宇宙の自然的秩序と神の永久法はイングランド法のエクイティの原則の中に反映されるべきである、という考えが暗示されている。このことに関し、クリストファ・セント・ジャーマン (Saint German, Christopher, 1460-1540) は彼の主著『博士と学徒』の中で次のように述べている。

イングランド法 (the lawe of Englande) の三番目の根拠は、王国全土で使用されている種々の一般的な古来の慣習 (dyuerse generall customes of olde tyme) に基づいており、このことは我が君たる国王とその祖先、そして、その全ての臣民によって容認され、承認されてきた。また前述の慣習は、神法 (the lawe of god) にも理性の法 (the lawe of reason) にも反していないので、常に王国全土のコモンウェルスに適したものであり、必要なものであるとみなされてきた。それ故に、それらは法の効力 (strength of a Lawe) を獲得し、その結果、それらに反する者は誰でも、正義 (justyce) に反することになるのである。そして、これらは厳密にコモン・ロー (the comon lawe) と呼ばれる慣習である。またそれは常に、一二の人〔小陪審〕ではなく、そのような一般的慣習があろうとなかろうと、正義によって決定されるべきである。そして、これらの一般的慣習と••••これもまた王国の古来の慣習 (olde custome of the realme) によって発効するのであるが、格率 (maxymes) と呼ばれるある種の原理 (certayne pryncyples) にこそ、この王国の法の大部分は依拠しているのである。そしてそれ故に、我が君たる国王は、とりわけその戴冠式の際に、その王国の全ての慣習が忠実に守られるようにさせるという厳粛な宣誓 (solempne oth) を行うのである。[73]

セント・ジャーマンのこの著作は（その翻訳も含めて）一六世紀前半に出版されたが、当時の代表的な法学書であり、[74] テューダー朝を通じてコモン・ローヤー（あるいはイングランドのローマ法学者）たちに多大な影響を与え続けたものと思われる。セント・ジャーマンはこの著作の中で、イングランド法の根拠を六つ列挙しているのだが、ここで彼はその根拠の一つとして、イングランド法の古来性、即ち、「慣習」の重要性について強調している。同時に彼は、このような「慣習」は「神法」と「理性の法」に反するものではなく、イングランド全体の「コモンウェルス」に適ったものである、とも主張している。この「理性の法」は自然法と同義であり、トマス・アクィナスが述べている如く、自然法は自然の光によって明らかにされる神の意志であり、理性的本性に合致するものとそうでないものを人間に指し示す永遠不変の規範であった。それ故に、「理性の法」としての自然法と神法はしばしば一致するものと考えられた。[75]そして、生得理性を備えた人間はこのような法を理解し、分有することができたのである。

このようにルネサンス期（あるいはテューダー朝）のイングランドでは、大陸の古典的ヒューマニズム（特にローマ法学）に依拠しながらイングランド固有の法たるコモン・ローの新たな理論構築が試みられ、その結果、「慣習」と「理性」というコモン・ローの二つの側面について認識されるようになった。尤も先のセント・ジャーマンのコモン・ロー理論には、初期ステュアート朝の「古来の国制」論のように「慣習」と「理性」を結合させるための明確なレトリックは見られないが、それでも彼のコモン・ロー理論はいわゆる「時の検証」を想起させるものであり、[76]一七世紀の「古来の国制」論の基礎になったと言えよう。いずれにせよ、コモン・ローはこの「慣習」と「理性」という二つの性格の故に、大陸法とは異なるイングランド固有の優れた法として認識され、しかもイングランドの「コモンウェルス」（これもまた古典的ヒューマニズムの政治言説であるが）を実現するものとみなされるようになったのである。このような意味で、コモン・ローもプロテスタンティズムと同様、「コモンウェルス」概念にイングランド性を付与したと言える。

（3）小括

既に述べたように、本書では政治的イングランド意識を、イングランドの「コモンウェルス」のための政治参加の意識[77]と定義し、こうした政治意識がエリザベス期の多様な歴史的空間の中で社会的広がりを示し、展開していく過程を当時の史料の言説分析を通じ、実証的に描き出すことを目的としている。そもそも「コモンウェルス」（もしくは「コモンウィール」）は古典的ヒューマニズムに大きく依拠した概念であり、「公共のものごと」や「共通の利益」を意味する古典古代の「レス・プブリカ」に由来するものであった。テューダー朝のイングランドにあっては、君主を頂点とする階層社会を前提としながらも「共通の利益に関する事柄」や「国民に利益をもたらすことを目的とする王国」を意味しており、当時のイングランド人が「コモンウェルス」と言った場合、それは政体とは無関係に「公共の利益」の実現を目指す統治のことで、君主という一人の人間の意思というよりは法を通じた統治のことであった（無論彼らは「コモンウェルス」と君主政の両立可能性について強調している）。[78] ただし、「コモンウェルス」は当初（特に一六世紀初頭）必ずしもイングランド的な性格を帯びた概念ではなく、汎ヨーロッパ的な中世キリスト教共同体における倫理・道徳上の改革を目指すとともに、普遍的な理想国家における「市民」の「活動的生活」を称揚するものであった。

こうした「コモンウェルス」概念に（中世キリスト教共同体という汎ヨーロッパ性、あるいは理想国家という普遍性と対置されるところの）イングランド性を付与した思想的要素としては、イングランド宗教改革以降のプロテスタンティズムを挙げることができる。即ち、「クリスチャン・コモンウェルス」といった語が明示する如く、当時のイングランド人は多くの場合、（古典古代の「レス・プブリカ」という公共概念に依拠した）「コモンウェルス」は宗教（ここではイングランドのプロテスタンティズム）の上に成り立つものであり、宗教という土台があって初めて「コモンウェルス」の実現は可能になる、と考えたのだった。この結果、テューダー朝（特にエドワード六世期とエリザベス期）のイングランド人は「真の教会の市民」として「コモンウェルス」の実現を思い描き、彼らは新たに確立されつつあったイングランドのプロテスタンティズムに依拠しながら、キリストの「同胞」から成る社会の樹立を目指し、教会のみならず、政治・社会・経済上の改革を推進した。こうして、この時期のプロテスタンティズムはイングランド人に「クリスチャン・コモンウェルスマン」（この概念については、特に本書第4章第3節を参照）としての自覚を促し、彼らの政治意識を育むことになったのである。

「コモンウェルス」概念にイングランド性を付与したもう一つの思想的要素として、コモン・ローを挙げることができる。ルネサンス期のコモン・ローを巡る学説史によると、イングランドの法律家たちはコモン・ローに対する確信の故に、古典的ヒューマニズムあるいはローマ法学といった大陸のパースペクティヴに眼を閉ざしていた訳では決してなかった。実際、一五八〇年代以降のイングランドでは、ローマ法学を中心とした大陸の学問を参考にすることにより、コモン・ローを改革しようとする機運が高まっていた（このコモン・ロー改革については本書第5章第2節を参照）。ただし、こうした動きはコモン・ローを廃してローマ法を受容しようとするものではなく、むしろ「理性」というローマ法的思考を取り入れて慣習法たるコモン・ローの改革を試みたものだった、と解されるべきであろう[79]。このように、ルネサンス期（あるいはテューダー朝）のイングランドでは、大陸の古典的ヒューマニズム（特にローマ法学）に依拠しながらイングランド固有の法たるコモン・ローの新たな理論構築が試みられ、その結果、「慣習」と「理性」というコモン・ローの二つの側面について認識されるようになった。そして、コモン・ローはこの「慣習」と「理性」という二つの性格の故に、大陸法とは異なるイングランド固有の優れた法として認識され、しかもイングランドの「コモンウェルス」を実現するものとみなされるようになったのである。

以上のように、テューダー朝のイングランドにおいて、古典的ヒューマニズムに大きく依拠した「コモンウェルス」（もしくは「コモンウィール」）という国家観・共同体観は、イングランドのプロテスタンティズムおよびコモン・ローと結び付くことによって（中世キリスト教共同体という汎ヨーロッパ性あるいは理想国家という普遍性と対置される）イングランド性を獲得したのであり、これこそがエリザベス期における政治的イングランド意識醸成の思想的背景である。諸々の研究が示唆する如く、この時代のイングランドのコミュニティは必ずしも相互に隔絶したものではなく[80]、特に筆者は前記のような政治的イングランド意識（イングランドの「コモンウェルス」のための政治参加の意識）がエリザベス期に社会的広がりを示しながら展開した結果、ある種の「国民統合」、言い換えるならば、イングランドという国家もしくは政治共同体についての統一的意識、がもたらされたと考えている。

(註)

1 F.Caspari, *Humanism and the Social Order in Tudor England* (Chicago, 1954), pp.16-18.

2 例えば Bush, *Renaissance and English Humanism*; R.W.Chambers, *Thomas More* (London, Rep., 1951) などを参照。

3 植村雅彦『テューダー・ヒューマニズム研究序説』、創文社、一九六七年、一〇頁。

4 他にも、教会の権威や神中心の中世的世界観の如き非人間的重圧から人間を解放し、人間性の再興を目指した精神運動、といったヒューマニズムの定義もあるが、本書が問題としているのは「古典的ヒューマニズム」（しばしば「シヴィック・ヒューマニズム」と呼ばれることもある）であり、古典を通じた古代ギリシア・ローマの政治的思考・慣行の復興である。

5 例えばP・O・クリステラー著、渡辺守道訳『ルネサンスの思想』、東京大学出版会、一九七七年；J.E.Seigel, *Rhetoric and Philosophy in Renaissance Humanism: The Union of Eloquence and Wisdom, Petrarch to Valla* (Princeton, 1968); J.J.Murphy, ed., *Renaissance Eloquence: Studies in the Theory and Practice of Renaissance Rhetoric* (Berkeley, 1983) などを参照。

6 菊池理夫『ユートピアの政治学：レトリック・トピカ・魔術』、新曜社、一九八七年、四頁。

7 P.Mack, *Elizabethan Rhetoric: Theory and Practice* (Cambridge, 2002).

8 A.D.Boyer, *Sir Edward Coke and the Elizabethan Age* (Stanford, 2003); idem, 'Sir Edward Coke, Ciceronianus: Classical Rhetoric and the Common Law Tradition', in idem, ed., *Law, Liberty, and Parliament: Selected Essays on the Writings of Sir Edward Coke* (Indianapolis, 2004).

9 Skinner, *Foundations of Modern Political Thought*, vol.I, p.215.

10 塚田富治『カメレオン精神の誕生：徳の政治からマキアヴェリズムへ』、平凡社、一九九一年、三三頁。

11 初期テューダー朝の「コモンウェルス」論に関する作品については A.B.Ferguson, 'Renaissance Realism in the "Commonwealth" Literature of Early Tudor England', *Journal of the History of Ideas*, vol.16, no.3 (1955) に詳しい。

12 Ibid., p.305.

13 Elton, *Reform and Renewal*, p.7.

14 塚田『カメレオン精神』、三二～三三頁。また、トマス・エリオットは『為政者論』の中で、「レス・プブリカ」が不正確に「コモンウィール」と訳されてきたと述べ、「パブリック・ウィール (public weale)」をその正確な英訳としている。Thomas Floyd, *The Picture of a Perfit Common Wealth, Describing aswell the Offices of Princes and Inferiour Magistrates ouer their Subiects, as also the Duties of Subiects towards their Gouernours.* (London, 1600; STC 11119), ff.1-3.

16 この理論についてはE・カントローヴィチ著、小林公訳『王の二つの身体：中世政治神学研究』、平凡社、一九九二年を参照。

17 中世イングランドにおいて、古典古代の「レス・プブリカ」という公共概念は 'res communis' ／ 'bonum commune' ／ 'commun welthe' ／ 'comen wele' などの語によっても表象されたと言える。とりわけ、トマス・アクィナス (Aquinas, Thomas, 1225?-74) は中世イングランドにおける重要な「共通善」の提唱者の一人である。この点については、例えば トマス・アクィナス著、柴田平三郎訳『君主の統治について：謹んでキプロス王に捧げる』、岩波書店、二〇〇九年、一九八～九九頁 を参照。

18 塚田『カメレオン精神』、三五頁。

19 C・モリスはこの点に関し、テューダー朝の多くのイングランド人は、プロテスタントであれカトリックであれ、「自分たちの言う社会（即ち、「コモンウェルス」）が、キリスト教世界 (Christendom) ではなくてイングランドを指していると受け取られたなら、憤然とした筈である」（C・モリス著、平井正樹訳『宗教改革時代のイギリス政治思想』、刀水書房、一九八一年、四頁）と述べている。

20 塚田富治『トマス・モアの政治思想：イギリス・ルネッサンス期政治思想研究序説』、木鐸社、一九七八年、一三〇頁。

21 [Edmonde Dudlay] *Tree of Common Wealth 1859* (Kessinger, 2003). エドマンド・ダドリはヘンリ七世期に枢密顧問官に任じられ、主に財政においてその手腕を発揮した。しかし、ヘンリ八世期の一五〇九年に投獄され、翌年反逆罪で処刑されることになった。『コモンウェルスの木』は、彼が獄中で執筆したものと考えられている。因みに、ノーサンバランド公ジョン・ダドリは彼の長男である。また一五八四年にパリもしくはアントワープで『レスタのコモンウェルス』(Anon., *Leycester's Commonwealth [The Copie of a Leter, vvryten by a Master of Arte of Cambrige, to his Friend in London, Concerning Some Talke Past of Late betvven Two VVorshipful and Graue Men, about the Present State, and Some Proceedinges of the Erle of Leycester and his Friendes in England]* (Paris, 1584; STC 5742.9) という著作が秘密裏に出版されているが、これは元々のタイトルが明示するように、あるケンブリッジ大学の文学修士がロンドンにいる彼の友人に宛てたものであり、『レスタのコモンウェルス』というタイトルを持つようになるのは一六四一年のことだった。この著作はイングランドの「コモンウェルス」について論じるというよりは、むしろエリザベスの寵臣レスタ伯の私生活における不品行（特に女性関係）を非難するとともに、伯をイングランドの宗教的平和を乱す張本人として厳しく糾弾している。この著作の出版を受け、ウォルシンガムは一五八四年九月二九日のレスタ伯宛の書簡において、「この世が始まってからずっと此の方執筆されたものの中で、最も悪意ある書き物（the most malicious-written thing)」（BL, *Cotton.*, Titus B VII, f.10）と伯を擁護している。

22 [Dudlay] *Tree of Common Wealth*, p.23.

23 *Ibid.*, p.23.

24 *Ibid.*, p.23.

25 *Ibid.*, p.24.

26 塚田『トマス・モアの政治思想』、九三頁。

27 トマス・モア著、平井正穂訳『ユートピア』、岩波書店、二〇一三年、二一六頁。

28 モアの『ユートピア』の初版は一五一六年にルーヴァンにおいてラテン語で公刊されたのだが、ラーフ・ロビンスン（Robinson, Ralph. 1521-?）による英訳本がイングランドで出版されたのは一五五一年のことである。したがって、より正確には、理想国家「ユートピア」を「コモンウェルス」と呼んだのは英訳者ロビンスンである。因みに、前記のロビンスンの英訳本のタイトルには「パブリック・ウィールの最善の状態（the beste state of a publyque weale）、そしてユートピアと呼ばれる新島についての、有益で愉快なる著作」とある。

29 菊池『ユートピアの政治学』、四〇頁。

30 木村『顧問官の政治学』、四四頁。

31 同上、七三頁。

32 D.Hirst, 'Court, Country, and Politics before 1629', in K.Sharpe, ed., *Faction and Parliament* (Oxford, 1979), pp.105-38; K.Sharpe and P.Lake, eds., *Culture and Politics in Early Stuart England* (Houndmills, 1994), pp.7-8. カントリ論とは、権力争いや追従の蔓延る宮廷を「腐敗」した場とみなし、宮廷を離れた田園の牧歌的な、哲学者としての沈思的生活を称揚する議論である。ただし、一七世紀後半以降、（特に議会において）「カントリ（地方）」は「コート（宮廷）」という対極概念との関係の中で、政治的意味合いを強めるようになった。また新ストア主義については 山内進『新ストア主義の国家哲学』、千倉書房、一九八五年；G・

エストライヒ著、阪口修平、千葉徳夫、山内進編訳『近代国家の覚醒：新ストア主義・身分制・ポリツァイ』、創文社、一九九三年を参照。ただし、ここで言及したストア主義の復興と、政治的統治と密接に関連したユストゥス・リプシウス (Lipsius, Justus, 1547-1606) の新ストア主義は区別されなければならない。

33 木村『顧問官の政治学』、五一頁。

34 Peltonen, *Classical Humanism*, pp.173-77. Cf.pp.54-102.

35 ただし、キケロ的な「友情」に基づいた人的・社会的結合や中世以来の「ボディ・ポリティーク」という有機体的国家観の影響を考慮すると、「コモンウェルス」は必ずしも国家レベルに限定されたものではなく、むしろ（政治）共同体という可変的（もしくは伸縮自在）で漠然としたものに依拠しており、様々なレベルで論じられ得るものである。こういった意味で、筆者は「コモンウェルス」という概念と「コミュニタリアニズム」との関連性を指摘しておきたい。この点については菊池『共通善の政治学』を参照。

36 このエピソードについてはHenry Peacham, *The Compleat Gentleman Fashioning him Absolute in the most Necessary & Commendable Qualities Concerning Minde or Bodie that may be Required in a Noble Gentlema[n]* (London, 1622; STC 19502), p.45を参照。一六世紀前半のイングランドでは、特に修辞学に関するキケロの著作が普及していたが、一五三四年に桂冠詩人ロバート・ホワイティントン (Whytinton, Roberte) による『義務について』の英訳版が刊行されて以降、キケロの同書はかなりの頻度で版を重ねていった。

37 Laurentius Grimaldus (Goslicius), *The Covnsellor. Wherein the Offices of Magistrates, the Happie Life of Subiectes, and the Felicitie of Common-Weales is Pleasantly and Pithilie Discoursed.* [trans. Anon.] (London, 1598; STC 12372), sigs.B3v-B4r.

38 この点に関し、塚田はトマス・スターキーらの政治論を取り上げることにより、一六世紀初頭の「コモンウェルス」は論者によって力点の相違はあるものの、大筋においては「全ての人々の意志や利益が考慮される自由で公正な社会」を意味していた（塚田『カメレオン精神』、三五頁）、と結論づけている。このように、一六世紀初頭の「コモンウェルス」の指示対象はイングランドという一つの国家・政治共同体に限定されておらず、むしろ普遍的な理想国家という側面を強く持っていた。

39 本書で問題としているのは、信仰主義（救済における神の恩恵の絶対性・直接性の主張）や聖書主義（神の言葉の絶対性の主張）といった、教義としてのプロテスタンティズムというよりは、主としてカトリック教会とは異なるという、宗教的立場としてのプロテスタンティズムである。

40 B.Worden, 'Classical Republicanism and the Puritan Revolution', in H.Lloyd-Jones, V.Pearl and B.Worden, eds., *History and Imagination: Essays in Honour of H.R.Trevor-Roper* (London, 1981), p.195; idem, 'The Revolution of 1688-89 and the English Republican Tradition', in J.I.Israel, ed., *The Anglo-Dutch Moment: Essays on the Glorious Revolution and its World Impact* (Cambridge, 1991), p.252.

41 この点については Norbrook, *Poetry and Politics* を参照。

42 Skinner, *Foundations of Modern Political Thought*, vol.I, pp.xiv-xv, vol.II, p.323.

43 M.Todd, *Christian Humanism and the Puritan Social Order* (Cambridge, 1987), pp.8, 16-17, 94-95. Cf. V.M. Larmine, 'The Godly Magistrate: The Private Philosophy and Public Life of Sir John Newdigate 1571-1610', *Dugdale Society Occasional Papers*, no.28 (1982); J.C. Adams, 'Alexander Richardson's Philosophy of Art and the Sources of the Puritan Social Ethic', *Journal of the History of Ideas50* (1989); idem, 'Gabriel Harvey's Ciceronianus and the Place of Peter Ramus' Dialecticae Libri Duo in the Curriculum', *Renaissance Quarterly* 43 (1990).

44 Peltonen, *Classical Humanism*, pp.1-15.

45 P.Lake, '"The Monarchical Republic of Queen Elizabeth I" (and the Fall of Archbishop Grindal) Revisited', in McDiarmid, ed., *Monarchical Republic of Early Modern England*, p.135. Cf. P.Collinson, *Godly People: Essays on English Protestantism and Puritanism* (London, 1983), pp.445-66; idem, *The Religion of Protestants* (Oxford, 1982), ch.4; R.Cust and P.Lake, 'Sir Richard Grosvenor and the Rhetoric of Magistracy', *Bulletin of the Institute of Historical Research* 54 (1981); R.Cust, 'The "Public Man" in Late Tudor and Early Stuart England', in P.Lake and S.Pincus, eds., *The Public Sphere in Early Modern England* (Manchester, 2007).

46 Lake, '"Monarchical Republic" Revisited', p.136.

47 この点については P.Lake, 'Anti-Popery: The Structure of a Prejudice', in R.Cust and A.Hughes, eds., *Conflict in Early Stuart England* (Harlow, 1989) を参照。

48 Lake, '"Monarchical Republic" Revisited', pp.136-37.

49 F・ラーブは F.Raab, *The English Face of Machiavelli* (London, 1965) の中で、テューダー朝イングランドの政治観や政治論が未だに深く、キリスト教的世界観に支配されていたと述べている。

50 塚田『カメレオン精神』、九五、一二五～三三頁。

51 同上、九五頁。

52 Richard Hooker, *Of the Lavves of Ecclesiasticall Politie Eyght Bookes* (London, 1593; STC 13712), bk.5, sig.B1r.

53 *Ibid.*, sig.B1v.

54 塚田『カメレオン精神』、九七頁。

55 Hooker, *Of the Lavves*, sigs.B2v-B3r.

56 P.Collinson, 'Puritans, Men of Business and Elizabethan Parliaments', *Parliamentary History* 7, no.2 (1988), p.190.

57 法学的な見地からすれば、慣習法たるコモン・ローは当然のことながら制定法とは区別されるべきものであるが、少なくとも政治言説上は、制定法はコモン・ローの映写であるとしばしば考えられていたし、コモン・ローは神法や自然法に一致するものとみなされていた。それ故に、ここでのコモン・ローは神法・自然法・制定法などを包含した広義の法を意味している。

58 J.G.A.Pocock, *The Ancient Constitution and the Feudal Law: A Study of English Historical Thought in the Seventeenth Century* (Cambridge, 1957); D.R.Kelley, 'History, English Law and the Renaissance', *Past and Present* 65 (1974). ロバート・ブレイディ (Brady, Robert, 1627-1700) はイングランドの国制を巡り、特にウィリアム・ペティト (Petyt, Willam, 1641?-1707) と激論を交わした。イングランドの下院は記憶に辿れぬほど昔から存在し、しかも連綿たる歴史を持ち、常に自由な選挙によって選ばれ、上院とは別個に国制の運営上の決定権を握っていたと主張したペティトに対し、ブレイディは議会の名に値するものは一二六五年以前には遡れず、その時ですらその機能や選出方法ははっきりとしておらず、一五世紀後半まで下院は上院から独立していなかったと反論した。またバークと「古来の国制」論の関係については J.G.A.Pocock, 'Burke and the Ancient Constitution: A Problem in the History of Ideas', in idem, *Politics, Language, and Time* (Chicago, 1989), pp.202-32 を参照。

59 バークは「保守 (conservation)」と「修正 (correction)」の二つの原理の協働といった立場から「保守のための改革」を提唱した。コモン・ローの改変という主張には、時と状況の変遷の中でイングランドの伝統的価値を「保守」するために「効用」といった観点から絶えず「修正」していくという思考様式がしばしば看取されるが、バークもこうした思考の影響を強く受けたものと考えられる。

60　Pocock, *Ancient Constitution*, p.54.

61　ここでは、一七世紀半ばの「内乱」以前のイングランド史を、絶対主義的な王権と立憲主義的な議会との原理的対立という枠組みで捉えるホイッグ史観に対し、「異議申し立て」を行おうとする傾向を「修正主義」としている。ただし、実際に「修正主義」という固有の学派が存在した訳ではなく、また「修正主義」の内部でも意見の多様性が見受けられる。「修正主義」もしくは「ポスト修正主義」については A.Hughes, *The Causes of the English Civil War* (Basingstoke, 1991); P.Lake, 'Retrospective: Wentworth's Political World in Revisionist and Post Revisionist Perspective', in J.F.Merritt, ed., *The Political World of Thomas Wentworth, Earl of Strafford, 1621-1641* (Cambridge, 1996); R.Hutton, *Debates in Stuart History* (Basingstoke, 2004); 岩井淳、指昭博編『イギリス史の新潮流：修正主義の近世史』、彩流社、二〇〇〇年 などを参照。特に「古来の国制」論に関する「修正主義」の研究としては、後述のG・バージェス、P・クリスチャンソンの研究や K.Sharpe, 'Introduction: Parliamentary History 1603-1629: In or out of Perspective', in idem, ed., *Faction and Parliament: Essays on Early Stuart History* (Oxford, 1978); idem, *Politics and Ideas in Early Stuart England: Essays and Studies* (London, 1989) などがある。

62　Pocock, *Ancient Constitution*, chs.II-IV.

63　*Ibid.*, ch.V.

64　このように、大陸ヨーロッパの知的パースペクティヴの影響を論じたものとして C.Brooks and K.Sharpe, 'Debate: History, English Law and Renaissance', *Past and Present* 72 (1976); W.R.Prest, 'The Dialectical Origins of Finch's Law', *Cambridge Law Journal* 36 (1977); H.S.Pawlisch, 'Sir John Davies, the Ancient Constitution, and the Civil Law', *Historical Journal* 23 (1980); idem, *Sir John Davies and the Conquest of Ireland: A Study in Legal Imperialism* (Cambridge, 1985); R.J.Terrill, 'Humanism and Rhetoric in Legal Education: The Contribution of Sir John Dodderidge (1555-1628)', *Journal of Legal History* 2 (1981); idem, 'The Application of the Comparative Method by Ebglish Civilian: The Case of William Fulbecke and Thomas Ridley', *Journals of Legal History* 2:2 (1981); C.P.Rodgers, 'Humanism, History and the Common Law', *Journal of Legal History* 6 (1985); G.Burgess, *The Politics of the Ancient Constitution: An Introduction to English Political Thought, 1603-1642* (London, 1992); idem, *Absolute Monarchy and the Stuart Constitution* (New Haven, 1996) などを参照。

65 土井美徳『イギリス立憲政治の源流：前期ステュアート時代の統治と「古来の国制」論』、木鐸社、二〇〇六年。

66 例えば P.Christianson, 'Young John Selden and the Ancient Constitution, ca.1610-18', *Proceedings of the American Philosophical Society* 78 (1984); J.P.Sommerville, *Politics and Ideology in England, 1603-1640* (London, 1986); G.Burgess, 'Common Law and Political Theory in Early Stuart England', *Political Science* 40 (1988); J.R.Stoner, *Common Law & Liberal Theory: Coke, Hobbes, & the Origins of American Constitutionalism* (Kansas, 1992); E.Sandoz, ed., *The Roots of Liberty: Magna Carta, Ancient Constitution, and the Anglo-American Tradition of Rule of Law* (Columbia, 1993); J.Greenberg, *The Radical Face of the Ancient Constitution: St Edward's "Law" in Early Modern Political Thought* (Cambridge, 2001) などを参照。

67 ポコックのデイヴィス解釈に対する批判として Pawlisch, 'John Davies, Ancient Constitution, and Civil Law'; idem, *John Davies and Conquest of Ireland* を参照。

68 Pocock, *Ancient Constitution*, pp.32-34.

69 Pocock, 'Burke and Ancient Constitution', pp.209-10.「自然的理性」があらゆる人間の持つ、論証および推論の能力であるのに対し、「人為的理性」（もしくは「技巧的理性」）は個別具体的な状況の中で、どのような法の形式が合理的なのかを判断し確定する能力を意味する。両者の区別については 土井『イギリス立憲政治の源流』、二一七〜二八頁 を参照。

70 Pocock, *Ancient Constitution*, p.46.

71 この点については特に 土井『イギリス立憲政治の源流』、第2章 を参照。

72 P.Raffield, *Images and Cultures of Law in Early Modern England: Justice and Political Power, 1558-1660* (Cambridge, 2004), p.108.

73 Christopher Saint German, *Hereafter Foloweth a Dyaloge in Englysshe, bytwyxt a Doctoure of Dyuynyte, and a Student in the Lawes of Englande: Of the Groundes of the Sayd Lawes and of Conscyence* [trans. Anon.](1530?; STC 21561), ff.13v-14r.

74 W.R.Prest, *The Inns of Court under Elizabeth I and the Early Stuarts 1590-1640* (London, 1972), pp.132, 44.

75 例えば 土井『イギリス立憲政治の源流』、二〇九〜一七頁 を参照。

76 「時の検証」については 本書第5章第2節；土井『イギリス立憲政治の源流』、第3章第1節 を参照。

77 政治的イングランド意識との関連でテューダー朝イングランドの政治言説を概観したものとして 拙稿「エリザベス期イングラン

ドにおける『リパブリカニズム』：当時の『言説』を手掛りに」、『立教史学』創刊号、二〇一〇年を参照されたい。

78 M.Viroli, *From Politics to Reason of State: The Acquisition and Transformation of a Language of Politics 1250-1600* (Cambridge, 1992); Scott, *Commonwealth Principles*.

79 Helgerson, *Forms of Nationhood*, p.69.

80 こうした研究の例として A.Fox, 'Rumour, News and Popular Political Opinion in Elizabethan and Early Stuart England', *Historical Journal*, vol.40, 3 (1997); Alford, *The Early Elizabethan Polity*; P.Lake and M.Questier, 'Puritans, Papists, and the "Public Sphere" in Early Modern England: The Edmund Campion Affair in Context', *Journal of Modern History*, vol.72, no.3 (2000); J.Raymond, *Pamphlets and Pamphleteering in Early Modern Britain* (Cambridge, 2003); N.Mears, *Queenship and Political Discourse in the Elizabethan Realms* (Cambridge, 2005) などが挙げられる。

第3章 政治的イングランド意識の形成（一五五八〜七〇年頃）：
臣民の服従と宮廷のプロテスタント人文主義者の政治的イングランド意識

第1節　イングランド意識と国教会・王権への臣民の服従

（1）『説教集』における反ローマ・カトリック

本書では政治的イングランド意識をイングランドの「コモンウェルス」のための政治参加の意識と規定し、前章において、古典的ヒューマニズムに大きく依拠した「コモンウェルス」概念が、イングランドのプロテスタンティズムおよびコモン・ローという思想的要素と結び付くことにより、イングランド性を獲得したということを指摘した。このイングランド性は、中世キリスト教共同体という汎ヨーロッパ性あるいは理想国家という普遍性と対置されるものであり、特にエリザベス期のイングランドで強化されることになる。本書の第3章〜第5章では、前記のような政治的イングランド意識が（エリザベス期のイングランドという）現実の歴史・社会の中で如何なる段階を経て醸成されていったのか、を考察するためのケーススタディを行う。まず第3章においては、(国教会と王権に対する臣民の服従を説くために援用された) 中世思想の影響を色濃く残しながらも政治的イングランド意識が形成される、エリザベス治世前期 (一五五八~七〇年頃) について検証したい。

エリザベス治世前期のイングランドの喫緊の課題は、国内外のカトリック勢力を牽制しつつ国教会体制を強固なものにすることであった。したがって、この時期の「コモンウェルス」概念は政治参加というよりは、むしろイングランドのプロテスタンティズムに大きく依拠しながら、国教会もしくは王権に対する臣民の服従を要求するものであった (その意味で本書第3章第1節の主題は政治的イングランド意識ではなく、単なるイングランド意識である)。言い換えるならば、ローマ・カトリックに抗して国教会体制を確立・維持し、その長である国王に服従することこそがイングランドの「コモンウェルス」に適っている、というのが当時の一般的思潮であった。

この点に関し、テューダー朝の政治思想について先駆的な業績を残したC・モリスは、一六世紀のイングランド人は「権威への服従が社会にとって如何に重要であるかを論じていた」と評している。[1] 例えばモリスは、グロスタおよびウースタ主教となったジョン・フーパー (Hooper, John, 1500?-55) の『ロマ書第一三章講解 (*Annotations on Romans XIII*)』(1551) を「コモンウェルス」のために臣民の服従を奨励したものとみなし、また一五五三年に (当時マーチャント・アドヴェンチャラーズの総裁であった) セバスチャン・カボット (Cabot, Sebastian, 1476?-1557) が書いた訓令書を、航海者が神に対する義務・良心のみならず、「コモンウィール」のために常に服従の精神を持つことの重要性を説いたものだとしている。[2] 加えて、モリスによると、トマス・エリオットは「パブリック・ウィール」(社会全体の福利) を追求したのであって、決して「コモンウィール」(庶民 (commons) やさらに貧しい階層の福利) を追求した訳ではなかった。[3] 即ち、エリオットの思い描く宇宙は中世的なものであり、彼は「存在の大いなる連鎖」という中世的思考を再提示したに過ぎなかった。エリザベス治世前期の (政治) 思想にはこうした中世的思考との連続性が見られ、したがって、この時期の思想は未だ中世的な「秩序（order）」と「位階（degree）」に基づいた、神とその代理人たる国王に対する臣民の服従を説いており、以下で取り上げる『説教集』はその最たるものであった。

『説教集』は第一巻と第二巻に分かれており、初版はそれぞれ一五四七年と一五六三年だと考えられている。[4]また第一巻は一二の説教から、第二巻は二一の説教から構成され、その主な内容としては、聖書の重要性や魂の救済、キリストの降誕・受難・復活、聖霊降臨などのキリスト教の基本的教義について説いたもの、信仰、祈り、聖奠などのキリスト教徒の生活のあり方について説いたもの、愛・慈善・施しといったキリスト教徒の為すべきことと、偽証・不貞・偶像崇拝・暴飲暴食・怠惰といったキリスト教徒が忌避すべきことについて説いたものが挙げられる。このように『説教集』は、イングランドのプロテスタントが従うべき指針を示したものであり、政府によって教会で朗読するよう命じられていた。ここで『説教集』を取り上げる理由としては、それが正に国教会体制の強化を目的としていたことに加え、国教会当局のみならず、残存史料からは知るのが比較的困難な教区民という末端レベルの思潮を推定するのに役立つであろうことが挙げられる。

他方、『説教集』は専ら宗教上の事柄について説いている訳ではなく、特に「服従に関する説教（An Exhortation to Obedience）」と「不服従と意図的な反乱に対する説教（An Homily against Disobedience and wilful Rebellion）」はかなりの政治的言明を含んでいる。前者は一五四七年に出版された『説教集』第一巻の初版に既に収録されていたが、[5]後者は一五七一年に改版された『説教集』第二巻に新たに付け加えられた。尤も個々の説教が『説教集』に先行して作成された可能性もあるため、前記の二つの説教の作成時期を断定することはできないが、少なくとも神と君主への服従を説くこれらの説教が、「恩寵の巡礼」[6]や北部反乱といったイングランドの政治的・社会的混乱を踏まえたものである、ということは容易に想像できよう。以下では、この二つの説教を取り上げることにより、エリザベス治世前期の（「コモンウェルス」概念によって表象される）イングランド意識が、反ローマ・カトリック（あるいは脱中世キリスト教共同体）を表明しながらも中世思想との連続性を保ち、（政治参加というよりは）国教会と王権に対する臣民の服従を促すものであった、ということについて論じたい。

特に「服従に関する説教」は、それまでの伝統的もしくは中世的な政治思想を典型的に示すものであり、「存在の大いなる連鎖」について次のように説明している。[7] 即ち、「全知全能なる神」は「天・地・海にある全てのものを完璧な秩序の下に創造し、その位置をお定めになった」のであり、天上においては「天使長や天使たちのそれぞれの位階と身分を定められ」、地上においては「王や君主と共にその下にあって統治に当たる者たちを必要で整然たる秩序の下に定められ、任命された」のである。続いてこの説教は、天体・動物・植物・気象といったあらゆるものの創造に言及しながら、各々の人間の「魂・心・精神・記憶・理解・理性・言語……そして身体の各部分」のような小宇宙の中にもそれぞれに対応する階層が存在し、これらは全て「有益にして必要かつ好ましい秩序の下に」あると述べる。したがって、「様々な職業や仕事や職務に就いているあらゆる位階の人々」もまた、「それに応じたそれぞれの義務と順位が与えられている」とされる。

そして、こうした服従の理論を展開する際に、この説教は次のように「コモンウェルス」という概念を持ち出すのだった。

それ故、万物の中で神の良き秩序は誉め称えられねばならないのであり、それなくして如何なる家も都市もコモンウェルスも維持され得ない。というのも、正しい秩序のなき所には、あらゆる悪習・性的紊乱・放埓・罪・バビロン的混乱 (all abuse, carnal liberty, enormity, sin and babylonical confusion) が蔓延るからである。王・君主・支配者・為政者・裁判官・神の秩序の執行者たちを全て取り除いてしまえば、誰一人として追剥に遭遇せずに馬や徒歩で公道を往来することも、殺されずに自宅で寝ることも、妻子や財産の安全を守ることもできなくなるだろう。否、そうしたもの全てが共有されることになろう。その結果、魂も肉体も財産もコモンウェルスも、あらゆる災難と恐ろしい破壊に見舞われざるを得なくなろう。[8]

ここでは、「存在の大いなる連鎖」とキケロ的な社会的結合としての「コモンウェルス」論の繋がりが看取される。言い換えるならば、この説教は本質的に政治参加を称揚し得る「コモンウェルス」という概念を「神の良き秩序」への臣民の服従を正当化するために用いているのである。したがって、ここでの「コモンウェルス」はどちらかというとレトリック性の強い理想国家を意味し、(各人の信仰や道徳を除き) 個別具体的な現実の諸問題の解決という視点を欠いている。

しかしながら、その一方で、「服従に関する説教」はイングランドのプロテスタンティズムに依拠することにより、「コモンウェルス」概念の (脱中世キリスト教共同体といった) イングランド性を強化した点で、当時の (政治的ではない) イングランド意識の高まりを示すものであったと言える。つまり、この説教は、「神が誉め称えられているこのイングランドという王国では、恐ろしい災厄や苦難や悲惨を感じることはない」のに対し、「斯くの如き神的な秩序を欠いた所では、疑いなくこのような災い全てを被ることになる」と述べることにより、プロテスタンティズムを信奉するイングランドを他の (特にカトリックの) ヨーロッパ諸国とは異なる、「神に選ばれし国家」として描き出しているのである。[9]

同時に、「存在の大いなる連鎖」はしばしば王権の絶対性を強調するために用いられることもあるが、この説教は国王に対する服従のみを説いている訳ではない。ここで臣民は「為政者」に従わなければならないとされているが、この「為政者」は必ずしも国王を意味するとは限らないのである。即ち、この説教によると、神はイングランド人に対し、「敬虔かつ賢明で栄誉ある評議会 (a godly, wise, and honourable council)」や「他の上級、下級の官吏 (other superiors and inferiors）」と共に、エリザベスという「崇高なる天恵（his high gift）」をもたらした。[10] したがって、イングランド人は神の定めた「位階」と「秩序」に基づき、何よりも最初に「最高の統治者（supreme governor）」たるエリザベスに、そして次にその「栄誉ある評議会」あるいは「他の全ての貴族・行政官・官吏（all other noblemen, magistrates and officers）」に服従しなければならない。[11] ただし、前記の「栄誉ある評議会」は立法機能を有するものとして提示されているものの、[12] その実体については明言されていない。そして、この説教は特に国王への絶対的服従の根拠として、王権がローマ教皇ではなく、あくまで至高の神から直接授けられたことを挙げるのだった。[13]

　ともあれ、「服従に関する説教」の主旨は「あらゆるコモンウェルスにおいては然るべき秩序（a due order）を遵守ならびに維持し、為政者とそれが定めし諸法（the powers, their ordinances and laws）に従うべき」ということであり、[14] こうした「コモンウェルス」の基本原則は如何なる場合でも放棄してはならないとされる。即ち、たとえ「為政者が邪悪（evil）」であっても彼らは「神の代理人（God's ministers）」であるので、全臣民は「〔為政者に対する〕恐怖からだけではなく、良心のためにも」彼らに服従せねばならないのだった。[15] したがって、臣民の国王〔あるいはより上層の統治に携わる者たち〕に対する抵抗は非合法であるとされる。そして、こういった無抵抗の根拠をこの説教は次のような論理で示している。

> 神はそのような最も忌むべき悪行（most detestable vice）を明るみに出されるとともに罰せられるであろう。というのも、そうした行いは、全く以て神の法と神に選ばれし地上で最高の審判者（his high principal judge）〔国王〕に反しているからである。王権を害するは神、コモンウィール、そして王国全体を害するに等しく、このことを神は御存知であり、何らかの方法でそれ相応に罰せられてきた筈である。[16]

言うまでもなく、ここでの「最も忌むべき悪行」とは国王に対する抵抗を意味しており、そうした行為が禁じられるべきことを主張するために、国王は神に選ばれた存在であるが故に国王への反逆は神への反逆であるといった王権神授説に加え、国王に対する不服従はイングランド王国全体の「コモンウィール」を損なうことになるといった点が強調されている。特に後者について言うならば、「コモンウィール」という概念が前述の「栄誉ある評議会」などを通じた制限王政の主張という選択肢を持っているにも拘らず、ここでは専ら神の代理人である国王への服従を正当化するために用いられている。結局のところ、イングランド臣民の為すべきは、国王が「神の栄光、神の真理、キリスト教精神、そしてコモンウェルス」のための「知恵・強さ・正義・慈悲・情熱」を持つように祈ることであった。[17]

そして、以上のような王権神授説に依拠した「コモンウェルス」論は「不服従と意図的な反乱に対する説教」の中でも繰り返される。例えば、この説教は冒頭で「あらゆる人間を上位の権力に服従させせよ、というのも、神以外の権力などあり得ず、実在する全ての権力は神がお定めになったものだからである」(「ローマ人への手紙」一三章一節)や「神の御為、人間のあらゆる命に服従せよ、それが王であろうと部族の長であろうと」(「ペテロの手紙第一」二章一三節)を引用しながら、[18]次のように説いている。

国王、女王、その他の君主は(というのも、それ〔聖書〕は男性に備わったものであれ、女性に備わったものであれ、権威と権力について述べているので)神によって定められたものであり、臣民の服従や尊敬に浴するべき存在である。‥‥王政(the government of princes)とは大いなる天恵であり、コモンウェルス、特に公正かつ敬虔なるコモンウェルスのために与えられた。神はそれがもたらす安楽と愛情の故に、また逆に邪悪なるものを恐れ戦かせるとともに罰するために、君主を擁立されたのである。[19]

ここでもやはり、君主の権力を神に由来するものとみなすことにより、臣民の服従の義務が説かれているのだが、同時にこうした義務は男性君主のみならず、女性君主に対しても果されなければならないとされる。そして、神の代理人である君主は臣民の服従と引き換えに、臣民のための統治を行い、服従を拒んで反乱を企てるような者たちを厳しく取り締まることによって治安を維持せねばならず、このような意味で、王政とは「コモンウェルス」そのものであった。特に君主に弓引く反逆者は「最悪の君主」よりも悪く、反乱は今までで「最悪の君主による最悪の統治」よりも悪いとされる。[20] なぜなら、「反逆者は臣下には似付かわしくない」ばかりでなく、「反乱は君主の些細な過失を改め、わずかな失政を回復するには不適切で不健全な治療法」であり、「そうした俗悪な治療法 (such lewd remedies) はコモンウェルスという身体に起り得る他の如何なる疾病 (any other maladies and disorders) よりもはるかに悪い」からであった。[21]

以上のように、反乱は「コモンウェルス」に損害をもたらすが故に、それを維持するためには君主に対する臣民の服従が第一とされるのだが、続いてこの説教は、こうした「コモンウェルス」の調和を乱す最も忌避すべき反乱の元凶は一体何であるのかという問題に取り組もうとし、若干排外的なトーンを帯びることになる。

非常に慈悲深き統治者の御為に神に感謝と祈りを捧げぬ者どもを臣民の名で呼んでよいものであろうか。その上そうした輩は質の悪いことに自ら武装し、反逆の徒党を組むことにより、ずっと続いてきた安寧秩序 (the public peace) を破壊しようとしている。彼らは戦争ではなく、反乱を起そうとしているのであり、非常に慈悲深くいらっしゃる統治者御自身を危険に晒し、彼らの国の階級 (the estate of their country) に危機をもたらし (彼らはその〔国の〕防衛のために自らの生命を賭する覚悟でなければならないのだが)、そしてイングランド人でありながら、イングランドの地でイングランド人に対して略奪や破壊を繰り返し、彼ら自身の隣人と親類縁者、彼ら自身

の同国人 (their own countrymen) を殺し尽し、あらゆる悪事を働こうとしているのである。然り、またこのような〔イングランド人自身の〕悪行は、外敵 (foreign enemies) が為そうとするものに比べて程度のかなり甚だしいことよ。斯くの如く慈悲深き統治者に刃向かう者たちを我々は何と呼ぶべきであろうか。[22]

ここでは、君主に対する服従の義務を放棄して反乱を企て、「安寧秩序」、つまり「コモンウェルス」の調和を乱そうとしている者たちを非難しているのであり、こうした人間は臣民の名に値しないと述べている。というのも、臣民とは本来、君主に対する服従も含めて「位階」という定められた「秩序」を遵守しながら、その祖国のためには自身の生命をも投げ出すべき存在だからである。しかしながら、実際にはそれとは裏腹に、反乱を通じてイングランド人同士が殺し合い、「外敵」がもたらす以上の損害をイングランドにもたらそうとしており、そのような現状を嘆いているのである。

とはいえ、この説教によると、「コモンウェルス」の調和を乱す元凶は、国内で反乱を企図するイングランド人のみではなかった。むしろ彼らはローマ・カトリックもしくは教皇という「外敵」に唆されているのであり、続いてこの説教はこうした「外敵」の批判へと進んでいく。まず新約聖書の四福音書などを引合いに出しながら、キリストと使徒たちはその信者に君主や統治者への服従を説いていたし、彼ら自身も実際服従していたとされる。[23] したがって、聖職者たちも当然君主や統治者に恭順の意を表するべきであり、かつまたキリスト教徒に対してそうするように説くべきだと述べられる。[24] なぜならば、キリストの王国とは現世のものではなく、キリスト自身も決して王ではないのであって、たとえ使徒や聖職者だとしても「あらゆる君主のような支配権 (all princely dominion)」を行使するのは禁じられているからである。[25] ところが、一司教である筈の教皇が「行き過ぎた野心 (intolerable ambition)」のために、キリストの教えに背き、教会法を持ち出すことによって「各地に遍在する全ての教会の首長」になろうとしたばかりでなく、「世俗の全王国の統治者」にもなろうとしたと説明される。[26] 即ち、この説教の言葉を借りるならば、教皇は「キリストの王国である教会とキリストの帝国、全てのキリストの王国の強奪者・破壊者」、あるいは「全ての上に君臨する普遍的な専制君主(an universal tyrant over all)」になってしまったのである。[27]

加えて、教皇はこうした自らの支配権を否認する東ローマのキリスト教徒たちを「教会分離論者(schismatics)」として迫害しているとされ、特にその領国内の臣民の君主に対する反乱を嗾けている、あるいは東ローマと他のキリスト教国の間の敵意を煽ることによって凄惨な戦争を引き起していると述べられる。[28] そして、「キリスト教共同体の最盛の地(the most flourishing part of Christendom)」であった東ローマがトルコ人の手に落ちたのはこのようなキリスト教徒同士の殺戮、より根本的には「キリスト教の嘆かわしい減退・腐敗・荒廃」が原因であると主張されるのだった。[29] いずれにせよ、この説教においては、目下のキリスト教共同体の混乱は、偏に聖職者でありながら世俗君主のように振舞う教皇がもたらしたものであり、教皇に比べれば如何なる臣民も「彼ら自身〔自国出身〕の統治者と母国(natural country)に反するよそ者〔外国出身〕の王位簒奪者(unnatural foreign usurpers)」の方を支持するだろうとされている。[30] こうした混乱はイングランドにも及んでいるとみなされ、続いてこの説教はイングランドの歴史を振り返りながら、その「コモンウェルス」にとって教皇あるいはローマ・カトリックがどれほど脅威であるかを論証しようとしている。

仮に当時のイングランド人が、神の御言葉の中にある彼らの君主に対する義務を知っていたならば、大多数の貴族たち、そして他のイングランド人、イングランド生れの臣民たち(other Englishmen, natural subjects)はこのよそ者の王位簒奪者〔教皇〕、彼の無意味な国王〔ジョン〕の破門のために、またこれはほとんどあるいは全くと言っていいほど根拠のないものであるが、彼がイングランド人に行った国王に対する偽りの誠実宣誓の破棄のために、国王への反乱を起したであろうか。王国に背くようローマの司教に焚き付けられながら、フランス国王とフランス人と共に、イングランド臣民は徒党を組んでイングランド国王とイングランド人に反する行いをしたであろうか。彼らはフランス人の大軍と共にフランス王太子をイングランドの国王に招き入れたであろうか。彼ら〔ジョンと敵対していたイングランドの諸侯派〕は母国イングランド王国に対する誠実宣誓を破棄してフランス王太子に誠実を誓い、王太子がイングランド国王に対して翻した反旗の下に集ったであろうか。・・・その後にローマの司教の祝福の所産であるあの悲惨な戦争と売国の反乱（those cruel wars and traitorous rebellion）が続き、イングランド人である筈の彼らは非常に多くのイングランド人の血を流させ、またその他全ての計り知れない損害と不幸を彼らの母国イングランドにもたらしたであろうか。[31]

ここでは、一二〇五年のカンタベリ大司教の選任を巡るイングランド国王ジョン（John, 1167-1216）と教皇イノケンティウス三世（Innocentius III, 1160/61-1216）の争いが描かれている。周知の通り、この争いはカンタベリ大司教選出の調停のため、教皇がスティーヴン・ラングトン（Langton, Stephen, ?-1228）を新たな候補者として擁立したのに対し、ジョンがこれを拒否したことに端を発する。その後、教皇によるジョンの破門あるいはイングランド諸侯への離反の呼び掛けなどにより、国王は窮地に陥ることになった。同時に、この時期のイングランドはフランスの対外的脅威に晒されていた。即ち、大憲章の諸条項の実施に際し、ジョンと諸侯が対立して内乱が勃発すると、フランス王太子ルイ（後のフランス国王ルイ八世（Louis VIII, 1187-1226））は諸侯派の推戴に応じて来援したのだった。そして、イングランドにこのような戦争や内乱をもたらす教皇もしくはローマ・カトリックを批判するとともに、「君主に対する義務」を忘れて母国と同胞を害するイングランド人を嘆いているのである。

このように、教皇はジョン治世下のイングランド人の「神の御言葉についての愚かしい無知（the brute blindness, ignorance) と迷信」に付け込んだのであり、こうした陰謀は現在も継続しているとされる。[32] つまり、ヘンリ八世、エドワード六世、エリザベスの治世(この説教はメアリ一世期については沈黙を守っているように思われる)の間に起った諸々の反乱もまた教皇が画策したものであり、(プロテスタンティズムを信奉する)イングランドは神の恩寵のためにこれらの被害を免れることができたのだった。[33] 換言するならば、

仮に慈悲深き神がそのような大騒擾(that raging tempest)を奇跡的に鎮められることがなかったならば、コモンウェルスという船の沈没(any shipwreck of the commonwealth)は避けられなかっただろうし、ほとんど全くと言っていいほどキリスト教徒とイングランド人の血を流さないで済むということもなかっただろう。[34]

という訳である。

以上のように、『説教集』に含まれる「服従に関する説教」と「不服従と意図的な反乱に対する説教」の中の(「コモンウェルス」概念によって表象される)イングランド意識は、プロテスタンティズムに依拠した反ローマ・カトリックという排外性を示しながら、臣民の王権もしくは国教会に対する服従を促すものであった。即ち、この二つの説教は、内乱が「コモンウェルス」にもたらす損害について論じることによってイングランド人の団結を訴え掛けるとともに、そうしたイングランドの「コモンウェルス」に損害を与える最大の原因として教皇もしくはローマ・カトリックの陰謀を挙げ、イングランドの歴史を持ち出しながらそのような陰謀を痛烈に批判した。ただし、これらの説教における「コモンウェルス」概念は、こうした脱中世キリスト教共同体といった意味でイングランド性の強化を示唆しているものの、中世以来の「存在の大いなる連鎖」という伝統的な議論の延長上にあり、政治参加というよりは国教会と神の代理人たる国王への臣民の服従を促すものであったと言える。その意味で、『説教集』が提示しているのは(政

治的ではない）イングランド意識であった。

（2）ジョン・ジュウェルと国教会の「改革」

このような『説教集』の中の二つの説教にも増して、「コモンウェルス」概念によって表象されるイングランド意識（それは反ローマ・カトリックもしくは脱中世キリスト教共同体を表明すると同時に、臣民の政治参加というよりは王権と国教会への服従を促すものであった）を明確に示したエリザベス期のイングランド人はジョン・ジュウェル（Jewel, John, 1522-71）であろう。ジュウェルは一五二二年五月二四日、デヴォンシァ北部のベリナーヴァ（Berrynarbor）教区のボウデン（Bowden）で生まれた[35]。彼は七歳の時にハンプトンに移り住み、そこで教区牧師であったおじの教育を受けた。また彼は一五三五年七月にオクスフォード大学マートン・カレッジに入学し、そこで人文主義者のジョン・パーカスト（Parkhurst, John, 1512?-75）やイタリアの宗教改革者で同大学において神学を講じていたピエトロ・マルティーレ・ヴェルミーリ（Vermigli, Pietro Martire, 1500-62）らの強い影響を受けた。その後彼は、コーパスクリスティ・カレッジに移ってそこでの講義を受け持つようになったが、メアリ一世の即位に伴い、プロテスタンティズムを信奉し、ミサなどの伝統的な宗教儀式を拒絶した彼は大学を追われ、亡命の憂き目に遭うことになった。

ジュウェルはフランクフルト、ストラスブール、チューリヒなどを転々とし、そこでエドウィン・サンズ（Sandys, Edwin, 1516?-88）やエドマンド・グリンダルやジョン・チーク（Cheke, Sir John, 1514-57）といった後にエリザベス治世の国教会体制の確立に貢献することになる亡命者たちと親交を深めた。やがてメアリ死去の知らせを亡命先のチューリヒで受けたジュウェルは、一五五九年三月一八日にロンドンへ戻り、翌年にはソールズベリ主教の座に着いた（在任期間：1560-71）。その間の彼の宗教的立場は、国教会の「改革」を求めながらも、基本的には国教会の規則への服従を説くというものであった。とりわけ、一五六二年に出版された『イングランド国教会の弁明（*Apologia pro Ecclesia Anglicana*）』は、こうした彼の宗教的立場を端的に示していると言える。

ジュウェルの『イングランド国教会の弁明』は、元々大陸での流布を目的にしていたためにラテン語で書かれたのだが、間もなくその英訳版が出版されることとなった。ジュウェルはこの著作の中で、イングランド国教会が政治的産物であるといったローマ・カトリック教会の主張に対し、国教会は使徒継承に基づいて達成された初期キリスト教会への復帰であると反駁した。そして、聖書の権威を重んじながら、教会の統一が不可欠であることを強調したのだった。『イングランド国教会の弁明』は六部から成る著作であるが、まず第一部ではジュウェルがこの書を著した理由について、第二部では「改革」されたイングランド国教会の教義について述べられている。特に第二部では、神と人間との唯一の仲保者としてのキリスト、洗礼と聖餐という二つの聖奠、聖職者の結婚、キリストの教えに背くローマ教皇の拒絶といった議論が展開されている。続く第三部〜第五部では、今までイングランド国教会に為されてきた様々な批判に対して系統的に反論を試みている。具体的にはジュウェルは、①イングランド国教会内部に存在する多くのセクトは明らかに異端の証ではないか、②イングランド宗教改革は不道徳を助長しているのではないか、③イングランドのプロテスタントは公権力と統治者への服従を破壊し、結果としてイングランド国教会はその統一性を失い、真の教会から遠ざかっているのではないか、といったカトリック側の批判から国教会を弁護しようとしたのである。そして、彼は第六部において、イングランド宗教改革が展開されてきた過程を擁護するとともに、「改革」を決定するのは公会議ではなく、あくまでイングランド国教会であると主張している。

この『イングランド国教会の弁明』は多くの読者を得る一方で、ジュウェルの議論に反発する者たちからの挑戦を受け、神学に関する一大論争を巻き起すことになった。特にトマス・ハーディング（Harding, Thomas, 1516-72）との論争は有名であり、彼の反論に対抗すべくジュウェルは『イングランド国教会の弁明の擁護（*A Defence of the*

Apologie of the Churche of England)』(1567) を著した。ジュウェルがエリザベス期の名高い聖職者の一人であるのは彼のこうした著作のためであり、彼は影響力のあるアングリカニズムの論者だったと言える。以下では、ジュウェルのこのような著作を取り上げることにより、彼の（「コモンウェルス」概念によって表象される）イングランド意識について考察したい。

ここでジュウェルの思想を取り上げる理由としては次の二点が挙げられる。一つは、先に述べたように、エリザベス治世前期のイングランドはローマ・カトリックの脅威の中で国教会体制の強化という現実の必要に迫られ、プロテスタンティズムに大きく依拠しながら（イングランドの「コモンウェルス」のための）国教会と王権への臣民の服従を促進せざるを得なかったのだが、自らソールズベリ主教であり、影響力のあるアングリカニズムの論者であったジュウェルも当然こうした思想を典型的に示す人物だと考えられることである。もう一つは、ジュウェルはエリザベス治世前期に国教会体制に関する著作を多く出版しており、しかもそれらの著作が纏まった形で残っていることである。

しばしばエラストゥス主義者とみなされているように[36]、ジュウェルにとって、国家による「秩序」の維持は教会の「改革」に必要不可欠なものであり、彼は宗教的事項における教会の国家への従属を主張していた。とりわけ、ジュウェルの次の言明は、彼のこうした宗教的立場をよく示していると言えよう。

キリスト教君主は、世俗的な事柄のみならず、宗教上ならびに教会上の目的もまた彼の地位に属するということを理解するために、神によって委ねられた〔聖俗〕両方の会議を受け持つ・・・・預言者イザヤは「王は教会を保護し、育成する者であるべきだ」と述べており・・・・最も良き時代の歴史の例から明らかなように、良き君主というものは凡そその職務に服するために、教会上の事柄を取り仕切ってきた。[37]

ここでジュウェルは「イザヤ書」の一節を引用しながら、世俗的事項のみならず、宗教的事項の決定もまた王権に属するとしている。そして、こうした彼の俗権と教権を併せ持った王権という主張は、（後述のような）イングランド国教会に対するローマ・カトリックの圧力といった現実の危機的状況から生じたものと言えよう。

実際、ジュウェルはエリザベスの国教会体制を承認し、必要があれば女王が国教会の「改革」に介入してもよいと考えていたのであるが、そうした「改革」が国家のあり方と深く関っている場合、彼は次のように慎重な態度を取った。

> コモンウェルスにおけるあらゆる改革が攻撃的で深刻であるということと、また多くの事柄がしばしば君主たちによって、時代の理性によって許容されているということを私は存じ上げている。そして、こういったことは当初は恐らく、不都合なものではなかった。だが目も眩まんばかりの福音の光が差し込んでしまっている今、ほんの僅かな過ちも可能な限り、取り除かれなければならない。[38]

要するに、ジュウェルにとって、エリザベス主導の国教会の「改革」は基本的にイングランドの「コモンウェルス」に適ったものであったのだが、彼は決して国教会体制そのものの変更といった国家を根底から覆すような「改革」を主張した訳ではなかった。彼は宗教的事項におけるエリザベスの絶対的な決定権を支持してはいないし、国教会の「改革」に対して消極的という訳でもない。即ち、彼は神の言葉を持ち出すことによって王権の宗教もしくは教会への介入に制限を課すとともに、次のように国教会体制に抵触しない、より個別的な次元において国教会の「改革」を要求したのだった。

> 既にお聞き及びのこのリネンの聖職服〔サープリス〕についての論争は・・・・未だに決着を見ていない。そのよう

な事柄は今なお弱き心を幾分掻き乱している。そして、そういったものは全て、極々僅かなローマ・カトリックの痕跡さえも我々の教会から、また最も重要なことに我々の心から取り除かれることだろう。しかし、女王〔エリザベス〕は現時点では、ほんの少しの宗教における改革も行うことができないでおられる。[39]

ここでジュウェルは一五六〇年代の聖職服論争について言及しているのであるが、周知の通り、この問題は元々カトリック教会がミサの時に用いるアルブという白い長衣を巡り、ピューリタンがその着用に異議を唱えたことに端を発するものであった。その後、国教会当局は聖餐の時以外は短いサープリスを着用するに止めたが、ピューリタンはサープリスでさえもカトリック的であるとして非難した。ジュウェルもこうした立場からサープリスの着用に反対し、「宗教における改革」を躊躇うエリザベスに業を煮やしているのである。このように彼は、決してピューリタンに対して好意的ではなかったが、聖職服論争における見解、あるいはより根本的には、国教会体制の下で個々の周縁的な宗教的事項を「改革」していこうとする立場を考慮すると、ピューリタンとの親和性を保持していたと言うことができよう。つまり、ジュウェルにとって、ピューリタンはせいぜい国教会の足並みを乱す程度のものであり、真の敵は国教会体制そのものを覆しかねないカトリックであった。続いてジュウェルは、非難の矛先をそのカトリックに向けている。

既に言及したように、ジュウェルはエラストゥス主義者であり、国家と教会を一体のものとみなしたのであるが、彼のこうした見解は、教権の俗権に対する優位を主張したカトリックのものとも、教会の国家からの独立を主張したピューリタンのものとも異なっていた。そして、このような「クリスチャン・コモンウェルス」を統治する主体はやはり君主であるとされるのだが、ジュウェルは無条件に君主の統治権を承認した訳ではなかった。彼の「クリスチャン・コモンウェルス」はあくまでプロテスタントの君主を戴くものであり、したがって、メアリ一世時代のイングランドは次のように不当な統治が行われた時期として描かれる。

あの暗黒のメアリ時代に、どれほどの迷信の牧草と森が至る所に生い茂っていたかを耳にするのは、いや実に驚嘆すべきことである。我々は・・・・奉納された聖遺物、一部の人間の幻想であるがキリストが実際に打ち付けられたという釘、あるいは・・・・その聖なる十字架の小片を見掛けた。魔女の数は・・・・多かった。仮により悪質で憎むべきものとして表現するならば、大聖堂は正に盗賊の巣窟かそれ以上に有害なものであった。[40]

このように、ジュウェルはメアリ治世を「魔女」と「盗賊」の跋扈する時代とみなしたのであるが、彼のカトリック批判はイングランド国内に対してのみ行われたのではなかった。つまり、彼はピウス五世 (Pius V, 1504-72) によるエリザベス破門を非難した一五七〇年の説教の中で、(ちょうど先に取り上げた『説教集』のように) 一五六九年の北部反乱を引き合いに出しながら、教皇もしくはローマ・カトリック教会を「クリスチャン・コモンウェルス」の平和を破る元凶として激しく糾弾したのだった。

彼らは武装し、多数の共謀者を集めた。軍旗が戦場に掲げられた。彼らの意図は何であったのか。何の目的のために彼らは蜂起したのか。この王国に住む全ての人間の中で、彼らは一体誰を狙ったのか。彼らは誰に対して槍を向けたのか。彼らは誰に対して剣を抜いたのか。だが主は油注ぎし者を守られた。主は聖なるシオンの丘に彼女〔エリザベス〕を立てられた。もはや反乱の悪意が彼女を悩ますことはないであろう。・・・・共謀なき反乱はあり得ない。そこ〔ローマ〕、正にそこから我々の全ての苦難が始まった。先に申し上げた如く、この全ての災いの主はローマにいる。[41]

言うまでもなく、ジュウェルはここで北部反乱に加担したイングランド国内のカトリック勢力に言及するとともに、教皇をこの反乱の黒幕とみなしているのである。同時に彼は、イングランドという「聖なるシオンの丘」に君臨するのは教皇ではなく、神に選ばれたエリザベスであると述べることにより、王権の教権に対する優越を説いている。そして、彼のこうした議論は国家を教会や教皇から自立した自己完結的団体と考えることによって俗権を擁護した、パドヴァのマルシリオ (Marsiglio dei Mainardini, 1280?-1342/43) らの政治思想を彷彿させるものである。ただし、マルシリオらが神法と人定法を切り離しながら、世俗の支配者の権限の一元化を通じた平和の実現を主張したのに対し、ジュウェルは「神法の番人」たる君主が聖俗両方の事柄を統べるべきだとしている。[42]

要するに、ジュウェルにとって、エリザベス主導で行われる国教会の「改革」は基本的にイングランドの「コモンウェルス」に適ったものであり、教会と臣民は国教会の長たる国王に服従すべき存在だった。そして、彼のこのような「コモンウェルス」概念によって表象されるイングランド意識は、ローマ・カトリックの脅威の中で国教会体制を強化せねばならなかった、当時のイングランドの歴史的状況から形作られたものだと言える。実際、彼はイングランドという「クリスチャン・コモンウェルス」をプロテスタントの君主によって統治さるべきものとみなすとともに、教皇もしくはローマ・カトリック教会をこの「クリスチャン・コモンウェルス」の平和を破る元凶として厳しく非難している。このように、彼のイングランド意識は、反ローマ・カトリック（あるいは脱中世キリスト教共同体）を表明しながら、国教会の長たる国王に対する臣民の服従を促すものであった。ただし、ジュウェルは必ずしも「クリスチャン・コモンウェルス」の「改革」に消極的であった訳ではなく、むしろ神法を論拠とした制限王政といった観点から教会と臣民による「改革」の可能性を主張した。つまり、彼は（聖職服論争のような）エリザベス国教会体制そのものに直接影響を及ぼさないと考えられる問題に限って、異議申し立てを行ったのである。

（3）『為政者の鑑』におけるイングランド史解釈

「コモンウェルス」概念によって表象されるイングランド意識（それは反ローマ・カトリックあるいは脱中世キリスト教共同体を表明しつつ、国教会と王権に対する臣民の服従を促すものであった）を示す、エリザベス治世前期のもう一つの作品として『為政者の鑑』を挙げることができる。『為政者の鑑』は一五五九年の公刊以降、数々の追補を加えながら、一五八七年までに六版を重ねた。[43]ここでは、このようにエリザベス治世前期に最も広く読まれた著作の一つと考えられ、また前述の『説教集』やジョン・ジュウェルの諸著作と比べて（必ずしも宗教的目的のために書かれた訳ではないという意味で）世俗的性格を強く帯びた『為政者の鑑』における（「コモンウェルス」概念によって表象される）イングランド意識を検証したい。

この作品は元々、メアリ一世期に出版された『国王リチャード二世時代以降のイングランド王国の不運なる王侯の年代記（*A Memorial of suche Princes, as since the Tyme of King Richard the Seconde, have been Unfortunate in the Realme of Englande*）』（1553-54）（以下『不運なる王侯の年代記』）という著作を下敷きにして書かれたものと考えられている。[44]この『不運なる王侯の年代記』もまた、ジョン・リドゲイト（Lydgate, John, 1370?-1450?）の『王侯の没落（*The Fall of Princes*）』（1431-38）を基に書かれたものであると言われており、したがって、政治的著作というよりはむしろ文学作品として出版された。『王侯の没落』は、メアリ一世期のイングランドで出版を許可されていたが、『不運なる王侯の年代記』はプロテスタント的立場からメアリとフェリペの統治を批判するという意図を持った著作とみなされたため、この時期に公刊されることはなかった。『不運なる王侯の年代記』は、エリザベス期に『為政者の鑑』というタイトルで出版されることになったのだが、この出版において中心的な役割を果したのは、ウィリアム・ボールドウィン（Baldwin, William, 1518?-63?）やジョージ・フェラーズ（Ferrers, George, 1500?-79）たちであった。[45]ボールドウィンは聖職者や教師としての経歴を持ち、エドワード六世やメアリ一世の下で宮廷劇の演出を行った人物であった。一方、フェラーズは法律家かつ廷臣で宮廷余興係を務めた人物であり、下院議員の不当逮捕からの自由を勝ち取ったフェラーズ事件（一五四三年）はよく知られている。

『王侯の没落』や『不運なる王侯の年代記』と比べると、『為政者の鑑』はもちろん文学作品としての側面も有していようが、どちらかというと政治的進言書としての性格を強く帯びており、主にエリザベス治世下の「為政者」たちに向けて書かれたものだと言うことができよう。そして、このことは『為政者の鑑』の序文からも明らかである。

プラトンは、コモンウィールの統治に関する彼の有名な箴言の中で、特に次のような言葉を残している。即ち、「さて、それ〔コモンウィール〕は、野心的な欲求を抱く者 (the ambicious desyer) が官職を保有することのないような国家のことであろう」と。こうした言葉を耳にすると、貴殿らは（実に見事なことに）官職とは如何なるもので、如何にして正当に授与されるべきかということについて、それは強欲な者たち (the gredy) が猟官を通じて得る利益 (gaynful spoyles) ではなく、慎慮ある者たち (the heedy) が負うべき労苦 (payneful toyles) であるとお感じになるかもしれない。あるいはまた、任務において勤勉で信用できる官吏ほどコモンウィールに必要なものはないとお感じになるかもしれない。[46]

ここでは、プラトンを引用しながら、「任務において勤勉で信用できる官吏」を「コモンウィール」の要と位置づけるとともに、こうした「為政者」のあるべき姿もしくは理想像を提示するのがこの著作の目的であることが表明されている。特に官職とは、このような慎慮ある人間が負担すべき「労苦」であり、それを通じた利益の誘導を図る強欲な野心家は（少なくとも「コモンウィール」においては）決して官職を保有してはならないとされる。なぜならば、元来官職は他者を扶助するために設けられたものであるにも拘らず、野心家（即ち、「権力」や「利益」を追求する者）は他者を蹴落としながら、自らの手で悪行を為すために官職を得ようとするからである。[47] またこのような野心家は専ら自身の「利得」と「安楽」を求めるので、彼らが一旦官職を獲得し、それに伴う義務を果すように強いられたならば、彼らが当初官職を手に入れるのに躍起になった以上に、彼らの任務を免れようとするだろうと述べられる。[48] そして、仮に野心家が官職を保有しないとすれば、当然「行政官としての権限を委任された（ministred）」者が官吏となるとされ、この場合、「人民は良き状態となり、良きコモンウィールが到来するに相違ない」と述べられる。[49] というのも、「良き官吏がいれば、人民の状態が悪化することはない」からである。[50] したがって、

このように、あらゆる国の善悪は統治者の善悪の中に存する。そして、それ故に、聖なる使徒たちが非常に熱心に我々に為政者のために祈るよう命じているのは、大きな理由がない訳ではないのである。というのも、実に全てのコモンウィールの富と平穏、また全てのコモンウィールの無秩序と困窮は、特に彼らを通じてやって来るから。[51]

という結論が導き出されることになる。

いずれにせよ、この著作において「為政者」と言った場合、それは主に「コモンウィール」に尽くす慎慮ある良き官吏を指すのだが、このことは決して彼らが「コモンウィール」の主権者であるということを意味してはいないし、「コモンウィール」の政体から王権が排除されている訳でもない。それどころか、『為政者の鑑』はむしろこれとは逆の主張をしているのである。

浅ましき我等が君主に対する抵抗を思うとき、
我等は自身の所業を全く見落としている。
嘉する方をご自身の代理とされた
神に刃向かい、その栄光に背くは我等。
それ故に、謀反人がその目的を成就させた例など未だなく、
全て悲惨な最期を遂げたのであり、
神の御心が変わらぬ限り、今後もそうなることだろう。[52]

ここでも、『説教集』やジョン・ジュウェルが主張したような神によって授けられた王権の擁護、あるいは王権に対する臣民の服従という理論が再現されている。このように、「コモンウィール」の官吏たる「為政者」は、神の代理人たる国王への服従を本分としながら、それに抵触しない範囲で「コモンウィール」のための任務を果すべき存在だったのである。

『為政者の鑑』の特筆すべきもう一つの性格は、この著作が全体を通して（汎ヨーロッパ性と対置される）イングランド意識を示しているということである。つまり、『為政者の鑑』は（スコットランド国王ジェームズ一世（James I, 1394-1437）の暗殺のような事柄を取り扱った韻文を除いて）中世のイングランドの史実に題材を求めており、この時代に非業の死を遂げたイングランドの「暗君」もしくは「逆臣」の亡霊にその経緯を語らせている。そして、この著作の序文における次の一節ほど、こうしたイングランド意識を明確に示すものはあるまい。

このこと〔コモンウィールの統治が為政者に懸っているということ〕を証明するのにローマ人やギリシア人に触

れる必要はないし、ユダヤ人、あるいは他の民族（other nations）に触れる必要もない。彼らのコモンウィールは、良き官吏がいる間は常に栄え、邪悪な人間（noughty men）の支配下にあるときは常に腐敗し、衰退してきた。だが、（注意深くお読みになっていただければお分かりのように）我々自身の国の物語（Our owne countrey stories）は我々に十分な例を示してくれるだろう、既に十分目にされていなかったら良かったのであるが。[53]

ここから明らかなように、『為政者の鑑』はあくまでイングランドの「コモンウィール」を主題としており、ローマやギリシアやユダヤといった他国（イングランド以外のヨーロッパ諸国）の歴史ではなく、イングランド史の解釈を通じて「為政者」のあるべき姿もしくは理想像を示すための著作であったと言えよう。

とりわけ、ロバート・トレジリアン（Tresilian, Robert, ?-1388）とその一味の没落を描いた韻文は、こうしたイングランド意識を示しつつ、王権への臣民の服従を通じたイングランドの「コモンウィール」の実現を説いている。トレジリアンはリチャード二世時代の王座裁判所長官であり、国王派と諸侯派の対立が高まる中、彼は前者の支持を表明していた。そもそもこの国王派と諸侯派の対立は、フランス・ブルゴーニュ連合艦隊に対する沿岸の軍備増強のための経費を求めて召集された、一三八六年秋の議会に端を発するものである。この議会において諸侯派は、サフォーク伯（Pole, Michael de la, 1st Earl of Suffolk, 1330?-89）らリチャード二世の寵臣の弾劾・解任や常設評議会の設置などを決議した。これに対し、トレジリアンを筆頭に法律家たちは、この議会の決定は越権で無効であり、常設評議会の設置を企図した者は反逆者として罰せられるべきだとした。しかしながら、その後トレジリアンは諸侯派により、サフォーク伯らと共に国王に対する反逆の廉で告発され、一時避難したものの間もなく捕らえられ、一三八八年に処刑された。

この韻文の中では、トレジリアンらはイングランドの制定法を恣意的に解釈することによって国王の不当な行為を正当化し、暴政を助長した人物として描かれている。

それ故に蝋と同じく如何ともならん法なれば、
臣民の生命・土地・財産の保障なく、ただ君主の恣意 (the princes wyll) があるのみだった。
そのために彼の王国が間もなく廃れたのは、
保身と破滅の絶対権力 (power absolute) を求める余り、
君主が人民の追い剥ぎになろうとしたからだ。
そして彼の欲望のための法を作り上げ、様々な言い訳を並べ立てたのだろうが、
首吊りと腸の抜き出しがあるのみで、慈悲などありはしなかった。[54]

この箇所だけでは、法の恣意的な解釈を行っているのはリチャード二世自身であるように見えるが、君主がこうした悪しき行いをするのは偏にその寵臣たちの責任であるとされる。つまり、この韻文の作者（フェラーズと考えられる）は史実から、五人の反逆罪告発貴族 (Lords Appellant) がリチャード二世本人ではなく、トレジリアンのような彼の寵臣を告発したということを知っていたのである。[55] したがって、この韻文の主題は決して君主に対する抵抗権ではなく、次のような君主を取り巻く奸臣への警戒であった。

イングランドの貴族たち (The Baronye of Englande) はこうした権力の濫用に堪え兼ねて、
同意 (assent) によって召集されしコモンズと共謀し、
理性も約定ももたらされることはないと言う。

国王はあらゆるものの中で寛大なる厳格さ (his Rygor to relent) をお持ちだったので、
モーグリィ (Mawgree)〔ノッティンガム伯のことか?〕が力を尽くし、彼らは議会を召集した、
討議を止めぬあらゆる者に自由ある (Francke and free)、
同様に、ウィール・パブリック (weale publyke) と君主の地位 (the princes state) のための自由が存する議会をば。

その議会では、多くのことが提議され、
王権 (the regaly and ryghtes of the crowne) に関して議論された、
なぜならば、悲嘆に暮れることになるリチャード王は、
ご自身の栄誉を全く顧みず、
これも悪意のある助言 (synister aduyse) のためで、全てをあべこべにされてしまったから。
王位の安泰のために、その者たちはこう考えた、
腐敗した助言者ども (His corrupt counsaylours) を、王から取り除かねばならないと。[56]

ここでは、反逆罪告発貴族はリチャード二世による王権の濫用に対して立ち上がった英雄として描かれており、彼らが王権の抑制のために利用したのが「ウィール・パブリック」と「君主の地位」のための自由なる議会であった。ただし、この議会が実際には反逆罪告発貴族によって招集されたにも拘らず、あたかもリチャード二世本人の意思で召集されたかのように描写されていることからも窺えるが、ここでの主張は必ずしも君主に対する批判ではない。即ち、この韻文によると、リチャード二世が王権を濫用するに至った原因はあくまでトレジリアンらの「悪意のある助言」にあり、こうした「腐敗した助言者」は排除されるべき存在であった。したがって、ここでリチャード二世はむしろ

奸臣に唆された被害者として描かれており、反逆者告発貴族は「王位の安泰」とイングランドの「コモンウェルス」のために蜂起したとされる。『為政者の鑑』はこのように（逆説的な奸臣についての描写も含めて）「為政者」のあるべき姿もしくは理想像を提示しながら、結局王権に対する臣民の服従を説いているのである。

以上のように、『為政者の鑑』は古代のギリシア、ローマといった他国（イングランド以外のヨーロッパ諸国）の歴史ではなく、中世のイングランド史の解釈を通じ、イングランドの「コモンウェルス」について論じた著作と言えるのだが、こうした脱ヨーロッパ的な意味でのイングランド意識を示すものであった。そして、『為政者の鑑』は文字通り、（時には逆説的に国王を取り巻く奸臣を描写することにより）「為政者」のあるべき姿もしくは理想像を示した著作であり、特に任務に忠実な官吏をイングランドという「コモンウィール」の要としたのだった。ただし、『為政者の鑑』の全体的な論調を考慮するならば、ここで提示されているのは積極的に政治参加する官吏というよりは、むしろ王権に服従する官吏である。即ち、前述の君主に対する抵抗の悲劇的結末を説いた韻文や「王位の安泰」のために蜂起した反逆者告発貴族を描いた韻文は、王権への臣民の服従こそがイングランドの「コモンウェルス」に適っている、というエリザベス治世前期の一般的思潮を反映したものだと言える。一方、『為政者の鑑』における「コモンウィール」のための自由なる議会という発想は、（「コモンウェルス」のための臣民の服従を第一義とするイングランド意識とは異なる）政治的イングランド意識の醸成に大きく寄与することになる、という点も付け加えておきたい。

（4）小括

以上のように、ここではエリザベス治世前期（一五五八〜七〇年頃）の（「コモンウェルス」概念によって表象される）イングランド意識について考察した。まず『説教集』に含まれる「服従に関する説教」と「不服従と意図的な反乱に対する説教」の中のイングランド意識は、反ローマ・カトリックという排外性を示しながら、臣民の王権もしくは国教会に対する服従を促すものであった。即ち、この二つの説教は、教皇もしくはローマ・カトリックの陰謀がイングランドに内乱をもたらすことにより、その「コモンウェルス」に損害を与えているとし、イングランドの歴史を持ち出しながらそのような陰謀を痛烈に批判した。ただし、これらの説教におけるイングランド意識は、こうした脱中世キリスト教共同体といった意味でのイングランド性を示しているものの、中世以来の「存在の大いなる連鎖」との連続性を有しており、政治参加というよりは国教会と神の代理人たる国王への臣民の服従を促すものであった。

一方、ジュウェルのイングランド意識は、エリザベス主導で行われる国教会の「改革」を基本的にイングランドの「コモンウェルス」に適ったものとし、教会と臣民は国教会の長たる国王に服従すべき存在だった。とりわけ、彼はイングランドという「クリスチャン・コモンウェルス」をプロテスタントの君主によって統治さるべきものとみなし、教皇もしくはローマ・カトリック教会をこの「クリスチャン・コモンウェルス」の平和を破る元凶として厳しく非難した。このように、彼のイングランド意識は反ローマ・カトリック（あるいは脱中世キリスト教共同体）を表明しながら、国教会の長たる国王に対する臣民の服従を促すものであった。その一方で、ジュウェルは教会と臣民による「クリスチャン・コモンウェルス」の「改革」の可能性を主張し、エリザベス国教会体制そのものに直接影響を及ぼさないと考えられる問題に限って、異議申し立てを行った。

また『為政者の鑑』は古代のギリシア、ローマといった他国（イングランド以外のヨーロッパ諸国）の歴史ではなく、中世のイングランド史の解釈を通じ、イングランドの「コモンウェルス」について論じた著作と言えるのだが、こうした脱ヨーロッパ的な意味でのイングランド意識を示すものだった。『為政者の鑑』は特に任務に忠実な官吏をイングランドという「コモンウィール」の要としてはいるが、ここで提示されているのは積極的に政治参加する官吏というよりはむしろ王権に服従する官吏であり、彼らの任務はこうした王権への服従という本分に抵触しない範囲で果されるべきものであった。

このように、エリザベス治世前期の（「コモンウェルス」概念によって表象される）イングランド意識は、政治参加というよりはむしろ国教会と王権に対する臣民の服従を促すものだった（それ故に、ここでの主題は政治的イングランド意識ではなく、あくまでイングランド意識であった）。言い換えるならば、国教会と王権への臣民の服従こそがイングランドの「コモンウェルス」に適っている、というのがこの時期の一般的思潮であった。したがって、当時のイングランド意識は、臣民が服従すべきイングランドという「コモンウェルス」を（とりわけ、神の「秩序」を体現した）理想国家として描く傾向にあった点でレトリック性の強いものであり、現実の政治的諸問題の解決という視点を欠いていた。こうした臣民の服従が声高に叫ばれた背景には、「存在の大いなる連鎖」といった中世思想との連続性も然ることながら、イングランドのプロテスタンティズムに依拠しつつ、ローマ・カトリックに抗して国教会体制を確立・維持せねばならなかった、当時のイングランドの歴史的状況があったと言える。したがって、我々はこの時期のイングランド意識に、中世キリスト教共同体という汎ヨーロッパ性と対置されるイングランド性を見出すことができる。このようなイングランド性の故に、ここでの事例は政治的イングランド意識の形成に貢献したと言えるし、ジュウェルの教会と臣民による「クリスチャン・コモンウェルス」の「改革」や『為政者の鑑』における「コモンウィール」のための自由なる議会といった発想は、（以下で検証する）政治的イングランド意識の醸成に大きく寄与することになるのである。

第2節　宮廷のプロテスタント人文主義者の政治的イングランド意識

（1）エリザベス治世前期のプロテスタント人文主義者と「ケンブリッジ・サークル」

前節で検証したように、エリザベス治世前期の（政治的ではない）イングランド意識は反ローマ・カトリックあるいは脱中世キリスト教共同体を表明しながら、イングランドの「コモンウェルス」のための国教会と王権に対する臣民の服従を促すものであった。そして、こうした意識はイングランドのプロテスタンティズムに依拠することにより、イングランドを神の「秩序」を体現した理想国家「コモンウェルス」とみなす傾向にあり、現実の政治的諸問題の解決という視点を欠いていた。一方、前記のようなイングランド意識が明確な形で政治性を持ち始め（即ち、政治的イングランド意識の形成）、イングランドの「コモンウェルス」のための政治参加を喚起するようになるのもエリザベス治世前期であった。

一六世紀初頭のイングランドでは、トマス・モア、トマス・エリオット、トマス・スターキーのようないわゆる「コモンウェルスマン」たちが登場し、主に出版物を通じて囲い込みなどの現実の政治的諸問題に取り組んだのは既に述べた通りだが、どちらかというと彼らもまた（イングランド性と対置されるところの）汎ヨーロッパ性と普遍性を有する理想国家「コモンウェルス」について論じていると言える。確かに彼らは「コモンウェルス」という概念枠組みの中で、囲い込みのような現実のイングランド固有の政治的諸問題について論じてはいるが、彼らの取り上げる主題はかなり限定されていたし、そうした議論はあくまで中世キリスト教共同体における倫理上・道徳上の「改革」のために為された。[57] また君主のあるべき姿を説いたいわゆる「君主の鑑」や、（個別具体的な政策提言というよりは）君主に対する「助言」行為そのものの重要性を説いた進言書のように、彼らは（イングランド以外の場所でも適用可能な）普遍的な理想国家「コモンウェルス」を描き出したのである。つまり、彼らはこうした普遍的な理想国家（例えば、有徳な君主と「活動的市民」の結合体としての「コモンウェルス」といったような）を提示することによって、より抽象的なレベルで政治的諸問題の解決を試みたと言える。その後こうした出版活動は下火になっていったとされるが、[58]モアたちの「コモンウェルス」論はエリザベス期における政治的イングランド意識醸成の起源となった。

特にモアたちの「コモンウェルス」論は、一五三〇年代にケンブリッジ大学で教育を受けたプロテスタント人文主義者のサークルによって継承されたのだが、この中には若き日のウィリアム・セシル、ロジャー・アスカム、ジョン・ポネット（Ponet, John, 1514?-56）、ジョン・エイルマらの姿があった。[59]彼らは政治的生活の基礎として「共同体の同意（the consent of the community）」を重視し、イングランドをそれに適した独自の統治構造を持った共同体とみなした。[60]同時に彼らは、そのような共同体や統治構造は変化するものと考えるとともにこうした変化を肯定的に捉え、自らをイングランド人の国家を良い方向へ導くための「改革者（reformers）」とみなしたのである。[61]加えて、彼らは国家を把握する際に「コモンウェルス」全般について考察しただけでなく、イングランド自体（の「コモンウェルス」）についても考察した。[62]言い換えるならば、彼らは国家について論じるに当たり、古代ギリシア・ローマの言葉のみならず、彼ら自身のイングランドの言葉を用いたのである。とりわけ、彼らはキケロ的伝統に依拠しながら、こうした言葉と実際の政治的活動を密接不可分のものとみなし、このような言語形態は共同体のための活動から生じると考えた。いずれにせよ、「ケンブリッジ・サークル」は、エリザベス期のイングランドに多くの有能な政治家や知識人を提供することになったのである。

ここでは、この「ケンブリッジ・サークル」の中でも、特にエリザベス治世前期のイングランドの宮廷のプロテスタント人文主義者として政治の最前線で活躍し、それ故に政治的イングランド意識、換言するならば、（汎ヨーロッパ的な中世キリスト教共同体あるいは普遍的な理想国家と対置される）イングランドの「コモンウェルス」のための政治参加の意識、を人一倍強く持っていたと思われるニコラス・ベイコンとトマス・スミスの思想について取り上げる。エリザベス治世前期のイングランドでは、（ヘンリ八世期以降）政府の立場が二転三転することによってますます混迷を深める宗教問題、また一五六三年の議会における職人規制法・新救貧法・囲い込み規制法などの制定が物語るように、囲い込みや物価騰貴、それに伴う貧民の発生といった問題が浮上し、宮廷のプロテスタント人文主義者であったベイコンとスミスは、自らこうした現実のイングランド固有の政治的諸問題に取り組む機会を得たのだった。

（2）ニコラス・ベイコンの政治的イングランド意識

（i）一五五九年一月二五日の議会演説

まずニコラス・ベイコンが一五五九年に行った議会演説の中の政治的イングランド意識について考察したいと思うのだが、当時のイングランド臣民の数少ない国政参与の場とも言える議会は、（政治活動の上であれ、政治理論の上であれ）政治参加を主張する際の有力な手段であった。彼のこの演説は、議会をイングランドの「コモンウェルス」を実現するための場所と捉えながら、（国王至上法と礼拝統一法という）エリザベス国教会体制を確固たるものとするための法案の通過を訴え掛けるものだった。

ニコラス・ベイコンはエリザベス期の有力な政治家・顧問官、またフランシス・ベイコンの父親として広く知られているが、その一方でグラマー・スクールの設立やそのカリキュラム改革、あるいは彼の蔵書のケンブリッジ大学への寄付などの事実が示すように、人文主義的な「レトリック」教育の普及に尽力した人物である。[63] とりわけ、ベイコン自身は前述の「ケンブリッジ・サークル」の若干前の世代であるが、それでもこの蔵書の寄付から窺えるように、彼は同大学における人脈を重要視したのだった。またベイコンは、エリザベス期イングランドにおける雄弁家の一人として知られており[64]、彼は「レトリック」のサンプルとして当時の議会演説を蒐集もしくは推敲していた[65]。同時にベイコン自身、国璽尚書であった（在任期間：1558-79）ために、彼の議会演説は比較的多くの記録が残されている。この国璽尚書の演説は議会が召集された理由を説明することなどを目的としており、女王と上下両院の議員たちの面前で行われた[66]。

例えばエリザベス治世の第一議会（一五五九年一月二三日〜五月八日）におけるニコラス・ベイコンの演説は、エリザベスの宗教に関する見解を代弁する一方で、宗教的寛容を希求することによって当時の宗教問題をスムーズに解決するという彼自身の立場を表明するものであったと言える。同時に、この議会における彼の演説は、特にイングランドの「コモンウェルス」といった観点から、国内外のカトリック勢力に抗してイングランド国教会体制を確立すべきことを説いている。ベイコンは同年一月二五日に議会開会の演説を行ったのであるが、その中で彼は、この議会が召集された理由を次のように説明している。即ち、議員たちが協議すべき事項は三つあり、第一にイングランド臣民を「宗教に関する統一的な秩序 (an uniforme order of religion)」へと導くための法を制定すること、第二にイングランドの「世俗の秩序もしくは治安 (the civill orders or pollices)」に害を為しているあらゆる災いを改善・除去するための法を制定すること、第三に王国の状態について熟慮し、王国の安寧をもたらすための「最善策 (the best remedyes)」を考案することであった[67]。

言うまでもなく、この議会における最優先課題は国王至上法と礼拝統一法の制定であり、ベイコンはここでその重要性について説いているのである。同時に彼は、当時のイングランドの宗教問題について特に世俗の事項と対比しながら言及しているのだが、このような対比は彼の次の発言に如実に示されている。

女王陛下〔エリザベス〕は、そのご眼前に神を御覧じ、主の聖なるお教えとご助言（his devine precepts and counsells）にご配慮ないしはご留意なさっていない訳ではないが、この協議において第一に神の栄誉の促進（advauncemente of Gode's honor and glory）が模索されて然るべきだとお考えになっている。この栄誉とは、その上に全ての良きパブリック・ウィールに関する政策（the pollicie of every good publique weale）が打ち立てられるべき確固たる土台、それに従ってパブリック・ウィールが全面的に統治されるべき公正なる指針（straite lyne）、そして、それによってパブリック・ウィールが絶えず維持されるべき主要な支柱（chiefe pillar and buttreuxe）の如きものである。[68]

要するにベイコンは、この議会における討議は「神の栄誉の促進」を第一の目的としており、「パブリック・ウィール」はこのような宗教に基づいて公正に統治されなければならない、と述べているのである。言い換えるならば、彼は世俗的な「パブリック・ウィール」の統治にとって宗教は不可欠な要素だと考えたのだった。同時に彼は、エリザベスが議員たちに対し、まず何よりも「神への義務（dutie）」のために、それから「女王陛下と国（countrie）への奉仕（service）」のために、そして「諸君自身への愛（love）」のために、この議会における一致を強く望んでいる、と述べている。[69] このようにベイコン（あるいはエリザベス）は、イングランド臣民（ここでは下院議員）の義務として、世俗における義務よりも宗教における義務を上位に置いたのであった。また世俗における義務は、女王と国に対する公共的な義務と個人に対する私的な義務に区分され、前者の後者に対する優位が説かれている。いずれにせよ、ベイコンによると、議会での討議はあくまで「敬虔な目的（godlie purpose）」のために為されるものであり、「名声（honour）」や「利益（profitt）」あるいは「私的な感情（private affection）」とは無縁のものであった。[70] そして彼は、このようなことに留意することにより、諸君はまた本議会において明らかに、良き助言の大敵（greate enemye to good councell）の如く、重要な事柄における協議（consultacion）というよりは知力の誇示に、助言者（counsellors）というよりは学者（schollers）に、議会というよりは学校に似つかわしいあらゆる種類の論争、また全ての詭弁を弄する揚げ足取りの下らぬ議論や屁理屈を行うのを慎み、免れることだろう。[71]

と述べている。特に彼は、こうした無益な議論がローマ・カトリック批判という文脈の中で為される可能性を予測しながら、次のように釘を刺すのだった。[72] 即ち、彼はこの議会の討論において、「異端者（heretike）」や「教会分離主義者（schismatike）」や「教皇主義者（papist）」といった煽情的な言葉が用いられることのないように懇願したのである。とはいえ、宗教的寛容を説くベイコンも基本的にはローマ・カトリックに批判的であり、彼はそれを「不快と憎悪と敵意」を増幅し、「あらゆる調和と結束（all concorde and unitie）に対する完全なる敵」である「煽動的な派閥や党派（seditious faccions and sectes）」とみなしている。したがって、彼はこの議会において、「如何なる種類の偶像崇拝あるいは迷信」を助長するようなことが決定されることのないように、また神に対する「侮辱もしくは不敬な振舞」や「無信仰（irreligion）」の切っ掛けとなるものが提示されることのないように配慮すべきことを訴えたのである。その上で、ベイコンは議員たちに対し、「諸君の神への義務」、「諸君の国と自身への愛」、そして「非常に気高くいらっしゃる母なる保護者（a patronesse）〔エリザベス〕」に衝き動かされながら、「神の栄誉、神の教会の設立、また王国の平穏（tranquilitie）へと至るような法を制定」するために尽力するように呼び掛けたのだった。[73]

既に言及したように、ベイコンの「パブリック・ウィール」とは宗教に依拠して統治されるべきものであったが、同時にそれは法を通じて統治されるべきものだった。彼によると、王国の「コモンウェルス」とは裏腹に、「私的な利益のための方策（private wealthe's devise）」により、如何なる事が王国において実行され、法とされてきたかということを考えなければならなかった。[74] というのも、どのような法であれ、王国の「コモンウェルス」のための「法」が未だ制定されていないであろうからである。[75] それ故に彼は、あらゆる「法の不備（imperfeccions of lawes）」や「法の欠陥（wantes of lawes）」について検討し、そのような問題に関し、「法律上の無秩序や違反（disorder and offence）の性質、臣民の傾向、そしてその時代の慣習（the manner of the tyme）」を考慮しながら、「最も適した改善策（their meetest remedyes）」を提示するように議員たちに訴え掛けたのだった。[76] 言い換えるならば、ベイコンはここで、「私的な利益」の対極に位置する王国の「コモンウェルス」を実現するための法が、議会を通じて整備される必要性について力説しているのである。

とはいえ、議会をイングランドの「コモンウェルス」を実現する場とみなし、議会を通じた臣民の政治参加の重要性を説いたベイコンの議論は、究極的には「神への義務」を前提としており、したがって国王の「絶対的権力」を補完するものに過ぎなかった。このことは、彼の次の言明から窺い知ることができる。

如何にして人〔良き真のイングランド人〕は、神聖なるお力と法をお持ちの神がこの王国の帝冠（imperiall crowne）を一人の王女〔エリザベス〕におもたらしになったということを思い出しながら〔前記のような改善策について考慮することが〕できるであろうか。その王女とは実に、王国の全身分の助言（advises）により、非常に気高く、入念に、進取のご気性で、注意深くあらゆる方法をきっと模索される方である。この方法により、全ての無秩序や不都合は改善され、良きことは継続されるとともに揺ぎないものとされ、偽りなき公正なるものは促進・推奨され、不誠実で邪悪なるものは修正され、あらゆる点で全ての人間に対し、また常に困難のない状態で正義が遂行され、甘やかしや憐憫のない慈悲が行使されることになっているとしてもよかろう。[77]

既に言及したように、「コモンウェルス」は必ずしも君主政を否定するものではなく、ここでベイコンの「コモンウェルス」も「王国の帝冠」によって表象されており、したがって、彼の公共的な政治参加は国王に対する忠誠と表裏一体であったと言える。この「帝冠」とは古代ローマの「インペリウム（imperium）」概念に由来するものであり、内部と外部に対する支配権を表象する語であった。[78] とりわけ、テューダー朝においては、一五三三年の上告禁止法によって「イングランド王国は帝国（Impire）である」と宣言され、また一五三四年に制定された国王至上法によって「我が主権者たる王は…アングリカーナ・エクレシア（Anglicana Ecclesia）と呼ばれるイングランド教会の地上における唯一かつ至上の長であり…王国の帝冠（Imperial Crown）を備えている」と規定された。[79] 言い換えるならば、この二つの法により、イングランドは国王を主権者とする主権国家であり、また聖俗の諸事項に関する完全な自己決定権を持つ国家であることが明言されたのである。[80] 初期近代のヨーロッパにおいて、ローマ法はしばしば国王の「絶対的権力」を擁護するために援用されたのであるが、以上のような「帝国」概念もローマ法の「国王は自らの領域において皇帝（imperator）である」という法諺に基づいている。[81] 同時に、ベイコンが述べているように、こうした国王の主権は神に由来しており、いわゆる王権神授説へと繋がるものであった。このような「コモンウェルス」と「インペリウム」といった一見相互に矛盾する二つの概念の混在は、エリザベス期の政治思想の中に少なからず見受けられるが、こうしたアンビヴァレントな混在は「君主政共和国」の特徴をよく表しているように思われる。いずれにしても、ベイコンがここで主張している「議会内国王（king in parliament）」は、神の代理人としての国王の一側面に過ぎなかったと言える。

（ii）一五五九年五月八日の議会演説

以上のように、ベイコンの政治的イングランド意識は、イングランドの「コモンウェルス」のための臣民（ここでは下院議員）の公共的な政治参加（議会を通じた政治参加と法の制定）を要求しながら、（イングランド国教会体制の確立もしくは反ローマ・カトリックのための）神に対する服従あるいは国王の主権をその本質としていた。その一方で、彼は同年五月八日に行われた議会閉会の演説において、「コモンウェルス」の統合原理として、神や国王に対する義務というよりはむしろイングランド固有のコモン・ロー（とその具体的な表れとしての議会制定法）の重要性を強調している。即ち、彼によると、①議員たちが「あらゆる良き助言の危険な敵」とも言える思慮のないその場凌ぎのやり方を排し、より良い結論を出すために重大事項に関してじっくりと審議してきたこと、②あらゆる人間の知識と良心を言明するために用いられてきた「言論の自由（freedome of speeche）」を通じ、重要な事柄が議会において徹底的に議論・審議され、理性的に解決されてきたこと、③「神の栄光」と王国の「コモンウェルス」のために、そのような事柄が「一般的同意（an universall consent and agremente）」にかなり近い形で議会において制定されてきたことなどを考慮すると、エリザベスは議員たちの英知と尽力を誉め称え、認めざるを得ないのである[82]。

続いてベイコンは議員たちに対し、「諸君の英知と忠誠」を考慮すると、「良き法が奉仕する些細な目的」が執行されないでいることを思い出させる必要はないが、「古来の慣習（auncient order）」とはそのようなものなのでと前置きした上で[83]、コモン・ローについて次のように語っている。つまり、コモン・ローの主な目的は三点あり、それは「女王の平和（the Queene's peace）」を維持すること、臣民の間で「正義（iustice）」を執行すること、そしてこの議会で制定された諸法に従い、宗教における「唯一の統一的な秩序（one uniforme order）」を監視することである[84]。それ故に彼は

人間の行為の基準となり、またコモンウェルスの悪を取り除くための良き法を定めるよう人が尽力するのは、偉

大なる嗜好ではないか。[85]

と主張するのであった。

ベイコンによると、とりわけ宗教における「唯一の統一的な秩序」は議員たちが真剣に取り組むべきものであり、議会の「卓越した思慮ある助言（greate and deliberate advise）」によって確立されてきたものであったが、彼はこのような宗教的秩序の妨害を密かに企てる者たちがいることを危惧していた。[86]そして、このような者たちについて考慮する際に、法を遵守する人間とそうでない人間がいるということに言及しておく必要がある、と彼は述べるのだった。[87]ただし、こうした法を遵守しない人間を正すのもまた法の役割であり、そのことによって「コモンウェルス」の一体性は維持されるのである。この点について、彼は次のように言及している。

服従（obedience）が為されず、また同様に服従の規則（the rules of obedience）を破り、おそらく正にあらゆる騒乱の起源とも言える全ての派閥や党派を形成・維持・擁護することにより、必然的に破滅や人口減少をもたらすような場所に良き統治（good governaunce）はあり得ない。それ故に、このようなことについて多大な注意が払われるであろうし、現に見掛けるようになってきたこのような事態に対し、法の秩序（the order of lawes）に従って厳格な矯正が為されるであろう。しかもそれ〔法の秩序〕は起源において、人物とは無関係に、ちょうどこの上なき敵対者の上に存するように、調和（unitie and concorde）として存在し得るものであり、それなくしてもはやコモンウェルスの維持は不可能であるし、御存知のようにその上にこそ我々全員の盛衰が全面的に懸かっており、そのことは陛下のご統治についても言える。[88]

もちろん、ここでベイコンの言う法は、具体的にはこの議会で制定された国王至上法と礼拝統一法を指しているのだが、彼にとってこれらの議会制定法は「服従の規則」であり、このような規則を破って「派閥や党派」（主にイングランド国内のカトリックを指しているものと思われる）を形成することは「良き統治」に反することを意味していた。同時にベイコンは、法の遵守が為されないことによって生じつつある「コモンウェルス」の弊害について指摘し、「法の秩序」に則って是正されるべきことを主張している。つまり、ベイコンの法とは、（ここでは国王と法の関係については明示されていないが）如何なる人間も遵守すべきものであり、その結果として「コモンウェルス」に「調和」がもたらされるのである。

以上のように、ニコラス・ベイコンが一五五九年に行った二つの議会演説に関する限り、彼の政治的イングランド意識は、議会をイングランドの「コモンウェルス」を実現する場とみなし、議会を通じた臣民（下院議員）の公共的な政治参加を促すものであった。そして、ここでの政治参加とは、国王至上法と礼拝統一法といったイングランド国教会体制を確固たるものにする法案を議会で通過させるための議員たちの尽力を意味していた。ただし、こうした政治参加はイングランド国教会体制の確立のためのものだったこともあり、（ローマ・カトリック批判に見られる、脱中世キリスト教共同体というイングランド性を示しながら）結局ベイコンは神に対する服従を主張し、また彼の「インペリウム」概念が示唆するように、イングランド議会そのものの主権というよりは、「議会内国王」の主権を主張したと言える。したがって、彼はコモン・ロー（あるいはその具体的な表れとしての議会制定法）を臣民の政治参加の自由を保障するものというよりは、むしろ「コモンウェルス」の統合原理、つまり、イングランド人の間に「調和」をもたらすことによって「コモンウェルス」の一体性を維持するための、服従の法として提示したのである。

（3）トマス・スミスの政治的イングランド意識

（i）『イングランド王国の繁栄についての一論』

続いてニコラス・ベイコンと同時代人であり、なおかつエリザベス期のイングランドで広く読まれた（と考えられる）「コモンウェルス」に関する著作を残したトマス・スミスの政治的イングランド意識について考察したい。スミスの政治的イングランド意識もまた、（汎ヨーロッパ的な中世キリスト教共同体あるいは普遍的な理想国家と対置される）イングランドの「コモンウェルス」のための（臣民の服従ではなく）政治参加を喚起するものであった。

トマス・スミスは、エドワード六世期に枢密院に入り、国王秘書長官などの要職に就き、ウィリアム・セシルらと共にサマセット公を強力に補佐したことで知られている[89]。サマセット公の失脚に伴い、スミスも公職を奪われ、またプロテスタントであった彼はメアリ一世期において極めて不遇であったが、エリザベス即位後に政界に復帰することになった。即ち、彼は再び枢密院に入り、国王秘書長官・フランス大使・下院議員などとして活躍したのである。同時に彼は、しばしばテューダー朝の典型的なヒューマニスト、ケンブリッジ大学最初のローマ法欽定講座担当教授、あるいはアイルランド植民の推進者などとして描かれている。

このようにスミスは、ルネサンス人文主義や法学に造詣が深いばかりでなく、貨幣問題の専門家でもあり、エドワード六世期とエリザベス期の社会・経済問題に取り組んだ人物として知られている。スミスの『イングランド王国の繁栄についての一論[90]』という著作は、正に彼のこのような活動の一環として著されたものであると言えよう。スミスのこの著作は、彼の死後、つまり一五八一年のロンドンにおいて初めて公刊されたのであるが、執筆年代はその内容から一五四九年頃と推定されている[91]。『イングランド王国の繁栄についての一論』は恐らくこの時期のイングランドが抱えていた現実の政治的諸問題を取り扱ったものであり、三部から成る対話形式で話が進められている。即ち、「第一の対話」では人民の不幸の諸相について、「第二の対話」ではそうした諸問題の原因について、「第三の対話」ではそれらに対する有効な対策について論じられている。

尤もこのような対話形式の著作は、トマス・モアの『ユートピア』もそうであるように、一六世紀のイングランドにおいて決して珍しいものではない。『イングランド王国の繁栄についての一論』では、ナイト・商人・ドクター・百姓・手工業者の五人がそれぞれイングランドの抱える諸問題について論じているのだが[92]、こうした対話形式はスミス自身の見解を不明瞭にするとともに、この五人に各階層の利害を代表させることにより、当時の社会構成の縮図を示すのに役立っているように思われる。この五人は都市の衰微や宗教上の分裂などについても言及しているが、彼らの議論の中心テーマはあくまで貨幣改鋳・囲い込み・物価騰貴といった問題、あるいはそうした問題に対処するための政策であった[93]。言い換えるならば、スミスは『イングランド王国の繁栄についての一論』を著すことを通じて、このような（普遍的な理想国家ではなく）イングランドの現実の政治的諸問題に対する解決策を提示しようとしたのだった。とりわけ、スミスのこの著作における政治的イングランド意識は、イングランド王国に対する強い帰属意識を表明するとともに、イングランドの「コモンウェルス」のための臣民の積極的な政治参加を称揚している。

まずスミスは『イングランド王国の繁栄についての一論』を著した理由を次のように説明している。

> 我々が現在住処としているこのイングランドというコモンウェルスおよび王国 (this Commonwealthe and Realme of England) が衰退していることに関し、様々な不平 (the manifold complayntes of men) が存在し、今ではその問題がこれまでになく広範に論じられ、その原因についても人によって各々の言うところが異なっている。私はそれについて改革を行ったり、気を配ったりするのを任務としている国王評議会に属している者ではない。しかし、私も正にそのコモンウィールの一員 (a membere of the same common weale) であり、またこのようなことを処理

しなければならない議会の一員として召されている身でもあることを自覚しているので、自分がこの問題に縁も所縁もない者だと考えることができないのである。それはちょうど、沈没しかけている船に乗っている人が、自分はその船の船長でも水先案内でもないのだから、沈没の危険は一向に自分には関係のないことだなどと言えないのと同じことである。……最初に、人々は如何なる問題で悩んでいるのか、何がその原因なのかを考え、それが分かれば次に、如何にすればそのような悩みの種をなくすことができるのか、即ち、如何にすればコモンウィールを元のような良き状態に戻すことができるのかということについて考えてみようと思うのである。[94]

ここでスミスはイングランドを「コモンウェルスおよび王国」と呼ぶとともに、そこにおいて前述のような政治的諸問題が浮上し、「様々な不平」を引き起しているということを指摘しているのである。また特に彼は「コモンウェルス」と「王国」を並置することにより、両者が必ずしも相互に排他的な政体ではなく、このような意味でイングランドが「君主政共和国」であることを示唆している。同時にスミスは、(一五五三年にコーンウォールのグラムパウンド(Grampound)選出の議員となっているのだが)まずは「議会の一員」として、そして何よりも「コモンウィールの一員」として、「コモンウェルス」改革の必要性を強く訴えているのである。彼はこのような「コモンウェルス」改革の論拠としてプラトンやキケロの議論を援用しているのだが、このことは次のナイトとドクターの遣り取りから窺い知ることができる。

ナイト:しかし、国王にもコモンウィールにも奉仕しなければなりません。というのは、神や国王が我々に貧しいながらも生活の糧をお与え下さるのは、他でもない、我々が隣人の間にあって広くお互いに奉仕し合うためなのですから。

ドクター：あなたがそうお考えになるのなら、それも結構です。というのは、自然があなたやその他、理性の光(the clear light of nature)に従おうとする全ての人の心の内に、そういう信念を植え付けたのですから。教養のある方なら御存知でいらっしゃるように、我々は自分一人のために生を受けたのではなく、一つには自分の国(oure countrie)のため、親のため、同胞のため、また一つには友人や隣人のために役立たんがためである、と申します。ですから、我々の内には如何なる美徳(goode vertues)も生れながらに備わっているのですが、美徳というものは他人に善を施すことに顕れます[95]‥‥。

ここでも、理性を備えた人間が国王と「コモンウィール」という自分の属する国のために奉仕すべきことが説かれているのだが、このような言明が前述のキケロの『義務について』に依拠しているということは明白であろう。ただし、ここで言う「美徳」は古典的ヒューマニズムのそれというよりは、むしろキリスト教的な隣人愛に基づいたものであると言える。即ち、「神の属性」とは「常に他人に善を施すこと、自己の善を広く他人に分かち与えること」に存するのであり、「他人に善を施すとき、その行いは人間の内なる神の御姿を現している」のだった[96]。そして、人間と他の動物が区別される理由は正にこの点にあり、それ故に「野獣の如きこの魂なき安逸(the ease of this carkasse)」を捨て去り、「神の高みへ至る魂の徳(the vertue of the mynde)」を選ぶべきなのである[97]。とはいえ、スミスがドクターに語らせているように、「コモンウィール」には道徳哲学に長じた「統治者(governour)」や「顧問官(counsaylour)」が不可欠であり、彼らの「助言」によって「コモンウィールの秩序は良く保たれ、不平の種もほとんどなくなる」のであった[98]。そして、スミスはこのように「コモンウェルス」における政治的主体を示した上で、貨幣改鋳・囲い込み・物価騰貴といった問題へと筆を進めるのだった。

まずスミスは、特に深刻な物不足に陥っている訳でもないにも拘らず、物価騰貴が進行しているといった現状を登場人物に指摘させた上で、「近頃の囲い込みや大放牧地（these Inclosurs and great pasturs）」がその原因ではないか、という問題を投げ掛ける。[99] この問題に対してドクターは、囲い込みが物価騰貴の唯一の原因ではないとしながらも、このまま囲い込みが推進されるならば、結局は国力を弱体化させることになると答えている。[100] 一方、ナイトはエセックス、ケント、デヴォンなどの事例を持ち出し、囲い込みにも利点はあるのであって「決してコモンウィールを害するものではない」と述べる。[101]

これに対し、ドクターは囲い込み全体ではなく、「共同耕地を放牧地に替えるような囲い込み」や「共同権を有する人々に対して如何なる補償もなく強行されるような暴力的な囲い込み（violent Inclosures）」を非難するのだが、その論拠として彼は「他人を害する方法で、自分のみ利益を上げることは許されない」ことを挙げている。[102] この点について、ナイトとドクターはさらに次のような議論を展開している。

ナイト：中には囲い込みを支持して、斯くの如き論法を持ち出した者もおります。即ち、全ての人はコモンウィールの一員であり、ある人に利益になることは、それと同じようにすれば他の人にも利益になろう。それ故、ある人の利益となり、また他の人の利益となる事柄は、結局全ての人の利益となり、したがってまたコモンウェルスにとっても利益となる、ということになる。莫大な財宝といっても数多くのペニーの集まりで、一ペニー、一ペニーと寄せ集めて巨大な額となるものだが、ちょうどそれと同様に、人間が一人一人加え合わされるとコモンウィール全体が出来上がってくるのだ、といった風に。

ドクター：その議論は（何かと条件を付け足せば）正しいと言えるでしょう。なるほど、一人一人の人間にとって利益になる事柄は、（他人を害さない場合には）コモンウィール全体にとっても利益になりますが、他人を害する場合にはそうとは言えないでしょう。さもなくば、掠奪や盗みの類も恐らくある人々には利益になっているのですから、コモンウィール全体にとって有利だということになってしまうでしょう。けれども、そのようなことは誰も承認しないでしょう。ところが、この囲い込みのやり口というのは、ちょうどそれと同じで、ある人には利益になっても、多くの人々に弊害をもたらしているのです。[103]

要するに、ここでは囲い込みを支持する者とそうでない者の見解の相違について言及されているのだが、こうした見解の相違が両者の異なった「コモンウィール」の捉え方に起因するということが指摘されているのである。つまり、囲い込みの支持者にとって、「コモンウィール」とは人間の結合体であるが故に、個人の利益の追求は結局「コモンウィール」全体の利益に繋がる。これに対し、囲い込みの批判者はこういった主張に一定の理解を示しながらも、個人の利益の追求が他人にもたらす弊害を問題視し、囲い込みをその最たるものとみなす。尤も「コモンウィール」全体の利益をこのような弊害から守るため、法を通じて囲い込みを禁止することもできるが、実際にはそれほどの効果はないだろうと述べられる。[104] ドクターはその代替案として、「羊毛を穀物と同様に、その生産者から見て低い値段に抑えておくこと」と「未加工のまま輸出される羊毛の関税を引き上げること」を提案するのだった。[105]

とりわけ、後者に関して言うならば、イングランドの原料を輸出し、外国人にそれを加工させ、その製品をイングランドに買い戻すことが問題とされ、彼らの議論は多少排外的なトーンを帯びることになる。即ち、彼らによると、外国人は「我々〔イングランド人〕の負担で仕事にありついている」のであり、「我が国の財貨や財宝（goodes and treasure）が絶えず奪われている」のだった。[106] また彼らはこうした問題の背景として、イングランド製品よりも外国製品の方が廉価であることを指摘しながら、それでもなおイングランド製品を買う方がイングランド人には好ましいと主張する。というのも、「外国へ出て行く利益は、たとえどんなに僅かなものでも、我々にとってはすっかり損になる」のに対し、「我々お互いの間で得られる利益は、大きければ大きいだけそっくりそのまま、王国内に貯えられる」

からであった。[107] そして、その具体策として、イングランドでも外国でも生産できるような製品について、海外から輸入してイングランド国内で販売するのを禁止するための法の制定が提案されるのであるが、ナイトはこうした提案は外国君主との経済的同盟に抵触するのではないかと危惧する。[108] これに対して、ドクターは次のような回答を行っている。

ドクター：その提案が同盟（league）に違反しているか否か、私には分かりませんし、そもそもそういう同盟というものがあるのかどうかも存じません。しかし、私の考えをお話ししますと、我々の利益になる法を制定するのを妨げるなどというのは、真に不思議な同盟だと思います。仮にそうした同盟があるとしたら、それを遵守していくよりも、むしろ破棄してしまった方がましでしょう。それを破棄すれば我々には利益が得られますが、それを遵守したところで弊害があるのみです。我々が同盟に加わるとすれば、それは我が国の繁栄（oure wealth）に役立つことが目的なので、それを阻害するのが目的ではないと思います。したがって、我がコモンウェルスを阻害するような同盟は尊重されはしないでしょう。[109]

このように彼は、外国との経済的同盟によって逆にイングランドが損害を被っていると考え、こうした同盟の破棄さえ主張している。そして、このような主張の論拠として彼は、（経済上の目的に限らず）外国との同盟はイングランドの繁栄、即ち、「コモンウェルス」といった観点から結ばれるべきことを挙げているのである。

同時に、イングランドにおける物価騰貴と貧困の原因として、鋳貨や貨幣の品質の低下・悪化が挙げられる。ドクターによると、外国人はこのようなイングランド貨幣の改悪に乗じ、「銅で我が国の金銀を買ったり、我が国から財宝を持ち出したりする」だけでなく、「我が国の主要商品をいわばただで買う方法まで考え出して」いる。[110] つまり彼は、イングランド貨幣が外国間で信用を失い、外国人がイングランドの金銀や主要商品と引き換えに銅を持ち込んだために、イングランドでは金銀が不足するようになったと言うのである。とりわけ、こうした貨幣の改悪が行われて以来、「外国人たちが我が国の鋳貨を偽造し、これを我が国に持ち込む手立てを見つけ、我が国の金銀との引き換えに、また我が国の主要商品の代金の支払いに、これを使った」とされる。[111]その結果、イングランドは外国商品を高値で買わねばならなくなり、イングランド側も貿易における損失を避けるためにイングランド商品を高値で売らざるを得なくなり、そうした理由で国内の物価騰貴が進行しているのだと述べられる。[112]

ドクターはこのような金銀の流出を防ぐために、イングランドの特定の商品の輸出に制限を加えて支払いを金銀で受けること、また代金の三分の一ないし半分は広く流通している鋳貨で支払われない限り輸出を認めないようにすることを主張する。[113]具体的に彼は、「海外から持ち込まれる多くのがらくた（so many trifles）の輸入を禁止」し、イングランドから輸入された原料で生産された外国製品が「一切〔イングランド〕国内で売りさばかれないようにする」こと、そして、イングランド商品が「未加工のまま輸出されるのを禁止」することを提案するのだった。[114]その一方で、ナイトは（当時のイングランドの経済政策のように）羊毛を国内で加工するよりも、未加工のまま輸出した方が多くの利益が得られ、流出した金銀を取り戻すことができると反論する。[115]これに対してドクターは、その場合、牧羊業のみが行われるようになり、他の全ての職業が廃れてしまい、国の弱体化に繋がると答えている。[116]それ故に彼は、「牧羊業という職業はコモンウェルスのためにも、国の存続のためにもならない」と結論するのだった。[117]

このように、スミスの『イングランド王国の繁栄についての一論』は、イングランドの現実の政治的諸問題に対する解決策の提示を目的としながら、イングランド王国への彼の強い帰属意識を示していた。つまり、スミスはイングランドの「コモンウェルス」という観点から貨幣改鋳・囲い込み・物価騰貴といった現実の問題について論じ、また金銀流出などを通じてイングランド経済に大きな損害をもたらしている（とスミスが考えた）外国の影響力の除去（具体的には、貿易の制限と外国商品の排斥によるイングランド経済の保護）という排外的な主張を行ったのである。そして、こうした（普遍的な理想国家という域を脱し、しかも脱ヨーロッパ的な性格を強く帯びた）スミスの政治的イングランド意識は、イングランドの「コモンウェルス」のための臣民の積極的な政治参加を促すものであり、彼は特にキケロの『義務について』に依拠しながら、臣民の国王と「コモンウィール」という自分の属する国家に対する公共的な奉仕の重要性を訴えたのだった。

（ii）『イングランド国制論』

以上のように、我々は『イングランド王国の繁栄についての一論』の中に、スミスの政治的イングランド意識を垣間見ることができる。ただし、彼はこの著作において、イングランドの「コモンウェルス」が如何なる政体や統治機構によって保障されるものなのか、あるいは臣民の政治参加の具体的方法を示していない。これらの問題については、スミスのもう一つの著作である『イングランド国制論』で論じられることになるのだが、その際に彼は（先のニコラス・ベイコンの議会演説のように）議会をイングランドの「コモンウェルス」を実現する場とみなし、議会を通じた臣民の政治参加を説いたのだった。

この『イングランド国制論』は、スミスがフランス大使であった一五六二〜六五年頃にその草稿が三巻本の形で執筆され、やはり彼の死後である一五八三年に出版された（タイトルこそラテン語になっているが、中身は英語で書かれている）。ほぼ同時期に出版されたウィリアム・ハリソン（Harrison, William, 1534-93）の『イングランドの状態（*Description of England*）』（1577）という著作との類似性が指摘されているように、スミスの『イングランド国制論』は文字通りイングランドの国制もしくは社会構造の分析に主眼を置いたものである。従来の研究では、『イングランド国制論』はしばしばイングランド法をルネサンス人文主義といった大陸のパースペクティヴの下に考察した著作、あるいは議会主権や議事手続といったイングランド議会の重要性を説いた著作として取り上げられてきた。特にスミスがこの著作において、議会主権（あるいは「混合君主政」）を主張した目的としては、イングランド議会の卓越性を強調することにより、エドワード六世・メアリ一世・エリザベス一世と幼年もしくは女性の君主が三代続いたイングランドの国制を正当化することが考えられる。同時に、「歴史的スタイルと哲学的スタイルの中間」[118]と評されているように、それはまたスミスがギリシアのポリスに関するアリストテレスの著作を参照しながら、「コモンウェルスと統治」について考察した作品でもある。別の見方をすれば、スミスはこの著作で君主の資質とは関係なく、常にイングランド王国に「コモンウェルス」をもたらすための恒久的な統治システムを提示しようとしたのであり、彼はその答えを「混合君主政」あるいは議会主権の中に見出したのである。

まずスミスは『イングランド国制論』において、「コモンウェルス」を「戦時や平時においても自らを守るために、共同の意思と誓約 (common accord & couenauntes) によって集まり、結合した自由な人々 (a multitude of free men) の社会 (a society)、あるいは共同の活動 (common doing) である」と定義している。[119]同時に我々はこの『イングランド国制論』という著作から、スミスの観想的なユートピア論に対する嫌悪と、「コモンウェルス」改革への持続的な関心と意欲を見出すことができる。つまり、トマス・モアに代表される一六世紀初頭の「コモンウェルスマン」たちが、ギリシア・ローマ古典やキリスト教思想の倫理・道徳に基づきながら、（中世キリスト教共同体の改革のために）普遍的な理想国家「コモンウェルス」を描き出したのとは対照的に、スミスは現実のイングランドの国制に関するより具体的な「貴兄の目の前に正しく置かれたコモンウェルスの計画あるいは見取図 (a proiect or table of a commonwealth)」を示そうとしたのだった。[120]いずれにせよ、彼がこの著作について、「より良き業務の遂行 (the better administration) のために助言を与え、君主とコモンウェルスに対する奉仕を果そうとする善意 (good will) を抱き、それを実践する者にとって無益ではない」と述べているように、[121]『イングランド国制論』は為政者の職務遂行の手引書とも言えるものであった。

それでは、スミスにとって、こうしたイングランドという「コモンウェルス」が採用すべき最も適した政体とはどのようなものだったのであろうか。前述のような「共同の意思と誓約」に基づいた、自由なる人民の結合体といった「コモンウェルス」観を根拠に、スミスを社会契約論者もしくは近代民主政治理論の先駆者とみなすのは全く当を得ていない。即ち、スミスはアリストテレス的手法を用いながら、統治者の性格に応じ、「コモンウェルス」の存在形態を君主政・貴族政・民主政、さらにこれらをそれぞれ善悪の観点から二分し、計六種類の政体について説明している。[122] そして、イングランド王国は貴族政でも民主政でもなく、「ただ国王陛下のみが普遍的な権威をご行使なさってきた」のであり、歴史的過程を通じて「一個の統一君主国 (one Monarchie) に成長した」という主張が雄弁に物語るように、[123] スミスが君主政論者であったことは否定し得ない事実である。

そして、スミスは次のように、こうした君主政論を貴族政論もしくは民主政論と整合させることにより、イングランドという「コモンウェルス」の政体を特徴づけるのだった。

> コモンウェルスまたは政体 (gouernements) は、最も通常単一なもの (simple) ではなく、混合されたもの (mixt) である。…… 前記の諸政治形態のいずれか一つにより、絶対的にまた実直に構成されているコモンウェルスあるいは政体を見出すことはほとんど、否、全く不可能であろう。そうではなく、コモンウェルスあるいは政体は常に他のものと混合されており、また常に、そしてほとんどの場合、他のものよりも強く、他のものを圧するところのものの名を有するに他ならない。[124]

このように、スミスは「混合君主政」論を持ち出すことによってイングランドの政体を定義するとともに、前述のような君主政・貴族政・民主政といった政体上の問題を統一的に把握したのであった。つまり彼は、(後にモンテスキューが恐らくはこうした議論を踏まえて権力分立の理論を展開した際のように)「混合君主政」をイングランド特有の政体として認識していたのである。

そして、スミスはイングランドという「コモンウェルス」の政体が「混合君主政」であるべき理由として、潜在的に君主政が孕む危険性について指摘している。即ち、彼によれば、あらゆる「コモンウェルス」にとって「正義」とは、「法が常に財産 (estate) を維持するように作られる」ことにあり、その場合には臣民の服従は正であり、逆に不服従は不正である。[125] ただし、彼のこうした言明は必ずしもテューダー朝のイングランドにおいて支配的であった国王に対する無抵抗論を意味してはいない。というのも、このような統治の正当性は、それが「正義」に適っている限りにおいて、言い換えるならば、各人の財産の享受を維持する限りにおいて存在し、臣民の服従はその対価として支払われるべきものと考えられるからである。したがって、「国王 (king)」の名に値するのは人民の利益を良く保護する君主のことであり、逆にこれを収奪する者は単なる「専制君主 (tyrant)」に過ぎないとされた。[126] スミスの定義によると、「国王」とは王位の「継承もしくは選挙によって、人民の善意 (the good will of the people) を伴いつつ統治に当たる」者のことであり、「法」と「衡平 (equitie)」に基づいて「コモンウェルス」を統治し、自身の所有物と同じように「人民の利益 (the profit of the people) を追求する」のだった。一方、「専制君主」とは「人民の意思に反して、武力によって君主の座に即いた」者のことであり、「既に作られた法を自身の好むままに破壊し、人民の助言と同意 (the aduise and consent of the people) なしに法を制定し、共同体の人々の富 (the wealth of his communes) を重視しない」のである。

こうして、王国の「コモンウェルス」を「専制君主」の支配から守るものとしての法の重要性が主張されることになるのだが、これに関してスミスは次のように言及している。

しかし、利益 (profite) のあるべき姿があるように、正義 (right) のあるべき姿がある。そして、統治者の側 (the ruling and Soueraigne part) が統治のためにならないことを命ずる可能性があるのと同様、公正なる人間 (the iust man) が（仮に彼の公正で誠実な意図 (his iust and true meaning) に反するようなことがなければ）憤慨し、そのような過失を改めるとともに、コモンウェルスを促進し、コモンウェルスに資するようなことを行う可能性がある。というのも、既に制定された法に反する行いを試みる者は、それだけ法によって公正に糾弾されることになるからである。それは、その者の行いが統治者の定めし法や法令に反しているという理由に因る。[127]

このように、スミスの「コモンウェルス」は法を通じて統治されるべきものであり、統治者と雖も法を無視することはできないのだった。仮に統治者が失政を犯した場合、「公正なる人間」が「コモンウェルス」のために、法に基づいてそのような統治者を糾弾せねばならないとされる。換言するならば、スミスはこうした法の制約を受けた「国王」の統治といったロジックの中に、「混合君主政」の実現可能性を看取したのである。そして、彼のこのような思考は議会主権という議論へ収斂していく。

その際にスミスはまず、「コモンウェルス」はそれぞれの国の「人民の本性 (the nature of the people)」に従って形成されるという古代ギリシア的な理解の延長線上で、自然的身体とのアナロジーで「ボディ・ポリティーク」を説く中世の政体観を展開する。[128] 即ち、それぞれの「コモンウェルス」は「人民の本性」に応じて「政治的身体 (bodie politique)」を形作り、様々な「部位 (parts)」へと分節化していく。このように、スミスは古典的ヒューマニズム（特にアリストテレス）の政治理論を持ち出すことによって「コモンウェルス」一般における法と統治の問題を論じつつ、中世の「ボディ・ポリティーク」の理念に立って社会の分節化という文脈の中で「コモンウェルス」の統治形態を説明するのだった。そして、こうした「コモンウェルス」の統治構造は、正に王国全体と等価のイングランド議会によって表現されることになる。この点にこそ、スミスの議論の斬新さがあるのであり、彼は普遍的な理想国家「コモンウェルス」における倫理・道徳について論じたのではなく、イングランドの「コモンウェルス」をもたらすための、現実の統治機構としての議会（およびそれを通じた臣民の政治参加）について論じたのである。

特にスミスは『イングランド国制論』の第二巻において、イングランド議会とその権威について次のように述べている。

イングランド王国の最高かつ絶対的な権力（The most high and absolute power）は議会に存する。‥‥〔諸身分の代表者たちは〕コモンウェルスにとって良きかつ必要なものを助言し、協議し、提示するため、また共に協議を行うために〔議会に〕出席し、それから賢明な熟慮（mature deliberation）に基づき、あらゆる法案もしくは法が三度朗読され、議論される‥‥議会の同意に基づいて成されるところのものは、不抜にして不動、聖なるもの（firme, stable, and sanctum）と呼ばれ、法とみなされる。議会は古い法を廃し、新しい法を作り、過去の事柄および起るべき将来の事柄に秩序を与える。[129]

スミスはこのように議会主権論を展開しているのであるが、彼の議会は「コモンウェルス」の良き統治を実現するためのものであると同時に、既に旧法を改廃し、新法を制定し得る優れて立法府的な存在であった。そして彼は、イングランド議会にこのような立法権を含めた諸権限が付与されている理由について、次のように説明している。即ち、如何なる身分の者であろうとも、イングランド人は自分自身で、あるいは委任や代理を通じて、「君主から最下層の者に至るまで（from the Prince to the lowest person of Englande）」議会へ出席するように企図されているからである。[130]それ故に、「議会の同意はそれぞれ全ての人々の同意として受け取られる」とスミスは述べるのだった。[131]その一方で彼は、議会での法の制定における君主の役割について次のように言及している。

こうして後、君主自ら両院に出席し、同意ならびに許可を与える。これが君主ならびに全王国の行為(the Princes and whole realmes deede)というものであり、これに対して何人と雖も正当に苦情を述べることはできず、それを有益なるものと認め、それに従わなければならない。[132]

要するにスミスにとって、イングランド議会は国王と臣民の協働の場であったと言える。国王の存在なくして議会の権威はあり得ず、法の改廃・制定の際に国王の承認は必須条件であった。同時に、国王も被治者の「同意」なくしては如何なる法も制定し得ず、臣民の権利を変更することも不可能であった。それ故に、国王が専断的に法を変革することは事実上不可能とされ、国王権力を制限し、イングランド臣民の諸権利の安全弁たるコモン・ローが変更されるためには「議会の同意」が必要であったのである。そして、このような全王国の一致した「同意」こそが、スミスの議会主権の正統性の根拠であったと言える。尤もこうした議会主権論とは異なる、スミスの「戦時(war time)」における国王の「絶対的権力(absolute power)」という議論は到底無視し得ないものであり、[133]彼が提唱する議会主権もまた(前述のニコラス・ベイコンのものと同じく)王権による制約を免れることはできなかった。

このように、『イングランド国制論』はスミスの政治的イングランド意識を示すものであり、彼はイングランドの「コモンウェルス」を実現するための統治機構として議会を重視し、議会を通じた臣民の政治参加を説いたのである。こうした政治参加は「議会の同意」という形を取るものであり、スミスの議会主権論は(ニコラス・ベイコンのものとは異なり)議会制定法もしくはコモン・ローを通じた制限王政を示唆していた。またスミスはこの著作において、中世の「ボディ・ポリティーク」の理念や古典的ヒューマニズムの政治理論に依拠しながら、普遍的な理想国家「コモンウェルス」を描いているように見えるが、彼はむしろ（こうした理念や理論を援用することを通じ）イングランド議会という現実の統治機構の卓越性を示すことに主眼を置いていたと言える。いずれにせよ、スミスは『イングランド国制論』において、国王と議会の協働という統治システムを他のヨーロッパ諸国にはない、イングランド特有のものとして評価し、こうした優れた統治システムこそイングランドの「コモンウェルス」を保障するものだと確信していたのである。

(4) 小括

以上のように、ニコラス・ベイコンの議会演説とトマス・スミスの著作は、エリザベス治世前期（一五五八～七〇年頃）におけるる政治的イングランド意識の形成を示すものであり、彼らは（汎ヨーロッパ的な中世キリスト教共同体あるいは普遍的な理想国家と対置される）イングランドの「コモンウェルス」のための（前節で検証したような臣民の服従ではなく）政治参加を称揚したのだった。ベイコンとスミスの政治的イングランド意識は、臣民の国政参与の機会がかなり限定されていた当時のイングランドにあって、特に議会をイングランドの「コモンウェルス」を実現する場とみなし、議会を通じた臣民の政治参加を促すものであった。

まずニコラス・ベイコンが一五五九年に行った二つの議会演説は、イングランドの「コモンウェルス」を実現するための臣民（下院議員）の公共的な政治参加を促すものだった。ここでの政治参加とは国王至上法と礼拝統一法を議会で通過させるための議員たちの尽力を意味し、こうした政治参加がイングランド国教会体制の確立を目的としていたこともあり、（反ローマ・カトリックもしくは脱中世キリスト教共同体を表明しながら）結局ベイコンは神に対する服従を主張することになった。またベイコンの「インペリウム」概念が示唆するように、彼はイングランド議会そのものの主権というよりは、「議会内国王」の主権を主張したと言える。したがって、彼はコモン・ロー（あるいは議会制定法）を臣民の政治参加の自由を保障するものというよりは、むしろイングランド人の間に「調和」をもたらすことによって「コモンウェルス」の一体性を維持するための、服従の法として提示したのである。

一方、トマス・スミスは『イングランド王国の繁栄についての一論』において、イングランドの「コモンウェルス」という観点から貨幣改鋳・囲い込み・物価騰貴といった現実の政治的諸問題について論じ、金銀流出などを通じてイングランド経済に大きな損害をもたらしている（とスミスが考えた）外国の影響力の除去（貿易の制限と外国商品の排斥によるイングランド経済の保護）という排外的な主張を行った。このような（普遍的な理想国家という域を脱し、同時に脱ヨーロッパ的な性格を強く帯びた）スミスの政治的イングランド意識は臣民の積極的な政治参加を促すものであり、彼は（特にキケロの『義務について』に依拠しながら）臣民の国王と「コモンウィール」という自分の属する国家に対する公共的な奉仕の重要性を訴えた。

そして、このような「コモンウェルス」が如何なる政体や統治機構によって保障されるものなのか、あるいは臣民の政治参加の具体的方法についてはスミスのもう一つの著作である『イングランド国制論』で論じられているのだが、この中で彼はイングランドの「コモンウェルス」を実現するための統治機構として議会を重視し、議会を通じた臣民の政治参加を説いた。こうした政治参加は「議会の同意」という形を取るものであり、スミスの議会主権論は、議会制定法もしくはコモン・ローを通じた制限王政を示唆していた。要するに、彼は（普遍的な理想国家「コモンウェルス」ではなく）イングランド議会という現実の統治機構の卓越性を示そうとしたのであり、国王と議会の協働という「コモンウェルス」の統治システムを（他のヨーロッパ諸国には存在しない）イングランド特有のものとして評価したのである。

このように、ベイコンやスミスの如きエリザベス治世前期の（「ケンブリッジ・サークル」出身の）宮廷のプロテスタント人文主義者は政治的イングランド意識、即ち、（汎ヨーロッパ的な中世キリスト教共同体あるいは普遍的な理想国家と対置される）イングランドの「コモンウェルス」のための（臣民の服従ではなく）政治参加の意識、を強く持っていた。ベイコンとスミスの議論は、「コモンウェルス」という大きな国家もしくは政治共同体を前提としていたが故に、（宮廷の顧問官の政治的義務というよりは）議会を通じた、より広い意味での政治参加を強調することになったと言えよう。そして、イングランドの「コモンウェルス」を実現する場としての議会、といった彼らの議論は、エリザベス期のイングランドにおいて臣民の政治参加を主張する際のモデルと言うべきものだった。そうした意味で、政治的イングランド意識を言動において最初に明示し、その形成を成し遂げたのは、ベイコンやスミスのような宮廷のプロテスタント人文主義者であった。

(註)

1 モリス著『イギリス政治思想』、三頁。

2 同上、六四頁。

3 同上、二八頁。

4 『説教集』の成立過程については Scholarly Publishing Office, ed., *Certain Sermons or Homilies Appointed to be Read in Churches in the Time of Queen Elizabeth* (Michigan, 2006), pp.iii-viii に詳しい。

5 このように、「服従に関する説教」は厳密にはエドワード六世期の説教であるが、『説教集』第一巻が一五六二年に改版されていることと、「不服従と意図的な反乱に対する説教」との思想的関連性を考慮し、エリザベス治世前期の史料として扱っている。

6 ヘンリ八世による修道院解散に反対するため、一五三六年にヨークシァを拠点とし、イングランド北部一帯で起った武装蜂起。法律家ロバート・アスク (Aske, Robert, ?-1537) が指導して多数のジェントリ、農民を巻き込む大規模な蜂起となり、一時的に政府側の譲歩を引き出すことに成功した。しかし、翌年一部の強硬派が再び蜂起して鎮圧され、アスクを含む首謀者たちは処刑された。この「恩寵の巡礼」の結果、イングランド北部に地域統治機関として北部評議会 (Council of the North) が設けられ、枢密院の監督下に置かれることになった。

7 SPO, ed., *Certain Sermons or Homilies*, p.95.

8 *Ibid.*, pp.95-96.

9 *Ibid.*, p.96.

10 *Ibid.*, p.96.

11 *Ibid.*, p.96.

12 *Ibid.*, p.96.

13 *Ibid.*, p.97.

14 *Ibid.*, p.99.

15 *Ibid.*, p.99.

16 *Ibid.*, pp.103-04.

17 *Ibid*., p.106.
18 *Ibid*., p.491.
19 *Ibid*., p.492.
20 *Ibid*., p.494.
21 *Ibid*., p.494.
22 *Ibid*., p.497.
23 *Ibid*., p.521.
24 *Ibid*., p.521.
25 *Ibid*., p.521.
26 *Ibid*., p.522.
27 *Ibid*., p.522.
28 *Ibid*., p.522.
29 *Ibid*., p.523.
30 *Ibid*., p.524.
31 *Ibid*., pp.527-28.
32 *Ibid*., pp.528-29.
33 *Ibid*., p.529.
34 *Ibid*., p.529.
35 *ODNB*, [Jewel, John].
36 例えば C.Cross, *The Royal Supremacy in the Elizabethan Church* (London, 1969), pp.27-28 を参照。
37 J.Ayre, ed., *The Works of John Jewel*, 4vols. (Cambridge, 1845-50), vol.3, p.98.
38 *Ibid*., vol.4, p.1245.
39 *Ibid*., vol.4, p.1267.

40 *Ibid*., vol.4, pp.1216-18.

41 *Ibid*., vol.4, p.1158.

42 *Ibid*., vol.2, p.997.

43 ここでは William Baldwin, *A Myrroure for Magistrates* (1559; STC 1247) を史料として用いている。

44 『為政者の鑑』の成立過程については S.Lucas, 'The Suppressed Edition and the Creation of the "Orthodox" *A Mirror for Magistrates*', *Renaissance Papers 1994* (1995) に詳しい。

45 彼らの経歴については *ODNB*, [Baldwin, William], [Ferrers, George]; S.T.Bindoff, ed., *The House of Commons, 1509-1558, The History of Parliament*, 3vols. (London, 1982), vol.2, pp.129-31. また彼らの人脈については S.Brigden, *London and the Reformation* (Oxford, 1989), pp.545-74; J.Loach, *Parliament and the Crown in the Reign of Mary Tudor* (Oxford, 1986), pp.91-104, 182-92; J.D.Alsop, 'The Act for the Queen's Royal Power, 1554', *Parliamentary History* 13, no.3 (1994), pp.261-76 などを参照。

46 Baldwin, *Myrroure for Magistrates*, sig.C2r.

47 *Ibid*., sig.C2v.

48 *Ibid*., sig.C2v.

49 *Ibid*., sig.C2v.

50 *Ibid*., sig.C2v.

51 *Ibid*., sig.C2v.

52 *Ibid*., f.46v.

53 *Ibid*., sig.C2v.

54 *Ibid*., f.2v.

55 この史実については *Rotuli Parliamentorum*, 6vols. (London, 1767-77), vol.3, pp.229-33 を参照。また五人の反逆罪告発貴族とは、グロスタ公 (Thomas of Woodstock, 1st Duke of Gloucester, 1355-97)、アランデル伯 (FitzAlan, Richard, 11th Earl of Arundel, 1346-97)、ウォリック伯 (Beauchamp, Thomas de, 12th Earl of Warwick, 1338/39-1401)、ダービ伯 (Bolingbroke, Henry, Earl of Derby, 後の Henry IV, 1366-1413)、ノッティンガム伯 (Mowbray, Thomas de, 1st Earl of Nottingham, 1366-99) のこと

である。

56 Baldwin, *Myrroure for Magistrates*, ff.2v-3r.

57 例えば、熱心なカトリックの改革者として知られるトマス・モアは、『ユートピア』においてヨーロッパのカトリックのための理想国家「コモンウェルス」を描いたとされている。この点については S.J.E.Surtz, *The Praise of Pleasure* (Cambridge, 1957), pp.2-7 を参照。

58 この点については Bush, *Renaissance and English Humanism;* Chambers, *Thomas More*; Caspari, *Humanism and Social Order*; 植村『テューダー・ヒューマニズム研究序説』などを参照。

59 この「ケンブリッジ・サークル」については W.S.Hudson, *The Cambridge Connection and the Elizabethan Settlement of 1559* (Durham, 1980) に詳しい。

60 J.F.McDiarmid, 'Common Consent, *Latinitas*, and the "Monarchical Republic" in mid-Tudor Humanism', in idem, ed., *Monarchical Republic*, p.56.

61 Ibid., p.56.

62 Ibid., pp.59-60.

63 R.Tittler, *Nicholas Bacon: The Making of a Tudor Statesman* (London, 1976), pp.58-61. またベイコンの経歴については *ODNB*, [Bacon, Sir Nicholas] を参照。

64 George Puttenham, *The Arte of English Poesie* (London, 1589) [G.D.Willcock and A.Walker, eds., *The Arte of English Poesie* (Cambridge, 1936), p.140]. Cf. Ben Jonson, *Discoveries* (1641) [G.B.Harrison, ed., *Discoveries* (London, 1922; repr. Edinburgh, 1966), p.37].

65 Mack, *Elizabethan Rhetoric*, p.216.

66 J.E.Neale, *The Elizabethan House of Commons* (London, 1949), pp.340-41; G.R.Elton, *The Parliament of England, 1559-1581* (Cambridge, 1986), pp.29-32.

67 T.E.Hartley, ed., *Proceedings in the Parliaments of Elizabeth I* (Leicester, 1981), vol.I: 1558-1581, p.34.

68 *Ibid.*, p.34.

69 *Ibid.*, p.34.
70 *Ibid.*, p.34.
71 *Ibid.*, p.34.
72 *Ibid.*, p.35.
73 *Ibid.*, p.35.
74 *Ibid.*, p.35.
75 *Ibid.*, p.35.
76 *Ibid.*, p.35.
77 *Ibid.*, p.36.
78 このような「インペリウム」概念の変遷についてはD・アーミテイジ著、平田雅博、岩井淳、大西晴樹、井藤早織訳『帝国の誕生：ブリテン帝国のイデオロギー的起源』、日本経済評論社、二〇〇五年、四〇～四九頁に詳しい。
79 *SR*, vol.3, pp.427-29.
80 テューダー朝における「帝国」理念についてはJ.Guy, 'The Henrican Age', in J.G.A.Pocock, eds., *The Varieties of British Political Thought, 1500-1800* (Cambridge, 1993); D.Hoak, 'The Iconography of the Crown Imperial', idem, ed., *Tudor Political Culture* (Cambridge, 1995); A.Pagden, *Lords of all the World: Ideologies of Empire in Spain, Britain and France c.1500-1800* (New Haven, 1995) などを参照。
81 井内太郎「凱旋入市式にみるルネサンス君主像」、指昭博編『王はいかに受け入れられたか：政治文化のイギリス史』、刀水書房、二〇〇七年、二八～二九頁。またローマ法と国王の「絶対的権力」の関係についてはB.Tierney, '"The Prince Is Not Bound by the Laws": Accursius and the Origins of the Modern State', *Comparative Studies in Society and History* 5 (1963); B.P.Levack, *The Civil Lawyers in England 1603-1641: A Political Study* (Oxford, 1973); idem, 'Law and Ideology: The Civil Law and Theories of Absolutism in Elizabethan and Jacobean England', in H.Dubrow and R.Strier, eds., *The Historical Renaissance: New Essays on Tudor and Stuart Literature and Culture* (Chicago, 1988); 土井『イギリス立憲政治の源流』、一三一～三九頁を参照。
82 Hartley, ed., *Proceedings*, vol.I, p.47.

83 *Ibid*., p.49.

84 *Ibid*., p.49.

85 *Ibid*., p.49.

86 *Ibid*., pp.50-51.

87 *Ibid*., p.51.

88 *Ibid*., p.51.

89 スミスの経歴について、ここでは主に *ODNB*, [Smith, Sir Thomas] を参考にしている。またスミスを取り扱った代表的な研究として M.Dewar, *Sir Thomas Smith: A Tudor Intellectual in Office* (London, 1964); N.Wood, 'Sir Thomas Smith's New 'Moral Philosophy'', in idem, *Foundations of Political Economy: Some Early Tudor View on State and Society* (Bakeley, 1994); A.McLaren, 'Reading Sir Thomas Smith's *De Republica Anglorum* as Protestant Apologetic', *Historical Journal* 42 (1999); 隅田哲司「エリザベス時代における一政治思想：T・スミスの議会内国王主権論」、『広島商大論集』第一巻第二号、一九六一年などが挙げられる。

90 E.Lamond, ed., *A Discourse of the Common Weal of this Realm of England: First Printed in 1581 and Commonly Attributed to W.S.* (Cambridge, 1954). また 出口勇蔵監修『近世ヒューマニズムの経済思想：イギリス絶対主義の一政策体系』、有斐閣、一九五七年 には、スミスのこの著作が出版された時代背景の詳細な解説と共にその邦語訳が収録されている。

91 このように、『イングランド王国の繁栄についての一論』はエリザベス治世前期の著作ではないが、この著作がスミスの政治思想の根幹を成していること、また彼のもう一つの著作である『イングランド国制論』との思想上の連関を考慮し、ここで取り上げている。尤も『イングランド王国の繁栄についての一論』の著者を巡る論争も存在しない訳ではないが、ここではル・ブランシュの見解を採用し、スミスを著者とみなすことにする。因みに、こうした論争については 出口監修『近世ヒューマニズムの経済思想』、一七二～九四頁 を参照。

92 これら五人の登場人物の中で特にドクターは中心的な役割を果しており、ナイトがドクターに質問や反論を提示するといった形で対話が進行されている。ナイトは当時のイングランドで実際に行われていた政策を代弁し、それと対立するドクターの政策論は著者であるスミスの見解を示すものと考えられている。この点については 出口監修『近世ヒューマニズムの経済思想』、一九五～九六頁 を参照。

93 一五四九年にはイングランド東部のノーフォークにおいて、鞣皮業を営む富裕なヨーマン、ロバート・ケット (Kett, Robert, ?-1549) に率いられた農民が蜂起した。共有地の囲い込みに不満を持っていたケットらは、囲い込みを破壊しながらジェントリの屋敷を襲い、ノーフォークの中心都市ノリッジを占拠した。しかし、間もなくジョン・ダドリの軍によって鎮圧され、ケットを含む多数の農民が処刑された。

94 Lamond, ed., *A Discourse*, p.10.

95 *Ibid*., p.14.

96 *Ibid*., p.14.

97 *Ibid*., pp.14-15.

98 *Ibid*., p.28.

99 *Ibid*., pp.37, 48.

100 *Ibid*., pp.48-49.

101 *Ibid*., p.49.

102 *Ibid*., pp.49-50.

103 *Ibid*., pp.50-51.

104 *Ibid*., p.50.

105 *Ibid*., pp.54-55.

106 *Ibid*., pp.64-65.

107 *Ibid*., p.65.

108 *Ibid*., pp.65-67.

109 *Ibid*., p.67.

110 *Ibid*., p.69.

111 *Ibid*., p.78.

112 *Ibid*., p.80.

113 *Ibid*., p.87.

114 *Ibid*., p.88.

115 *Ibid*., p.88.

116 *Ibid*., p.90.

117 *Ibid*., p.90.

118 Alston, ed., *De Republica Anglorum*, p.xiii.

119 Smith, *De Repvblica Anglorvm*, sig.C1v.

120 *Ibid*., sig.Q3v.

121 *Ibid*., sig.Q4r.

122 *Ibid*., sigs.B1r-B2r.

123 *Ibid*., sig.C1r-C1v.

124 *Ibid*., sig.B3r.「ケンブリッジ・サークル」の一員であったジョン・エイルマもまた、『忠良なる臣民の避難港』（John Aylmer, *An Harborovve for Faithfvll and Trevve Svbiectes, agaynst the Late Blowne Blaste, Concerninge the Gouernmēt of VVemen. Wherin Be Confuted All Such Reasons as a Straunger of Late Made in that Behalfe, with a Breife Exhortation to Obedience* (Strasbourg, 1559; STC 1005)）の中で、イングランドの「コモンウェルス」（具体的には、イングランドにおけるプロテスタンティズムの維持）を実現するための最も適した政体として「混合君主政」を提唱し、その際に議会の果す役割を強調している。

125 Smith, *De Repvblica Anglorvm*, sigs.B2v-B3r.

126 *Ibid*., sigs.B3v-B4r.

127 *Ibid*., sig.B1v.

128 *Ibid*., sigs.D1r-D2v.

129 *Ibid*., sigs.F1v-F2r.

130 *Ibid*., sig.F2r.

131 *Ibid*., sig.F2r.

132 *Ibid.*, sig.F2r.

133 このようなスミスの議論については *Ibid.*, sigs.G2r-G4r を参照。

第4章　政治的イングランド意識の発展（一五七〇、八〇年代）：宮廷外の政治的領域への普及

第1節　下院議員の政治的イングランド意識

（1）議会史研究の成果とエリザベス期の議員の政治意識について

前章で検証したように、エリザベス治世前期（一五五八～七〇年頃）においては、（汎ヨーロッパ的な中世キリスト教共同体や普遍的な理想国家と対置される）イングランドの「コモンウェルス」のための臣民の服従といった一般的思潮（イングランド意識）が見られる一方で、このような意識が臣民の政治参加を促すものへと方向転換しつつあった（即ち、政治的イングランド意識の形成）のもまた事実であった。そして、こうした政治的イングランド意識の形成の主体は、ニコラス・ベイコンやトマス・スミスの如き宮廷のプロテスタント人文主義者だった。とりわけ、ベイコンとスミスは（宮廷の顧問官の政治的義務について説くというよりは）イングランドの「コモンウェルス」を実現する場として議会を重視し、議会を通じた臣民の政治参加を説いた。こういった宮廷のプロテスタント人文主義者の

議論は、エリザベス治世中期（一五七〇、八〇年代）に宮廷外の政治的領域に普及し、多様な解釈を生み出しつつ政治的イングランド意識を発展させることになった。

エリザベス期の議員（特に下院議員）たちにとって、イングランドの「コモンウェルス」はある程度共有された関心事の一つであり、[1]彼らの政治的イングランド意識が（ベイコンやスミスのものと同様）議会を通じた政治参加と「コモンウェルス」の実現を強調したとしても別段驚くに当たらないだろう。ここではまず、エリザベス治世中期の下院議員たちの[2]政治的イングランド意識を検証するに先立ち、エリザベス期の（宮廷外の政治的領域としての）議会あるいは議員たちの政治意識について概観しておきたい。

テューダー朝の議会に関するA・F・ポラードの考察によると、古典的ヒューマニズムは強力な君主の統治を肯定し、イングランドの立憲的伝統に比較的無関心であった。例えばポラードは、テューダー朝のヒューマニストたちは（ギリシア、ローマの古典を中心とした）学問の研究に没頭する余り、政治への関心を失い、議会について言及することはほとんどなかったとしている。[3]これに対し、J・E・ニールはオクス・ブリッジおよび法学院出身者の増加を根拠に、エリザベス期の下院議員の資質の向上を指摘した上で、[4]古典的ヒューマニズムと当時の議会は必ずしも無関係ではなかった、と主張している。即ち、ヘンリ八世期以来、「人文学」が次第にその地盤を拡大しつつあった大学・法学院教育を通じ、彼らは人文主義的教養を身に付けていった。そして、一六世紀半ばのイングランドでは議会の立法を通じ、正しい繁栄した「共通の富・福祉」（即ち、「コモンウィール」）の配分をもたらすことができる、と考えられるようになったのである。[5]同時にニールは、組織的な「ピューリタン反対派（Puritan choir）」を中心とした、王権に対する下院の勢力の伸張を指摘するとともに、下院議員の選挙における地方ジェントリの政治意識の高まりを指摘した。[6]

このようないわばホイッグ的なニールの解釈は、「修正主義者」[7]と呼ばれる人々によって異議が唱えられるようになった。例えばG・R・エルトンは、議会と国王の対立が生じたのは極めて稀であり、議会の主要な機能は立法であったとしている。[8] 同時に彼は、上院の役割を重視し、ニールが主張したような「ピューリタン反対派」の存在を否定した。またM・A・R・グレーヴスは、ニールによって「ピューリタン反対派」の中心的人物とされたトマス・ノートン(Norton, Thomas, 1532-84)らが、実は枢密院にとっての「議会実務家(man of business)」であり、政府の有力者の代理人であったと主張している。[9] N・L・ジョーンズは、女王が最も対処に苦しんだのは下院における「ピューリタン反対派」ではなく、上院の保守的なカトリック勢力だったとしているし、[10] M・A・キシュランスキーは「一六四〇年以前においては、イデオロギーが議員選出の過程から欠落していた」と述べ、D・ハーストの批判を受けた。[11] これらに加え、より精緻な実証に依拠しながら、一六世紀後半の下院議席の創設は、ニールが指摘したような地方ジェントリの政治意識の高まりではなく、「パトロン・クライアント関係を強化する媒体の増強」[12] のために為された、と主張する研究も存在する。

以上のような議会史研究の成果を考慮すると、エリザベス期の議会を政治的イデオロギーのみで説明することができないのは明らかである。とはいえ、このことは、エリザベス期の議会において政治的イデオロギーが如何なる有用性も持っていなかった、ということを意味してはいない。(一六世紀末までに)下院が「古来の国制」という政治的イデオロギーを抱くようになったというポコックの指摘については既に説明した通りであるし、[13] またエリザベス期の議会では公的法案と私的法案の区別が曖昧であったため、法案提出に際して私的利益の獲得はその目的として掲げられず、「公共善」(即ち、「コモンウェルス」)が前面に押し出されていったとも主張されている。[14]

(2) ピーター・ウェントワースの議会における「言論の自由」

エリザベス期の下院議員の資質の向上は議会演説において発揮された、とニールが指摘しているように、[15] 議会演説は我々が当時の議員たちの政治意識を考察する際の有力な手掛りだと言える。エリザベス期において、議会演説は聴衆を感動させるための一種の芸術と化し、議員たちは可能な限りの機知を駆使し、豊富な学識を以てその裏付けを行ったのである。例えば、彼らの演説には古典もしくは聖書からの引用、また過去の歴史から取った実例が数多く挿入されている。同時に、演説を飾り立て、美化するためのラテン語の文章も随所に見られる。そして、これらの「レトリック」が聴衆を説得するとともに、発言者の教養を誇示するためのものであったことは言うまでもない。[16] それ故、議場で公開される予定の演説の準備には長い時間が掛けられ、多大の努力が傾注された。議会における「言論の自由」を主張したことで有名なピータ・ウェントワースの議会演説も、その二、三年前に作成されたものであり、推敲を重ねて出来上がったものと言われている。[17]

ウェントワースは一五七六年二月八日の議会（エリザベス治世第四議会の第二会期）において、一法案の朗読が終わるや否や突然立ち上がり、いわゆる「言論の自由」と題する演説を行った。この議会演説はウェントワースの政治的イングランド意識を示すものであり、彼は（ベイコンやスミスのように）議会をイングランドの「コモンウェルス」を実現する場とみなし、議会を通じた臣民の政治参加を主張した。また、この演説の中でウェントワースは、議会は「言論の自由」を有しているが故にイングランドの「コモンウェルス」を実現することができると述べるとともに、「敬虔なる者たち（godly men）」が議会において神の意志を推進すべきであると主張した。[18] さらに彼は、立法の場としての議会の権利を擁護することにより、（先の議会でエリザベスが行使した法案拒否のような）国王の議会を越えた権限を非合法的なものとみなした。[19]

周知の通り、このウェントワースの演説に対しては様々な評価が為されている。例えば、ウェントワースは「自由(liberty)」と「放縦（licence)」の間の境界を越えてしまったのであり、彼はこの演説を通じ、神と正しい関係にあり、王国の「助言者（counsellor)」としての「官職（office)」を保持した者たちによってエリザベスの意志が制限され得ることを説いたという見解がある。[20] 同時に、この出来事は正常な議会政治においてそれほど重要なものではなく、ウェントワースは自身の演説が如何なる支持も得ることができないことを予期していたし、そして実際に支持を得ることはなかった、とされている。[21] 即ち、エリザベスの法案拒否に対して不満を抱いていた他の議員たちでさえ、概して彼女の最終決定権を認めていたし、ウェントワースのような挑発的な言動を取ろうとはしなかったのである。一方、ウェントワースの言動に対する王権側の対応に目を向けるならば、この事件は議会において立憲的理論を実践に移そうとして失敗した実例に他ならない。言い換えるならば、立憲的理論が理論としてある間は安全であるが、それの現実への適用が試みられた場合、エリザベスと枢密院はこれを決して放任しなかったのである。[22] ともあれ、ウェントワースのこの演説は途中で中止させられ、その後彼は委員会による審問を経て、ロンドン塔に収監されることになった。

ニールらによると、ウェントワースの議会での言動は「公人」としての生活や経験を求めてのことではなく、下院におけるピューリタン勢力を強化するためのものであった。[23] このような主張は一面の真理があるものの、少なくとも一五七六年のウェントワースの議会演説に関する限り、彼の公共概念に根差した政治的イングランド意識を見落しているように思われる。つまり、彼はこの演説において、「神」・「君主」（もしくは「女王」）・「コモンウェルス」（もしくは「ステイト（state）」）に対する「愛（love）」という観点から、議会における「言論の自由」を主張したのである。また彼は、ベイコンの議会演説とは異なり、「神」と「法」という語を持ち出すことによって臣民の服従を説くのではなく、むしろ「神」と「法」に反する「敵（enemy）」・「おべっか使い（flatterer）」・「反逆者（traitor）」（エリザベス自身というよりは、彼女を唆すことによって先の議会で可決された法案を拒否させた者たち）を糾弾している。

ウェントワースは、この議会演説の冒頭で「自由（libertye）の名は甘美であるが、それ自体は計るべからざる全ての財宝を凌ぐ価値である」と述べた上で、現実にはそれとは裏腹に、王国のための「言論の自由」が大いに侵害されつつある、と警告している。[24] というのも、「自由な言論の場（a place of free speech）と称せられる本院において、自由なる言論ほど君主とステイトの維持のために必要なものは何もない」のであり、「言論の自由」なくして議会は議会ではなくなり、「諂いと虚構の学校（schoole of flattery and dissimulacion）」に堕してしまい、もはや「神を栄光あらしめ、コモンウェルスを益するに相応しい場」とは言えないからである。[25] このように、ウェントワースの政治的イングランド意識もまた、議会をイングランドの「コモンウェルス」を実現する場とみなし、議会を通じた臣民の政治参加を促すものであったのだが、特に彼は議会における「言論の自由」をその根拠としたのだった。とりわけ、次のウェントワースの発言は、彼のこうした考えをよく示しているように思われる。

それで、我らが君主とステイトのあらゆる敵を改心させ給うように、またそこ〔議会〕において罪を犯してきた彼らをお許しとなるように、然り、もはやそこで罪を犯さぬために彼らにご慈悲をお与えとなるように、私は全身全霊で神に祈願するのである。たとえそうであっても、我々はこの名誉あるカウンシル（honourable counsaill）〔議会〕に対するあらゆる侮辱を耳にしてきたので、というのも議長殿、確かにそれは決して些細な罪ではなく、我々はそこにおいて神と我らが君主とステイトに背き、彼らによって我々に課された信用（confidence）を濫用しているので、我々が安寧（peaces）を保持することをお許しとなるよう私は真に心より神に請い願うのである。それ故に、神はその大いなるご慈悲のために、我々が今後はそこにおいて庶子（bastards）や卑怯者（dastards）ではなく、嫡子（rightly begotten children）として神の敵、我らが君主の敵、ステイトの敵を臆することなく厳しく戒めることを通じ、神がお据えとなったこの我々の崇高な義務を皆が果すであろうことを、また我々が良きこと、即ち、神の栄誉を称え、我らが高貴なる女王とコモンウェルスを守ることに対する悪事と殺戮（evill and cleavers）を嫌悪することを示す可能性をお認めとなろう。というのも、これらは我々が唯一この場にて目指すべきものだからである。私は斯くも真剣なので、ご良心のために愛、我が君主とコモンウェルスへの愛の証となられる神、正義を促進するための神を受け入れる。[26]

このようにウェントワースにとり、議会という「名誉あるカウンシル」は「神」と「君主」(もしくは「女王」)と「コモンウェルス」(もしくは「ステイト」)に資するものでなければならず、議員たちがそこで「諂い」を行うことによって彼らに課された「信用を濫用」するのは、これらに弊害をもたらす危険性があるが故に厳しく非難されるべきものであった。これこそ、ウェントワースのこの議会演説の基調であり、彼は「神」と「君主」(もしくは「女王」)と「コモンウェルス」(もしくは「ステイト」)への「愛」を繰り返し説きながら、議会における「言論の自由」の必要性を訴え掛けたのだった。またウェントワースは、ここで「コモンウェルス」と「ステイト」という語を併用しているのだが、彼の「ステイト」は決して近代的な主権概念を伴った統治機構としての国家を意味していないし、「活動的市民」の人的結合体としての「コモンウェルス」とは異なり、特に公共性という点で価値中立的なものだと言える。

このように、ウェントワースはイングランドという「コモンウェルス」(もしくは「ステイト」)に対する「愛」を強調しているのだが、議会演説においてこうした愛国主義的とも言えるイングランド性が表明されるのは決して珍しいことではなく、[27]例えば、の処刑を巡り、ヨブ・スロックモートンが一五八六年一一月四日に行った議会演説もこのような性格を強く帯びたものであった。即ち、彼はイングランドという「福音の王国(a kingdome of the gospell)」にメアリ・ステュアートを擁護しようとする者たちがいることを批判した上で、「本院の権限(the power of this Howse)を否定」し、「あの十の蛇〔メアリ・ステュアート〕の首(tene such serpentes' heades)」を切り落さないのは反逆である、と述べている。[28]ヘンリ・ジャックマンが一五八九年三月一二日頃に行った議会演説は、移民商人に関する法案を巡って為されたこともあり、次のように排外的とさえ言えるほどの強い愛国主義的なイングランド性を保持していた。[29]まず彼は、前記の法案が「名誉ある議会」に「この王国に生れし臣民(the naturall borne subiect of this realme）と我々の間に居住している外国人（the stranger inhabitinge amongst us）を巡る論争を巻き起している」と述べた上で、「正に我が国・我が同胞（my countrye and nation）という名は、私の耳には余りに心地よく、私の心には余りに愉快である」と強いイングランド性を示している。同時に、彼は「あらゆる人々が大切に思うそのすべての関係を祖国はただ一つで包括している（omnes omnium charitates una patria complexa est）」と述べながら、前記の法案が「全ての法、即ち、自然法と神法の根拠」と両立するか、あるいは「コモンウェルスの共通の利益（the profit and commoditie of the common wealth）」と両立するか、ということについて検討されねばならないと訴え掛けるのだった。要するにジャックマンは、イングランド（人）の「コモンウェルス」といった観点から、この法案の審議が議会において為されるべきことを説いているのであり、我々はこうした主張の中に彼の政治的イングランド意識を垣間見ることができる。

既に言及したように、ウェントワースは前述の議会演説の後、委員会による審問を受けることになるのだが、ここで彼は議会における「言論の自由」の根拠を次のように提示している。

仮に閣下らが女王陛下の顧問官（councellors）として、私を尋問なさるならば、失礼とは存じますが、答弁を控えさせていただきます。私は自分が出て来た場所〔議会〕に対し、そのような侮辱をしようとは思いません。というのも私は今、私人（private person）ではないからです。私はその場所では公人（publicque）であるとともに、「議員という」国全体（the whole state）の顧問官でもあり、そこでは私が自分の意見を自由に話すことが法律で認められておりますが、閣下らが（助言者（counsellors）として）、私が議会で話す如何なることも説明するようご命令なさることはできません。そしてそれ故、仮に閣下らが女王陛下の助言者として、私を尋問なさるならば、失礼とは存じますが、答弁を控えさせていただきます。しかし、仮に閣下らが議会の委員として、私を尋問なさるならば、私は喜んで自分ができ得る限りの答弁を致しましょう。[30]

要するにウェントワースは、彼の尋問に立ち会った枢密顧問官たちと同様、自らを「助言」を行うための「官職」を有した「顧問官」とみなし、議会における「言論の自由」を主張したのだった（尤も彼は、私的な「女王陛下の顧問官」と公的な「国全体の顧問官」を区別している）。一六世紀のイングランドでは、このように‘councel’（後の‘council’）と‘counsel’の区別が徐々に為され、‘councillor’が「官職」を保有した公的な「助言者」を意味するようになる一方で、‘counsel’は「助言」行為全般を示すためより広く用いられるようになっていった。[31] ただし、枢密顧問官たちは常に（枢密院会議などを通じた）「官職に拠る助言（official counsel）」を行っていた訳ではなく、しばしば（より個人的な）「官職に拠らない助言（unofficial counsel）」も行っていた。そしてこのような「官職に拠らない助言」は、エリザベスと「助言者」たちを癒着させることにより、彼らの意見、あるいは彼らの女王との関係が「混合君主政」のバランスを歪め、イングランドという「敬虔な国家」を危険に晒す可能性を孕んでいた。[32] このウェントワースの発言は、正にこういった私的な「官職に拠らない助言」を暗に批判したものであり、彼は自らを「私人」としての「女王陛下の顧問官」ではなく、「公人」としての「国全体の顧問官」とみなしたのだった。言い換えるならば、彼にとって議員という「国全体の顧問官」は決して「国王の下僕」ではなく、「クリスチャン・コモンウェルス」に尽くす「敬虔で愛国主義的なイングランド人」を意味していたのである。[33]

いずれにせよ、ウェントワースの政治的イングランド意識は（ベイコンやスミスのものと同様）、議会をイングランドの「コモンウェルス」を実現する場とみなし、議会を通じた臣民の政治参加を促すものであったのだが、特に彼は議会における「言論の自由」をその根拠としたのだった。そして、ウェントワースによると、議員たちに「言論の自由」が認められているのは、偏に彼らがイングランドの公的な「国全体の顧問官」であるからだった。

（3）ジョン・フッカーの「下院の優越」と重層的アイデンティティー

ジョン・フッカー[34]の政治的イングランド意識もまた、議会をイングランドの「コモンウェルス」を実現する場とみなし、議会を通じた臣民の政治参加を促すものであったのだが、特に彼は（ウェントワースとは異なり）「下院の優越」をその根拠としたのだった。ここでフッカーの諸著作を取り上げる理由としては、こうした彼の政治理論の独自性に加え、後述のように、彼の関心がイングランドという国家の「コモンウェルス」（のための政治参加）と同時に、自らの出身地・選挙区であった地方都市の「コモンウェルス」にもあった、ということが挙げられる。

ジョン・フッカーは、イングランド宗教改革に貢献し、またエクセタ主教でもあったマイルズ・カヴァデイル(Coverdale, Miles, 1488-1569) に仕えていたこともあり、特にエドワード六世期のプロテスタント政策を理想としていたと言われている[35]。同時に、エリザベス期のプロテスタントの出版活動を支援していたことで知られるベドフォード伯がフッカーのパトロンであったため、彼の著作はその影響下で出版されたものと考えられている[36]。特に『議事規則と慣行』は、彼がアイルランド議会に選出されていた頃に著され、同議会を啓蒙するためにイングランド議会における慣行を纏めたものであった。フッカーが同書の前半部分に中世の議事手続集を英訳して収録していることからも窺えるように[37]、彼のこの著作は議事手続を理路整然と再構成しており、同時に議会の国制上の地位についても言及している。その一方で、フッカーの『議事規則と慣行』はジョン・ポネットの抵抗権論の影響を受けていると言われており[38]、よりラディカルな政治理論が見られるのもまた事実である。とりわけ、エリザベス治世中期のイングランドでは、一五七一年の国教会の改革法案の議会への提出や『議会への勧告 (*An Admonition to the Parliament*)』(1572) という著作を巡る論争に象徴されるように、国教会の更なる「改革」を求めるピューリタンたちによる急進的な運動が展開されつつあった[39]。フッカーの『議事規則と慣行』もこのような状況の中で著されたものであり、特に会期中の議会においては両院の議員は「高貴さ（nobility）」の点で平等であるばかりでなく、下院はイングランド臣民を代表し、王権の圧力に抗する機能を持っているが故に上院に対する優越性を保持している、と主張したのだった。そして、こうした「下院の優越」という特性を持ったイングランド議会だけが王国の「コモンウェルス」を実現することができる、と彼は考えたのである。

まずフッカーは『議事規則と慣行』の冒頭で、イングランド議会の歴史を系統的に考察しながら、両院が「徳」という点で国王と対等であると論じている。彼によると、模範的な統治者はモーセやリュクルゴス、あるいは古代のアテナイ人とローマ人のように、こうした対等性を認識しているので、常に顧問官たちの「知略（wisdom and policies）」に気を配ってきたのだった。[40] そして、イングランド議会は王国全土から「あらゆる賢明かつ真面目な、専門的知識を有する注意深き者たち（wise, grave, expert and prudent men）」が集う場所であるために、王国の「知恵」を体現していると言えるのである。[41]

同時にフッカーは、完全無欠な政府はキリストによってのみ樹立されるものであり、モーセ、ダヴィデ、ソロモン、パウロを引き合いに出しながら、世俗の統治者は不完全であると主張している。とはいえ、このような不完全さは矯正可能なものであり、議会における協議を通じて世俗に完全なる政府を打ち立てることができるのであった。つまり、フッカーによると、世俗の統治者は議会における臣民の「知恵」によって神について考慮するようになり、その結果、完全な人間になることができるのである。

またフッカーの『議事規則と慣行』は、アイルランド議会に対してイングランド議会の慣行を誇示しているという点でイングランド性を帯びた著作であり、このことは彼のコモン・ローについての言及からも窺われる。即ち、彼はイングランドという「この島嶼の王国」の特殊性として、古来の「国王と統治者たち（kings and rulers）」が前記のような臣民の「知恵」を体現した法に縛られてきたことを挙げている。ただし、（統治者が法を制定し、被治者は専らその法に服従するといった）当時の支配的な法理論とは異なり、フッカーは法への服従というキリスト教徒の義務を主張しながら、その全構成員が平等な法の執行者であると論じている。というのも、「全ての良く統治されたコモンウェルス」においては、「あらゆる地位や身分の人民（all degrees and estates of people）が法の秩序に服従」するであろうのと同様、「執政官（magistrate）」や「国王（King）」もまた法を熟知しているとはいえ、「法の下で生存している」以上はそれに服従しなければならないからである。[42] 尤も、フッカーが言うところの「法」は、議会制定法として発現するコモン・ローと神法を意味しており、両者の区別は必ずしも明確ではない。しかしながら、彼が「議会における同意」というロジックを持ち出すことにより、国王を含めた全てのイングランド人が議会制定法に縛られるべきことを説いたのは事実であり、このように彼の「コモンウィール」もしくは「パブリックウィール」はより包括的な「人民」（そこには、男性に服従する存在としての女性も含まれている）から構成されるものであったと言えよう。[43]

続いてフッカーは、国王と上院・下院の関係を考察することによってイングランドの「コモンウェルス」を維持するための責任の所在について論じている。彼によると、「最高の法廷」たるイングランド議会が上院と下院から構成されるようになったのはごく最近のことであり、こうした二院制を採用しているのは単に「混乱を回避する」ためであった。したがって、両院の議員たちは対等の権利を有しており、「顧問官（Councillors）」として「コモンウェルスのための秩序と法を形成・考案する際に勧告（advice）や良き助言（good counsel）を行うために議会に召集される」のであった。[44] 言い換えるならば、国王と上院・下院は「共同で一つの同意を以て……コモンウェルスのためのあらゆる法と秩序と規則を確立・制定」しなければならないのであり、三者のいずれかが独立して法を制定することは不可能なのである。[45] したがって、通常は首位の座にある国王でさえ単独で如何なる法も制定できないし、また国王と上院のみ、国王と下院のみ、上院と下院のみ、といった状態でも同様だとされる。仮に国王と上院と下院の間でどうしても「一つの同意」が得られない場合、国王は下院の同意のみで（上院の同意なしに）法を制定することができるが、逆に国王は上院の同意のみで（下院の同意なしに）は如何なる法も制定することができない、とフッカーは述べている。[46] そして、フッカーはこのような下院の上院に対する優越の根拠として、下院が「王国全体の庶民（commons of the whole realm)」を代表していることを挙げている。このことについて、彼は次のように述べている。

議会における全ての貴族（every Baron in Parliament）は実に彼自身のみを代表し、また専ら彼自身のために発言する。しかし、王国全体の庶民（the Commons of the whole realm）はナイト、シティズン、バージェスの中に代表され、これらのいずれも専ら彼自身のために同意（consent）を与えるのではない。即ち、そのために彼が〔下院議員に〕選出されたところの全ての者たちのためにも同意を与えるのである。[47]

要するに、フッカーによると、上院議員とは異なり、下院議員は各々の選挙区の「ナイト、シティズン、バージェス」を代表するが故に、下院は地方の臣民の「知恵」を具現化する場であり、そうした点で下院はイングランドの「コモンウェルス」を最もよく反映するものであった。同時に彼は、議会が初めて召集された頃、聖職貴族あるいは世俗貴族ではなく、「国王と庶民が完全なる議会を形成していた」ことを、「下院の優越」の理由として挙げている。このような「下院の優越」を考慮すると、フッカーは「コモンウェルス」における上院もしくは貴族の果す役割を軽視しているように見えるが、実際は必ずしもそうではない。即ち、彼は、「国（the country）」に献身する有徳者である「元老（elders)」は議会での活動を通じて「全イングランドの身体（body of all England)」における位置を獲得することができると述べた上で、貴族もまたそのような「コモンウェルス」の「国父（fathers of their country)」たり得るとしている。とはいえ、貴族は自発的に「国」に献身することはあっても、生来国王の近くに存在するため、「国」よりも世俗的な特権を維持するものだとフッカーは考えていた。[48] いずれにしても、フッカーもまた議会をイングランドの「コモンウェルス」を実現する場とみなしたのだが、彼はその根拠として（ウェントワースの議会における「言論の自由」とは異なり）「下院の優越」という（アイルランド議会などにはない）イングランド議会の特性を強調したのだった。

ただし、フッカーが地方の臣民の「知恵」といった観点から「下院の優越」を主張していることからも窺えることだが、彼のアイデンティティーは重層的なものであり、イングランドという国家の「コモンウェルス」（のための政治参加）のみならず、自らの出身地・選挙区であったエクセタ市という地方都市の「コモンウェルス」もまた彼の関心事であった。フッカーの血縁関係について触れるならば、彼の祖父と父親は共にエクセタ市長を務めており、あのリチャード・フッカーは彼の腹違いの叔父に当たる。既に言及したように、彼自身も一五七一年に出身地のエクセタ市から議会に選出されたこともあり、同市に対する彼の愛情は並々ならぬものであったと推測される。事実、彼はエクセタ市に関する複数の著作を残しているのだが[49]、以下では、その中の一つである『エクセタ市の官職と義務』[50]を取り上げることにより、彼が如何にして政治的イングランド意識、即ち、イングランドの「コモンウェルス」のための政治参加の意識、を地方都市の統治へ適用したかということについて考察したい。

『エクセタ市の官職と義務』は文字通り、エクセタ市における官職とその職務について詳述したいわば職務手引書であり、市長、ベイリフ、レコーダ、市参事会員からタウン書記、治安官、守衛、清掃係に至るあらゆる職務内容を網羅している。そしてフッカーによると、これらの官職を有する者はエクセタ市の「コモンウェルス」のために献身する使命を保持しているのであった。例えば彼は「ボディ・ポリティーク」の理論を援用しながら、エクセタ市長は「〔エクセタ市という〕コモンウィール全体の目であり、頭である」が故に、「市の公共の統治（common gouernement）」と「公共の状態（publike state）の維持」に対する責務を果さなければならないと述べているし、また「自由市民（Freeman）は〔エクセタ〕市（Citie）というコモンウェルスの最も重要な構成員である」とも述べている[51]。同時に彼は、エクセタの市参事会の役割は「コモンウェルスという身体」とそこにおける「古来の慣習・特権・秩序 (ancient customes, liberties and orders)」、そして「市の地代と歳入 (the rents and reuenues)」を維持するための「あらゆる良き法律・規則・条例 (all good acts, orders, and ordinances)」を制定することにあるとしている。[52]

このように『エクセタ市の官職と義務』は、同市における官職の職務内容のみならず、官職保有者の心得についても言及している。とりわけ、そのような心得は同書の献辞において力説されている。まずフッカーは、神が人間を創造した理由として、「真実の不滅たる神 (the true and immortall God)」を認識することによって神を栄誉たらしめること、そして人間が相互に愛し合い、守り合うことを挙げている。[53] この点について、彼は次のように説明している。

そして、人間の位階と境遇 (the state & condition of man) は斯くも重大なものであるが故に、彼は彼自身のためだけに生を受けたのではないし、彼自身のみで生きることもできないので、彼が実にそのために創造された目的に向けて尽力すること、このことが最も必要なのである。即ち、彼が実にあらゆる神聖さと正義において永遠なる神（彼はその栄誉のために創造された）に仕え、栄誉たらしめること、それから人間社会 (mans societie) を維持するための世俗の官職 (those offices of humanitie) を人間（彼はその安楽のために生を受けた）に付与することが最も必要である。各人が実に溢れんばかりの善意・慈善・感謝・親切 (beneuolence, beneficence, gratefulnes and humanitie) の中で他者のために事を為すとは正にこのようなことなのである。‥‥キケロが「人間本性に従い、日常の社交に応じて義務を果すならば、それだけ固き友情が得られよう (Nihil magis ad humane vite societatem tuendam, & ad amicitias conciliandas & confirmandas adiuuat)」と述べている如く、愛 (loue) の養成と公共社会 (common societie) の維持に際して、世俗の官職の中で為される善意 (good will) に勝るものはない。[54]

このようにフッカーは、人間の存在目的としてその創造主たる神への奉仕に加えて、「世俗の官職」を通じた「公共社会」への献身を説いたのだった。そして、彼のこのような主張がキケロの著作に依拠したものであるということは誰の目にも明らかであろう。つまり、「彼は彼自身のためだけに生を受けたのではないし、彼自身のみで生きることもできない」という箇所は『義務について』の例の一節に由来するものであるし、ラテン語の引用部分は『友情について』に依拠したものである。

とりわけ、後者について言及するならば、キケロは登場人物のラエリウスをして、「友情」ほど自然に適い、順境にも逆境にも役立つものはないが故に、「人間に関るあらゆることの上に友情を置くべきだ」と語らしめている。[55]登場人物ラエリウスによると、「友情は欠乏からというより人間の本性から生まれるもの」であり、「そこにどれほどの実益がありそうかを計算することではなく、愛する気持ちを込めて心をふり向けることにより、友情が生まれる」のだった。[56]したがって、自然界から「友情」という好意ある結び付きを取り去ってしまうならば、「どんな家も都市も存立しえない」のである。[57]

このように、フッカーはエクセタ市の「コモンウェルス」について考察し、神への奉仕という宗教的義務と同時に公共社会に対する献身という世俗的義務を強調しているのであるが、それでは両者の関係は如何なるものなのだろうか。彼は先述のニコラス・ベイコンの議会演説と同様、両者を相互依存的なものとみなしたのである。即ち、「公共の統治における官職 (your office in politike gouernment)」は「宗教における奉仕 (his seruice in religion)」に依存するものであり、宗教が維持され、考慮されないところでは公共の統治が首尾良くいく筈もない、と彼は述べるのだった。[58]また彼はコモン・ローに精通したある人物の言葉を引き合いに出しながら、法の遵守は神のために為されるべきことであり、神を栄誉たらしめることによって法が正しく施行されるとも述べている。[59]そして、宗教という「土台 (foundation)」がなければ「砂上の楼閣 (a house builded vpon sand)」同然であり、そこにおいて法に基づいた統治は成立しない、と彼は断言している。[60]

以上のように、フッカーは『エクセタ市の官職と義務』において政治的イングランド意識、即ち、イングランドの「コモンウェルス」のための政治参加の意識、をエクセタ市という一地方都市（あるいは宮廷外の政治的領域）の統治へ適用したと言える。フッカーにとって、エクセタ市という「コモンウェルス」はキケロ的な「義務」と「友情」を通じて結合した「市民」の共同体、あるいは法に依拠した公共の統治が行われる政治共同体であり、その本質は宗教の維持にあった。この背景には（一五四九年の西部反乱[61]に象徴されるように）エクセタ市における根強いカトリシズムの残存に対するフッカーの嫌悪があったように思われる。[62]つまり、熱心なプロテスタントであった彼はエクセタ市のこのような状況を社会的・宗教的退廃とみなし、深刻な危機感を抱いていたのだろう。[63]加えて、エクセタ市という「コモンウェルス」の統治の担い手として、市長から清掃係に至る幅広い官職保有者が想定されており、このような者たちの宗教的・世俗的献身こそが（エクセタ市という）「コモンウェルスの船（the ship of your common wealth）[64]」を救助する、とフッカーは確信していたのである。

（4）小括

以上のように、エリザベス治世中期には、ピータ・ウェントワースやジョン・フッカーのような（宮廷の官職を保有せぬ）下院議員が政治的イングランド意識を明確な形で示したのであるが、彼らは宮廷外の政治的領域としての議会をイングランドの「コモンウェルス」を実現する場とみなし、議会を通じた臣民の政治参加を主張した。この意味で、彼らの政治的イングランド意識は（ニコラス・ベイコンやトマス・スミスのような）エリザベス治世前期の宮廷のプロテスタント人文主義者の政治的イングランド意識を受け継いだものと言える。ただし、ウェントワースとフッカーの議論は、議会がイングランドの「コモンウェルス」を実現し得る要因として、それぞれ議会における「言論の自由」と「下院の優越」を強調した点に独自性があり、こうした意味で彼らは政治的イングランド意識の発展に貢献したと言えよう。

まずウェントワースは一五七六年の議会演説の中で、「神」・「君主」（もしくは「女王」）・「コモンウェルス」（もしくは「ステイト」）に対する「愛」を強調しながら議会における「言論の自由」を主張した。言い換えるならば、こうした「言論の自由」があって初めて議会はイングランドの「コモンウェルス」を実現することができる、と彼は考えたのだった。加えて、ウェントワースは自らを「私人」としての「女王陛下の顧問官」ではなく、「公人」としての「国全体の顧問官」とみなすことにより、イングランドの「コモンウェルス」のために「官職に拠る助言」を提供すべき存在と想定した。要するに、ウェントワースによると、議員たちに議会における「言論の自由」が認められているのは、偏に彼らがイングランドの公的な「国全体の顧問官」であるからだった。

これに対し、フッカーは『議事規則と慣行』の中で、イングランド議会は「下院の優越」という（アイルランド議会などにはない）特性を持っているため、王国の「コモンウェルス」を実現することができると考えた。即ち、彼によると、下院議員は各々の選挙区の「ナイト、シティズン、バージェス」を代表するが故に、下院は地方の臣民の「知恵」を具現化する場であり、そうした点で下院はイングランドの「コモンウェルス」を最もよく反映するものであった。同時に彼は、議会が初めて召集された頃、聖職貴族あるいは世俗貴族ではなく、「国王と庶民が完全なる議会を形成していた」ことを、「下院の優越」の理由として挙げている。こうしたフッカーの議論は、「インペリウム」という概念に依拠することによって「議会内国王」の主権を説いたベイコン、あるいは上院と下院の対等性を前提としたスミスのものとは大きく異なっていると言える。

一方、『エクセタ市の官職と義務』が明示するように、フッカーのアイデンティティーは重層的なものであり、イングランドという国家の「コモンウェルス」（のための政治参加）のみならず、エクセタ市という地方都市の「コモンウェルス」もまた彼の関心事であった。つまり、フッカーは自らの出身地・選挙区であったエクセタ市に並々ならぬ愛情を抱いており、彼は前記の著作の中で同市の官職とその職務を詳述するとともに、キケロ的な「義務」と「友情」に依拠しながら、このような官職保有者がエクセタ市の「コモンウェルス」のため、積極的に政治参加すべきことを説いたのである。ただし、こうした公共社会への献身の主張は専ら世俗的なものではなく、むしろ宗教的義務に基づいたものであった。ともあれ、このようなフッカーの主張は、彼が政治的イングランド意識、即ち、イングランドの「コモンウェルス」のための政治参加の意識、をエクセタ市という一地方都市の統治へ適用したことを示唆しており、こういった意味でも、彼は政治的イングランド意識の発展に寄与したと言える。

第2節　地方都市における政治的イングランド意識

（1）地方史研究の進展とジョン・バーストンの『社会の保全』

前節では、ピータ・ウェントワースやジョン・フッカーのような（宮廷の官職を保有せぬ）下院議員の政治的イングランド意識、即ち、（汎ヨーロッパ的な中世キリスト教共同体あるいは普遍的な理想国家と対置される）イングランドの「コモンウェルス」のための政治参加の意識、を検証した。ウェントワースとフッカーは議会をイングランドの「コモンウェルス」を実現する場とみなし、議会を通じた臣民の政治参加を主張したのだが、この意味で、彼らの政治的イングランド意識は（ニコラス・ベイコンやトマス・スミスのような）宮廷のプロテスタント人文主義者の政治的イングランド意識を受け継いだものと言える。ただし、ウェントワースとフッカーは議会がイングランドの「コモンウェルス」を実現し得る要因として、それぞれ議会における「言論の自由」と「下院の優越」を強調しており、この点に彼らの議論の独自性を見出すことができる。

前記の「地方都市におけるイングランド意識」といった表現は一見矛盾しているようだが、先述のフッカーの重層的アイデンティティーが示す如く、地方都市の「コモンウェルス」とイングランドという国家の「コモンウェルス」は必ずしも相容れないものではなかった。エリザベス治世中期には、こうした（イングランドという国家の「コモンウェルス」と表裏一体の）地方都市の「コモンウェルス」のための政治参加が主張され始め、我々は（宮廷の官職を保有せぬ下院議員による、宮廷のプロテスタント人文主義者の政治的イングランド意識の継承と共に）このような意味でも政治的イングランド意識の宮廷外の政治的領域への普及を垣間見ることができる。

いわゆる「ジェントリ論争」が行われてから半世紀を経過したが、初期近代のイングランド社会に関する考察はますます多様化の一途を辿っている。言うまでもなくこの論争では、まずR・H・トーニーが、ヘンリ八世期の修道院解散を契機として、「ピューリタン革命」に先立つ一世紀の間にイングランドで大規模な土地移動が生じ、大規模所領を持つ貴族は土地を失う一方で、中規模所領を持ち、合理的経営を行うジェントリが台頭したと論じた[65]。このようなトーニーの理論は、当時歴史学界で影響力を持ち始めていたマルクス主義史学の市民革命論とも合致したため、次第に正統説の地位を確立していった。これに対し、H・R・トレヴァ＝ローパーは、貴族が没落しジェントリが勃興したという証拠はなく、貴族であれジェントリであれ、勃興した者もあれば没落した者もあったと主張した[66]。つまり彼は、官職保有を通じて「宮廷」に関ることができた者とそうでない者の間にこそ勃興と没落の分かれ目があったとして、「宮廷」対「地方」というテーゼを提示したのである。

しかしながら、その後、州レベルでの実証的な地方史研究が進展するにつれ、このような単純な図式では説明できないことが明らかになった。A・エヴァリットのケント州に関する考察はその最たる研究であり[67]、彼によると、一六四〇年のイングランドは「中央集権化された政府が昔から存在していたにも拘らず、多くの点で部分的に独立した州国家、即ち、州共同体の連合体のようなものであり、各州共同体はそれぞれ独自のエートスと忠誠心を備えていた」のである。そして、ケントにおけるそのような実質的な主は（テューダー朝以前に州内に定住していたという意味で）土着の、特に所領経営から富を得ながら婚姻関係の絆で緊密に結ばれたジェントリの集団であり、彼らこそがケント州共同体を形成し、それに固有のエートスや価値観を提供したのだった。こうしてエヴァリットは一七世紀の「内乱」を考察する際に、王政復古に終わるまでの全経緯を視野に置いて説明原理を模索し、それを前述のような州共同体の存在およびその性格に求めたのである。州を一つのジェントリ共同体とみなす、彼のこのような視座は「州共同体学派」によって共有され、その影響力はテューダー朝の研究者にも及ぶことになった。

その一方で、エヴァリットあるいは「州共同体学派」に対する批判も為され[68]、彼らの研究が抱える問題点が明らかにされた。例えば、州がジェントリの忠誠の対象になることがあるとしても、彼らの州に対する忠誠心が他の如何なる対象への忠誠心を凌駕しており、しかも彼らが全国的な問題に概して無知・無関心であったと断言することはできない。またエヴァリットの関心は専ら州に向けられているために政府の意図や行為を理解し損なっているだけでなく、州政治に果したイデオロギーの役割とジェントリよりも下の社会層の役割を過小評価している。さらに、「州共同体学派」は十分な検証を経ないまま州共同体の存在を自明のものと仮定し、しかもそれを（州と中央の間に一貫して緊張が存在していたという観点から）「内乱」解釈の枠組みとして過度に強調している。加えて、州共同体を静態的に把握するのではなく、ある状況下で形成されるものとして動態的に把握しようとする、より微妙で洗練された修正的なアプローチが採られるようになった[69]。

P・コリンソンが「君主政共和国」というテーゼを提起し、エリザベス期のイングランドを「君主のいる共和国」とみなしたのは既に述べた通り（本書序章 を参照）であるが、彼によると、「コモンウェルス」こそ、この時代を象徴する言葉であった[70]。ただし、我々は「一六世紀における'public'という言葉とそのレゾナンス」に十分注意を払っておらず、「国家」レベルにそれを求めても無理であろう、とコリンソンは言っている。つまり、彼は「コモンウェルス」の基盤を州を拠点とした「地方」に求め、D・マカロックのサフォーク研究[71]などに依拠しながら、州の「ジェントリ・リパブリック」こそが「共和政」の保障であった、という提言を行っている。同時に、コリンソンはウィルトシァのスワロウフィールド（Swallowfield）という一教区の「共和政」的自治に言及することにより、エリザベス期の社会では「下の者への敬意（deference）」が重要な原則であった、としている[72]。

他方、（地方）都市というレベルでは、C・F・パターソンがパトロネジという観点から、初期近代（一五八〇～一六四〇年）のイングランドの自治都市が果した政治的役割を積極的に評価している[73]。即ち、パターソンはこの時期の地方の自治都市、貴族とジェントリの土地所有者、そして国王の三者の関係性に注目し、こうしたパトロネジ・システムの中に近代国家形成の要因を見出したのである。言い換えるならば、当時の地方の自治都市は有力な貴族もしくはジェントリに（その都市の）官職などを提供する見返りとして、中央政府への接近と都市の利害調整を実現し、結果として王権が強化されることになった。とりわけ、このパトロネジ・システムの中で、パターソンが重要視したのが「ハイ・ステュアード（high steward）」という地方官職であった。ハイ・ステュアードは一六世紀末～一七世紀初頭のイングランドで次第に見られるようになった地方の自治都市の官職で、一般的には市政に関する日常的業務に直接携わることはなかったが、地方都市を中央と結び付ける役割を果した[74]。その呼称・職務・地位（都市における法的・社会的地位）は都市によってまちまちであったが、地方都市側が中央との繋がりの必要性を強く感じていたこともあり、エリザベス期にはハイ・ステュアードはより一般的な地方官職となったのである。通常ハイ・ステュアードは都市の政治や選挙における投票権を有していなかったが、自治体の一員とみなされ、都市の人々から敬意を払われていた。またハイ・ステュアード選出の主導権は地方都市側が握っており、王権がその選出に介入するのは極めて稀であった。[75] ハイ・ステュアード選出の際には、特に宮廷との繋がりを通じて自治体の特権・利益を保護し得る有力貴族が好まれ、中にはいくつもの自治都市のハイ・ステュアード職を兼ねる者も存在した。[76]

レスタ伯もそうした有力貴族の一人であり、彼は一五七四年にグロスタシァのチュークスベリィ市 (Tewkesbury) のハイ・ステュアード職を得た。[77] 同市は当時ピューリタンの牙城でもあったグロスタ市の約一〇マイル北に位置しており、チュークスベリィ市の自治は一四世紀初頭から伸展しつつあったが、正式に自治を認められるのは一五七五年のことであった。[78] こうした自治の獲得は、チュークスベリィの住民たちがレスタ伯に働き掛けることによって実現したものであり、その結果、二人のベイリフと二二人のプリンシパル・バージェス (principal burgesses) から成るコモン・カウンシル (the common council) が同市を統治することが決定された。[79]

『社会の保全』[80] を著したジョン・バーストンもまたチュークスベリィ出身なのだが、彼は一五六六年から一五七〇年にかけてケンブリッジ大学セント・ジョンズ・カレッジで学んだ後、ロンドンへ赴いて法学研究に勤しんだ。そして、彼は一五七五年の特許状によってチュークスベリィで最初のタウン書記に任命されるとともに、一五八九年にはベイリフに選出され、一六〇九年頃までチュークスベリィ市政に関っていたようである。[81] バーストンの『社会の保全』は一五七六年に出版されたのであるが、チュークスベリィ市のハイ・ステュアードであったレスタ伯に触発されて著されたものと言われており、事実バーストンはこの著作を伯に献呈している。[82] 後述のように、『社会の保全』は特に古典的ヒューマニズムの語彙を用いることによって地方都市という政治共同体における「市民」的価値を推奨しながら、自治都市が独自の「コモンウェルス」を形成する過程について詳述した著作であった。以下では、『社会の保全』の中のこうした議論を取り上げることにより、バーストンが如何にして政治的イングランド意識を地方都市（チュークスベリィ市）という宮廷外の政治的領域の統治に適用したか、ということについて考察したい。

(2)「コモンウェルス」と「自由」

バーストン自身が古代のスパルタやアテナイやローマの歴史に精通しているように、彼はプラトン、アリストテレス、リヴィウス、タキトゥス、セネカ、キケロといった古典を参照している。これらの中でバーストンが頻繁に引用しているのがアリストテレスとキケロであり、特に結婚や家庭に関する箇所は主にアリストテレスに依拠している。[83]『社会の保全』において、結婚や家庭についての議論は決して看過されるべきものではないが、バーストンの主眼は地方都市という政治共同体、あるいはその統治の原則を示すことにあったと言える。

言い換えるならば、この著作におけるバーストンの意図とは、「人民とコモンウィール」について考察した他の数多の著作に依拠しながら、如何に「人民の社会 (societie of people)」を「コモンウィール」として樹立するか、あるいは如何に「都市における市民的活動 (civill behaviour in towns and cities)」を確立するか、を示すことであった。[84]つまり彼は、都市が「自治を獲得するとともに維持」され、それ自身で「一つの政治体 (a body politicke and civill)」を形成する過程を解明しようとしたのである。

それでは、仮に都市が本質的に「コモンウィール」であるとするならば、何故都市は「市民」の共同体として樹立されるのであろうか。この問いに対し、バーストンは次のような解答を与えている。即ち、彼は「コモンウィール」の真の目的として「安寧秩序」の重要性を強調するとともに、「自由」の維持をもそれが果すべき役割としたのだった。[85]彼の言葉を借りるならば、「コモンウィール」の法は「それが保持する自由 (his liberty & freedome) の中の如何なるものも剥奪」することのないように定められなければならない。したがって彼にとって、「あらゆる共通の自由 (the common libertie) が隷属 (servitude) へと転化せぬよう」に取り計らうのは行政官の責務であった。

より一般的なレベルで言うならば、バーストンはこのような目的を達するための「市民性 (civilitie)」もしくは「市民的生活（civill life）」の重要性を説くと同時に、その実践の場としての「コモンウェルス」を次のように定義する。即ち、彼はキケロに依拠しながら、「コモンウェルス」とは「ある人民の財、所有物、万人共通の富（universall wealth）」から成るもので、「ただ愛によってのみ統治されるその全構成員のための集合体（the institution）」であり、人民が「市民的な節度ある誠実な生活」をする場所だと説明している。[86] そして、彼によると、特に国家・都市・家族・友人という「四つの主要な社会（foure principall societies）」は「市民的な統治に大いに資する」[87] ため、本来は「コモンウェルス」の存する場所であった。これらの中でも、都市は「政策によって固有の慣習・特権・自由（one custome, privilege or freedome）が一つの統一体となった」ものであり、そこでは常に「市民的な統治と称讃すべき生活（lawdable living）」が営まれてきたが故に、人間が「自由」を享受できるのは都市においてのみであった。[88] このように、バーストンは「コモンウェルス」をよりミクロな次元で捉え、特に（地方）都市の「コモンウェルス」の基盤を「自由」に求めたのである。

そこ〔治安官の請願書〕に記された者たちは、前述の〔イーストゲート（Eastgate）〕地区内で以下のことが為されるように要求する。即ち、貴殿〔チェスタ市長〕らが神の崇拝という観点からその契約について幾分考慮されることにより、神のご栄光が示され、コモンウェルスが維持され、また貴殿らの哀れなる請願者たち〔酒場の店主・経営者たちのことと思われる〕の酒場で労働している者たちにより良き報酬があらんことを（そうすることにより、前述の請願者たちは、貴殿らのご信仰に神のご加護があり、最も高貴なる俗人（the sleaser of the highest）にお近づきとなり、またあるべき姿のご信仰へと向かわれるように祈ることとなろう）。また仮に前述の全ての酒場がその家屋の中で違法な娯楽（unlawfull games）を行っているとするならば、あらゆる市民が同市のそうした古き慣習（the anncient custome）に加わるのを放置することのなきことを。[89]

これは一五八五〜八六年頃にチェスタ市に提出された治安官の請願書であるが、ここでは日曜礼拝の際にエールやビールを販売するのは「あらゆる敬虔なる信仰に反する」のではないか、という問題が取り扱われている。そして、酒場の店主・経営者と思われる請願者たちはチェスタ市側に対し、日曜礼拝の際の飲酒という「違法な娯楽」もしくは同市の「古き慣習」を取り締まる換わりに、彼らと酒場の労働者たちに補償を行うことにより、この問題が「神のご栄光が示され、コモンウェルスが維持され」るような方法で解決されることを要求したのである。このように、当時のイングランドにあって、「コモンウェルス」という概念は地方都市に居住する人々の日常生活に深く関るものだと考えられていた。

とはいえ、バーストンの視野は、何も地方都市の「コモンウェルス」のみに限定されていた訳ではなかった。即ち、彼にとって、「市民的生活」は「コモンウェルス」全体の利益を促進するものであり、「人民のあらゆる繋がり (every societie of people)」は「コモンウィール」のために形成されるものだった。[90] そして、「公共社会 (the publike societie)」はそこに内在する「私的なるもの (private causes)」に対抗しながら実現されるべきであり、その全構成員が「それぞれ全体のことを優先する」ような場所でなくてはならない。このように、バーストンの「コモンウェルス」は「人民のあらゆる繋がり」の上に成り立つものであるが故に、(国家・都市・家族・友人といった) 様々なレベルで捉えられるものであり、彼は「コモンウェルス」を可変的もしくは伸縮自在な共同体と考えていた、と解釈するのが妥当であるように思われる。したがって、彼は地方都市の「コモンウェルス」という議論の延長で、イングランドという国家の「コモンウェルス」の重要性を説いたと言えよう。

恐らくは如何なる社会も、コモンウィールに関連したあらゆる人間の事柄には及ばないだろう。我々は両親・子供・友人を慈しみ愛するが、我らの母国 (our native country) は我々全員の共通の親 (the universall parente) であり、それが為には如何なる忠良な人間もその生命を棄てることを厭わないであろう。‥‥ある自由 (one libertie) を享受している者は、あらゆる者を益し、如何なる者も害さぬようその召命 (his calling) に報いるべきであるし、公益 (publike utilitie) を損わないような私益 (private lucre) を求めることによって実際にそうなるに相違ない。というのも、そのようなコモンウィール全体についての共通感覚 (universal cause of that whole common weale) は、あらゆる私人 (every private person) にとって特に重要なものだからである。[91]

このようにバーストンは、肉親や友人への愛情と同様、国家に対する愛情もまた重要であり、場合によってはその構成員は生命を投げ出す必要があることを説いているのだが、やはりここでも例の「われわれは自分のためだけに生まれたのではなく、祖国もわれわれの生命の一部をみずから要求する」というキケロの一節が容易に想起されよう。そして、彼によると、「自由」とは「私益」の対極にある「公益」を保護するために行使されるべきものであり、したがって、その全構成員に「コモンウィール」への献身を促すものであったと言える。

(3)「コモンウェルス」と「徳」

以上のように、『社会の保全』におけるバーストンの議論は、古典的ヒューマニズムに大きく依拠しながら、「市民的生活」と深い関りを持った「自由」を重視するものであった。即ち、彼の言う「自由」とは、共同体の全構成員が個別的かつ矮小な「私益」ではなく、共同体全体の「公益」を優先することを通じ、「市民」に相応しい生き方を実践することによって初めて自覚されるものである。そして、このような「自由」なくして共同体は「コモンウェルス」

たり得ず、そこに待ち受けているのは「隷属」のみであった。またバーストンの「コモンウェルス」は可変的もしくは伸縮自在な共同体を意味し、彼は地方都市の「コモンウェルス」の延長にイングランドという国家の「コモンウェルス」を見ていたものと思われ、これこそバーストンの政治的イングランド意識の特徴であったと言える。

その一方で、バーストンは、(可変的もしくは伸縮自在な共同体たる)「コモンウェルス」を樹立するために不可欠なもう一つの要素として古典的ヒューマニズムの「徳」の重要性を説いている。つまり、彼によると、共同体の構成員は「徳に導かれた活動 (behavior tempered by vertue)」によって「市民」へと至るのであり、それ故に「徳」は「市民的生活」と「コモンウェルス」を維持する際に必要なものであった。[92] とりわけ、彼は「徳」を「誠実および善と呼ばれるあらゆるものの根源」とみなし、「慎慮」・「正義」・「勇気」・「節制」という四つの要素から成り立つものだと述べている。[93] その上で彼は、「徳」とは「我々の安寧 (our tranquility) を保護する者たち」にその「職務 (office and dutie)」に関する知識を与え、「行政官 (minister)」には「抑圧されているあらゆる者たちに対する正義」を示すものであるとしている。[94] 同時に彼は、ストア主義の教義に依拠しながら、「徳」は人間に対して「情念 (disordered passions) や心の動揺 (perturbations of the minde) を安らかに統御」し、「我々の欲求 (appetites) とままならぬ意志 (unrulie wil)」を「理性に従わせるよう」にするための方法を教示すると主張している。言い換えるならば、彼にとって「徳」とは、人間が「その全ての欲求を統御するための理性」を用い、「あらゆる感情 (all manner affections) を理性の支配の下に置く」ように促すものであった。

とりわけ、彼は「徳」を人間の避けることのできない性向である「腐敗」とパラレルに論じることにより、前者の重要性を主張した。彼の言葉を借りるならば、「人間の本性は余りに腐敗している (so corrupted) 故、人間は本性上徳を保持していると同時に、非常に恥ずべきことにあらゆる悪徳 (al manner vice) への傾向も保持している」のである。[95] とりわけ、このような「腐敗」は、私的な金銭上の利得のために「誠実」を放棄する際に最も顕著であり、有徳であろうとするならば「富 (wealth)」に溺れるようなことがあってはならない、と彼は警告するのだった。[96]

このように人間、あるいは「人民のあらゆる繋がり」の産物である「コモンウェルス」には「腐敗」する傾向があるのだが、バーストンはこの弊害を阻止する方法として以下の三つを挙げている。第一に、「敬虔なる宗教が一旦損なわれてしまえば、全ての信頼、あらゆる人間の繋がり、正義、そして全ての徳は腐敗する」ので、共同体の全構成員に宗教的義務を遵守させることが必要だとされる。[97] 逆に宗教が「不変の秩序 (uniforme order)」の中で、「分離 (schismes) および分裂 (divisions)」のない状態で適切に信奉されるならば、「道徳的な事柄のみならず、宗教に関する事柄でさえも国全体において首尾良くいくだろう」と彼は述べている。バーストンにとってこうした宗教的義務は、「市民」が果すべき義務の中でも大きな位置を占めており、正に「敬虔なる宗教」は社会を保全するための支柱であった。

「腐敗」を阻止するための第二の方法は、当時のヒューマニストたちがそうであったように教育を重視することにより、共同体の構成員に「徳」を涵養させることである。[98] バーストンによると、「公共の学校 (Common scholes)」と「学識ある教師 (learned tutors)」は「徳」の涵養にとって不可欠なものであった。というのも、共同体の構成員は教育を通じて「幼年から徳の中で良識を備える (nousled in vertue)」機会を得ることにより、「彼らが成長した暁にコモンウィールに資するようになる」からである。バーストンのこうした見解は、当時のイングランドで実際に教育に携わっていた者たちの主張の中にも看取される。例えば、トンブリッジ (Tonbridge) の教師であったジョン・ストックウッド (Stockwood, John, ?-1610) は、一五七九年五月一〇日にセント・ポール大聖堂で行った説教の中で、

コモンウェルスに関する物事において、コモンウェルスについての愛 (loue of the common wealth) を全く心得ておらず、同胞市民 (his fellowe Citizens) と彼らの事柄に対する友好的で、愛情に満ちた、好意的な善意を全く持たず、他者のことを全く考慮することなく、森羅万象の中で専ら己が為を追求する者は、決して良き市民であると

思われることはない[99]。

と述べている。彼の言葉が示すように、テューダー朝のイングランドにおいて教育とは「市民性」を育むための手段であり、人文主義的教養を有する教師たちにとって、「市民」の養成は彼らが果すべき重要な役割の一つであった。またマーチャント・テイラーズ校（Merchant Taylors' School）の初代校長のリチャード・マルカスター（Mulcaster, Richard, 1530?-1611）は、少年たちがそこでの教育を通じ、「上級および下級の行政官（the *principall* and *subaltern* magistrates）」として「公共の利益」に奉仕するようになると述べている[100]。さらに、プリマスのグラマースクールの校長であったウィリアム・ケンプ（Kempe, William）は、自分の学校が「賢明なる顧問官（wise Councellers）」と「コモンウェルスの統治者（Rulers in the Common wealth）」を輩出するであろうことに言及している[101]。いずれにせよ、この時期のイングランドの教育には、未来の「市民」と「政治家」を育成することが求められていたのである。

法学に造詣の深かったバーストンは、共同体が「腐敗」を免れる第三の方法として「我々イングランド人の法（our english lawes）」、即ち、コモン・ローの遵守を挙げている[102]。やはり彼も、コモン・ローの卓越性をその古来性に求めており、コモン・ローの「最も信頼すべき古来性（most credible antiquitie）」に「比肩できるものは皆無である」と述べている。同時に彼は、ローマ法も含めた他のあらゆる法に対し、イングランド固有のコモン・ローは優越性を持っていると主張している。なぜならば、コモン・ローは「卓越したエクイティ、理性、そして合理的な根拠（greate equitie, reason, and reasonable grounds）」を保持しているため、「確実に、しかも犯されることなく執行される筈」だからである。それ故、彼は「世界中の如何なる民族もしくは臣民も彼らの世俗的な諸法（their popular lawes）により、この高貴なる島国（this noble Iland）〔イングランド〕と同等の安寧秩序やあらゆる安全といった特権（privilege of peace and quietnesse, and all manner saftie）を享受していない」と誇るのだった。

またバーストンによると、法とは元来「人間の繋がりを有徳なものにする」ことを目的としており、したがって、「コモンウェルス」は「法によって認められる」のであり、そうした法が制定・執行されるのは人間には「徳に対する志向(inclination to vertue)」が欠如しているからであった。[103] いずれにしても、バーストンは「コモンウェルス」において「腐敗」を防ぎ、「徳」を養成するための要素として、宗教と教育とコモン・ローの三つを重要視したのである。

(4) 地方都市の統治への政治的イングランド意識の適用

今まで考察してきたように『社会の保全』においては、主に古典的ヒューマニズムに依拠しながら、共同体の構成員が「隷属」ではなく「自由」を、また「腐敗」を斥けて「徳」を追求することを通じて「コモンウェルス」を樹立する必要性とそこにおける「市民的活動」の重要性が強調されていた。そして、バーストンは「コモンウェルス」を(国家・都市・家族・友人といった)可変的もしくは伸縮自在な共同体と捉え、地方都市(チュークスベリィ市)の「コモンウェルス」の延長にイングランドという国家の「コモンウェルス」を見ていた、と解釈するのが妥当であるように思われる。とりわけ、バーストンは君主政の欠点を指摘した上で、(本書第3章第2節 および 第4章第1節 で検証したような)議会を重視した政治的イングランド意識、あるいは議会をイングランドの「コモンウェルス」を実現する場とみなし、議会を通じた臣民の政治参加を称揚するような議論、を地方都市の統治に適用したのだった。

それら〔良く統治された自治都市〕は、私的な法や下級官吏によって統治される場合もあるし、隔絶された辺境のものからそれら自体で一つの政治体(a body politicke and civill)となる場合もあるが・・・・〔基本的には〕市民的で礼節を弁えた誠実な生活に資する〔一つの〕集合体もしくは政治体(multitude or body politike)であり・・・・そこ

では執政官 (magistrates) が正に統治を行い、元老 (the senate or elders) が助言を与え、平民 (the people) がその同意という自由 (their freedome of consente) を行使するのである。[104]

このように彼は、都市には様々なレベルがあり、その統治システムもまた多様性を有していることを認識しつつ、（地方）都市を一つの「市民的」な政治体とみなしたのである。加えて、彼はそうした政治共同体を構成するものとして「執政官」・「元老」・「平民」の三つを挙げているが、このような統治システムが古代ローマから着想を得ている、というのは明白であろう。同時に、これら三つから成る統治システムは、議会を重視した政治的イングランド意識、即ち、国王・上院・下院の三者の関係の上に成り立つ（イングランドという国家の）「コモンウェルス」、といった思考を地方都市の統治という文脈の中に持ち込んだものに他ならない。

まずバーストンによると、「執政官」は「その職務の続く限り、彼が私的な存在 (private being) であることを忘れ、彼自身の利益 (his owne lucre) よりも公益 (publike utilitie) を尊重」しなければならない。[105] 一方、こうした「公益」（即ち、「コモンウェルス」）の追求は単なる「執政官」の心得に止まるものではなく、地方官吏全般が共同体から要請されるものでもあった。

私の浅薄な考察によると、貴殿は私に先の開廷期間にご出席する旨のご書簡をしたためられたにも拘らず、正にその審問が行われる日に星室庁の者と共にご外出されたと思うのだが、貴殿にまずそのことについて言わねばならない。‥‥貴殿の引き起した問題は重大で、狩りに興じたことに対して貴殿は責めを負うべきであり、貴殿が現在ご自身の業務に従事なさり、多少迅速なご出席をすべきだとお思いになっているのを私は存じ上げていた。貴殿は職務怠慢と時間の浪費 (neglect & slack tyme) の責めを大いに負うべきだと、私は是非とも貴殿に言わなければならない。[106]

これは一五七五年五月一一日にリチャード・チェンバーズ(Chambers, Richard)という人物が、コーンウォールの州知事(sheriff)であったジョン・レスキマー(Reskymer, John, ?-1602)に宛てて書いたと考えられている書簡からの引用である。ここでチェンバーズは、自分の公的な職務を放棄して狩りに出掛けたレスキマーの行動を厳しく戒めているのである。このように、(バーストンの「執政官」も含めて)地方官吏は共同体への公共的な奉仕をその構成員から期待される存在であった。

同時に、「執政官」にとって必要な資質とは「雄々しき勇気(prowes of manhood)」というよりはむしろ「慈愛(humanitie)」であり、したがって、法と慣習を遵守することを通じて衡平と正義を維持するのがその職務である、とバーストンは述べている。しかしながら、「執政官」が最も果すべき義務は「自由の維持(the maintenaunce of liberties)」であり、「執政官」は「全ての自由都市(all free Cities)において、あらゆる者たちがその良心(his conscience)を話すことは法に適っている」ということを銘記しなければならない、と彼は説いている。[107] 言い換えるならば、「執政官」は共同体の構成員の「好意(favoure)」を獲得する必要があり、「彼らの不可欠な助力(their necessarie ayde)」が存在してこそ良き統治を実行することができるのである。[108] というのも、「彼ら無くして、何事も万全な状態で成立することはないであろう」からであった。

そして、「執政官」がこのように共同体の全構成員の支持を得る上で欠かすことができないのが、「元老」による「助言(councell)」である。[109] バーストンによると、「元老」が果すべき主要な義務は正に共同体のために「助言」を与えることであり、このことを通じて(地方)都市という政治共同体において「コモンウェルス」が実現されるのだった。同時に彼は、こうした(地方)都市の「助言者」たる「元老」に求められる資質について、次のように説明している。

まず完全なる「助言者」ならば「過去の経験」を有し、「現在当然考慮すべきことを考慮」し、「未来に起る可能性のあるあらゆることについて十分に理解」しておかなければならないのであり、このことは「元老」にも当てはまるとされる。また彼らは都市の共同体のために提案された事項に関し、それが如何なる意味を持ち、どの程度必要なもので、如何なる理由で提案されたのかといった観点から、その提案が「法に適ったものであるかどうか」を知っておかねばならない。要するに、彼らはこのような「注意深さ」を備えた上で「コモンウィールのための助言(counsell for the common weale)」という公共的な政治参加を行うことにより、「良き評判や評価(the good reporte and estimation)に値する者になる」ことができるのであった。

さらにバーストンは、「平民」が(地方)都市という政治共同体の「コモンウェルス」のために果すべき義務について言及している。即ち、彼によると、「平民」は決して野心的であってはならず、「彼らの欲望と憂え(their affectes and perturbations)」を抑制しながらあくまで「執政官」に服従を誓う存在であった。[110] 換言するならば、彼にとっての理想的な政体とは「少数者が統治」し、「多数者が服従」するというものであった。[111] しかしながら、これは「平民」の(地方)都市における政治参加の否定ではなく、彼はむしろ「平民」が「同意という自由」を行使することを通じ、(地方)都市の統治に積極的に関ることを推奨している。[112] 言うまでもなく、こうした「平民の同意」は国家レベルでは「議会(下院)における同意」による法の制定を意味するのだが、彼はこのような議論を地方都市レベルで行ったのだった。つまり彼は、「平民の同意」は地方都市の「コモンウェルス」のために「不可欠な助力」であるが故に、「執政官」は地方都市の統治に際して「平民」の意向を無視してはならない、と述べている。彼はその上で、「全ての自由都市」において、「平民」の「言論の自由」が保障され、また「執政官」を選出する際に「平民」の「同意という自由」が行使されるべきことを強調するのであった。[113]

（5）小括

以上のように、ジョン・バーストンは『社会の保全』の中でチュークスベリィ市の「コモンウェルス」（のための政治参加）について考察したのであり、この意味で、彼は政治的イングランド意識を地方都市という宮廷外の政治的領域の統治へ適用したと言える。とりわけ、彼は古典的ヒューマニズムの「自由」と「徳」を強調することにより、地方都市における「コモンウェルス」の実現可能性を説くとともに、（本書第3章第2節 および 第4章第1節 で検証したような）議会を重視した政治的イングランド意識、あるいは議会をイングランドの「コモンウェルス」を実現する場とみなし、議会を通じた臣民の政治参加を称揚するような議論、を地方都市の統治に適用することで「市民」の政治参加を主張したのである。

バーストンによると、都市とは本質的に「コモンウィール」であり、その存在目的は「隷属」に抗して「自由」を維持することにあった。とりわけ彼は、都市では「市民的生活」が営まれるが故に、人間が「自由」を享受できるのは都市においてのみであり、「自由」は「公益」あるいは「コモンウェルス」全体の利益のために行使されるべきだ、と述べている。このような「自由」に加え、「市民的生活」が営まれる「コモンウェルス」において、「徳」はもう一つの不可欠な要素であった。しかし、バーストンは人間本性を「徳」の中に見出しただけではなく、人間の「腐敗」への傾向を指摘することにより、「コモンウェルス」が「腐敗」する可能性を主張した。そして、彼はこうした「コモンウェルス」の「腐敗」を防ぐものとして、次の三つを提示したのだった。第一に、バーストンは当時の「クリスチャン・コモンウェルス」という概念に依拠しながら、「コモンウェルス」の土台としての宗教の重要性を指摘した。第二に、教育を通じて「徳」の涵養を行い、「コモンウェルス」のために献身する人間を養成すべきだ、と彼は主張した。そして、第三に、彼はコモン・ローの卓越性をその「古来性」と「合理性」のみならず、イングランドの「島嶼性」に求め、このようなイングランド性を帯びたコモン・ローによって王国の「コモンウェルス」は維持される、と主張した。

とはいえ、『社会の保全』におけるバーストンの議論の一番の特徴は、前記のような議会を重視した政治的イングランド意識を地方都市（チュークスベリィ市）の統治に適用したことであろう。つまり彼は、国王・上院・下院の関係の上に成り立つイングランドの「コモンウェルス」、といった思考を地方都市の統治に当てはめ、（極めて古代ローマ的な）「執政官」・「元老」・「平民」の三者の統治を通じた地方都市の「コモンウェルス」の実現を説いた。このように、バーストンの政治思想のオリジナリティーは「コモンウェルス」を地方都市というよりミクロな次元で捉えた点にあると言えるのだが、古代ギリシア・ローマにおいて「公共の利益」の実現が「ポリス」あるいは「キヴィタス」という都市国家の中で目指されたことを考慮すると、彼の政治思想はそれほど奇抜なものではなかったのかもしれない。

ただし、こうしたチュークスベリィという地方都市の「コモンウェルス」に関する議論の故に、バーストンはイングランドという国家の「コモンウェルス」といった視点を欠いていた、と言うことはできない。とりわけ、チュークスベリィ市のパトロンとも言えるレスタ伯の影響下で『社会の保全』を著したバーストンは、中央政府あるいは国家との繋がりなしに新興都市チュークスベリィの自治を維持するのが困難であることを誰よりも知っていた筈である。とはいえ、『社会の保全』において、地方都市と国家の関係性が不明瞭であるのもまた事実であり、せいぜいバーストンは人的結合体という、「コモンウェルス」に本来的に具わった性格に依拠して両者の関係性に言及したに過ぎない。即ち、バーストンの「コモンウェルス」は「人民のあらゆる繋がり」を意味し、国家・都市・家族・友人という四つの形態を持っていたのだが、このように彼は「コモンウェルス」を可変的もしくは伸縮自在な共同体と捉え、地方都市の「コモンウェルス」の延長にイングランドという国家の「コモンウェルス」を見ていたものと思われる。いずれにせよ、バーストンは（議会を重視した）政治的イングランド意識を地方都市（チュークスベリィ市）の統治に適用したのであり、このような意味で、彼の『社会の保全』はエリザベス治世中期における政治的イングランド意識の発展を示す著作であったと言える。

第3節　「公共圏」における政治的イングランド意識

(1) テューダー朝の「公共圏」とジョン・スタッブズの『亡国論』

エリザベス治世中期において、政治的イングランド意識、即ち、(汎ヨーロッパ的な中世キリスト教共同体あるいは普遍的な理想国家と対置される) イングランドの「コモンウェルス」のための政治参加の意識、は「公共圏 (public sphere)」[114] とも呼ぶべき宮廷外の政治的領域にも見られるようになった。テューダー朝における「公論 (public debate)」という政治文化はW・T・マッキャフリ、P・コリンソン、J・A・ガイらによって理解が深められてきたが、[115] これらの研究は議会内のものであれ出版によるものであれ、「公論」を枢密顧問官たちの煽動によって為されたものと捉えており、エリザベス期における「公共圏」をより狭く定義したのだった。その一方でガイは、エリザベスが特に自身の結婚・後継問題、イングランドの対外問題や宗教問題などについて、枢密顧問官たちによる「助言」を制限・拒否しようとし、その際に古典的ヒューマニズムというイディオムを利用したとも述べている。[116] 即ち、エリザベスはこれらの問題について、枢密顧問官よりも地位の低いイングランド臣民の「助言」を求めることにより、枢密顧問官たちの「助言」を拒否する口実にしたのであり、[117] このような観点からエリートによる政治から独立した「民衆政治」が提唱されたのだった。[118]

S・アダムズもまた、「公論」が枢密顧問官たちの「派閥」によって操作されたということに異議を唱え、少なくとも一五九〇年代までエリザベス治世は「派閥」によって動揺させられることはなかった、と主張している。[119] このようなアダムズの見解は、一五九〇年代のエセックス伯ロバート・デヴァルー（Devereux, Robert, 2nd Earl of Essex, 1566-1601）の「派閥」活動を重要視したP・E・J・ハマによって補強される一方で、アンジュー公との結婚交渉を取り上げることにより、一五九〇年代以前の「派閥」に注目したS・ドーランによって反対されたのだった。[120] しかしながら、アダムズの議論は、エリザベス治世の「派閥」政治はその時期により異なった様相を呈する、ということを明らかにするとともに、エリザベス治世の枢密院内の政策を巡る意見対立の度合とその表面化のし方について再考を迫る契機となった。[121] 加えて、A・N・マクラーレンは、エリザベスが神の代理人になることによって自分が女王であることを正当化しようとする中、「公論」は枢密顧問官たちだけのものではなく、より「社会的に包括的（socially inclusive）[122]」なものになったと主張した。

こうした問題提起を承け、N・ミアズはジョン・スタッブズ（Stubbs, John, 1543?-90）[123] について取り上げることにより、エリザベス治世における「公論」[124] の再考を試みた。ジョン・スタッブズはエリザベスとフランス王弟アンジュー公（François, duc d'Anjou, 1554-84）の結婚に反対するパンフレット[125]（以下、『亡国論』と称する）を出版し、裁判の末、民衆を煽動した廉で右手切断の憂き目に遭った人物である。スタッブズは一五四三年頃、ノーフォーク州バクストン（Buxton）のジェントリであるジョン・スタッブ（Stubbe, John）[126] の息子として生まれた。彼は一五五〇年代にケンブリッジ大学で、後にバーリ卿の秘書となるジョージ・ブライズ（Blyth, George, ?-1581）の下で学ぶとともに、彼の活動に大きな影響を与えることになるヴィンセント・スキナ（Skinner, Sir Vincent, 1543-1616）やマイケル・ヒックス（Hickes, Michael, 1543-1612）らと出会った。スキナとヒックス（彼らもブライスと同様、後にバーリ卿の秘書となるのだが）はスタッブズと共にリンカンズ・インへ進学し、一五九〇年のスタッブズの死まで親密な交際を続けた。当時のリンカンズ・インは宮廷政治に少なからぬ影響を与え、多くの優れた人材を輩出していた。例えばジェームズ・

ドールトン（Dalton, James, ?-1601）は一流の法律家であると同時に、一五六三年から一五八六年の間、ベドフォード伯とバーリ卿のパトロネジを受けて議員として活躍した。またロバート・マンソン（Monson, Robert, 1532?-83）は、一五七〇年に高等宗務官裁判所（Court of High Commission）に配属され、一五七二年には上級法廷弁護士（serjeant-at-law）の地位に就き、同年一一月には民訴裁判所（Court of Common Pleas）へ配属された。マンソンはドールトンと同様、ベドフォード伯のパトロネジを受けて議員となった。後にこの二人は、一五七九年のスタッブズに対する判決の合法性について追及することになる。

このように、スタッブズにとってリンカンズ・イン時代は重要なものであり、とりわけ彼のイデオロギーに決定的な影響を与えたのであった。一五六〇年代のリンカンズ・インにおいては、プロテスタント的アイデンティティーが発展しつつあったのだが、スタッブズにとってスタッブズらによって代弁された「活動的市民」あるいは「議会的助言」という概念は、この中で培われたものだった。[127] そして彼らによると、政治的活動はプロテスタンティズムの維持を目的とするところの「コモンウィール」に資するものでなければならなかった。また少なくとも一四世紀以降、法学院では詩や散文体の騎士道物語の中で政治的風刺を行う伝統があったのであるが、リンカンズ・インも例外ではなく、スタッブズの著作（共同のものも含めて）に見受けられる文学性はこのような伝統の産物であったと言えよう。

スタッブズは一五七二年以降、実務法律家として活躍し、一五八五年からは公職に就くようになった。具体的には、一五七二年に彼は法廷弁護士資格を付与され、一五七八年と一五八七年にはそれぞれリンカンズ・インのステュアード（steward）とアソシエイト（associate）に任命され、一五八五年にはグレイト・ヤーマス（Great Yarmouth）のステュアードとなった。[128] そして彼はバーリ卿の命により、バーリ卿自身の著作『イングランドにおける正義の執行』[129]（これは言うまでもなく、一五七〇年のローマ教皇ピウス五世によるエリザベスの破門以降、次第に強化されつつあった政府の反カトリック政策を弁明するものであった）に対する枢機卿ウィリアム・アレン（Allen, William, 1532-94）

の攻撃に返答したのだった。また一五八五年に、スタッブズはウィロビィ・ディアズビィ卿(Bertie, Peregrine, Lord Willoughby De Eresby, 1555-1601)の秘書となり、バーリ卿との間を取り持つことになった。前述のスキナとヒックスは共に下院議員であったのだが、[130] 一五八八年にはスタッブズもグレイト・ヤーマス選出の議員となっている。

次にスタッブズの主な著作について言及するならば、一五六四年に彼は最初の著作を出版したとされているのだが、[131] 一五七四年にはスキナとヒックスと共に『カンタベリ大主教の七〇年』[132]という作品を出版した。これはカンタベリ大主教マシュー・パーカ(Parker, Matthew, 1504-75)の同時期の著作[133]を英訳したものであるが、一方で三人はこの作品の傍注で、アングリカンに敵意を示し、主教制度を擁護したパーカを批判したのだった。そしてこのことからも窺われるように、スタッブズは政治的・宗教的意識を共有した集団の中で活動していたのであり、これを根拠にミアズはスタッブズの「公共圏」における「活動的生活」を主張したのである。[134] とりわけ、スタッブズは自らの活動の目的をプロテスタンティズムの維持とみなし、一五七〇年代初頭の彼の活動はイングランドにおけるプロテスタンティズムの高揚に触発されたものと言える。ここでの考察対象である『亡国論』は、一五七九年の八月六、七日にロンドンで出版されたのであるが、この時期には以前のような宗教的緊張がなかったとはいえ、スタッブズはこの著作においても一貫して堂々とした(徹底的な反カトリックという意味で)ピューリタン的な口調で述べたのだった。先にも触れたように、スタッブズはこの著作のために裁判の末、右手切断の判決を受けることになるのだが、彼はこの処罰の後、短期間の拘置や前記のような活動を経て、フランスでアンリ四世(Henri IV, 1553-1610)の軍事活動に自発的に参加しようとする最中に亡くなったと言われている。

スタッブズの『亡国論』がエリザベスとアンジュー公の結婚に反対の意を表明するものだったことは既に述べた通りであるが、ある外交文書の中には、エリザベスがこのパンフレットを宮廷内の結婚反対派(主にレスタ派)との共同作品ではないかと疑っていたという記述がある。[135] 特にC・リードとJ・E・ニールは、エリザベス期の宮廷政治を

「派閥」に依拠したものと定義し、スタッブズの『亡国論』をそのような「派閥」に後援された、プロパガンダ的な性格を強く帯びたパンフレットとみなしたのだった。[136] M・M・レイモンやドーランらも、『亡国論』を同時期に書かれたエドマンド・スペンサ (Spenser, Edmund, 1552?-99) の『羊飼いの暦うた』[137]やフィリップ・シドニの女王宛ての書簡[138]と比較し、レスタ伯とウォルシンガムが女王にアンジュー公との結婚を断念させるために書かせたものとして捉えている。[139] つまり、レスタ伯らはこの結婚に対する廷臣と民衆の反感を利用し、議会の承認に不可欠な枢密顧問官たちの支持を得られないようにし、内乱への恐怖を煽ったという訳である。

このような研究史を踏まえてミアズは、エリザベス期のイングランドにおいて「公論」という政治文化が発展し、ある程度女王に対する抑止力となり得たにも拘らず、なぜスタッブズの「公論」は拒絶されることになったのか、ということを考察しようとしたのだった。そして、この考察の際にミアズは、次の二点の問題を取り上げている。[140] 一つは、エリザベス期の「公論」は、主として宮廷の後援を受けた党派的なプロパガンダであったのか、それともそのような宮廷内の「派閥」とは無関係の「活動的市民 (active citizen)」という思考により、「公共圏」が新たに成立し、そこで民衆が女王に「公論」を提供しようとしたのか、という問題である。もう一つは、仮に後者が正しいとするならば、宮廷における「公論」と「公共圏」におけるそれは同一のものなのか、という問題である。このようにミアズは、「公共圏」を宮廷政治との関係の中で考察し、エリザベス期のイングランド人（女王も含めて）が「公共圏」における彼らの政治的役割をどのように捉えていたかを明らかにしようとし、次のような結論を導き出した。

まずミアズは、スタッブズとレスタ伯、ウォルシンガムとの繋がりを疑問視し、『亡国論』をスタッブズ自身による作品とみなした。つまり、スタッブズの『亡国論』は「公共圏」が存在していたことを示すものであり、そのような領域は宮廷に従属していた訳ではなく、宮廷と「相互的な (interacting)」関係にあった。[141] またミアズは、『亡国論』と前述のフィリップ・シドニの書簡がそれぞれ「公論」について非常に異なった見解を提示しているとして、「公共圏」は従来考えられてきた以上の多様性を持っていた、と主張している。[142]言い換えるならば、「公論」に参加する者は必ずしも枢密顧問官たちの圧力でそうしたのではなく、むしろ各々が独自の表現を要求されたのだった。さらにミアズは、エリザベス期にこのような宮廷から独立した「公共圏」が形成される一方で、そのことが女王らとの軋轢を生み出す要因となった、としている。そしてこの対立の原因は、「公共圏」への参入者たちが「公論」について、枢密顧問官たちとは異なった見解を持っていたことにあり、スタッブズと女王らの対立も、「公論」を提供する「助言者」の捉え方の違いから生じたものであった、と結論づけている。[143]

ともあれ、ミアズは「公共圏」を主要な政治的諸問題を討論する場と定義し、(コリンソンの「君主政共和国」を意識しつつ)エリザベス期の社会において従来考えられていなかったレベルで政治的生活の兆候が見られる、と主張したのだった。[144]即ち、エリザベス期のイングランドでは、労働者や女性でさえ「女性君主」の是非について論じていたのである。[145]とりわけ、エリザベス治世中期に(ミアズが定義したような)「公共圏」が出現した物理的条件としては、一五八五年以降パンフレットが大量に流布するようになったことを挙げることができる。[146]加えて、ミアズは「公共圏」における討論と政治参加に対して、宗教やジェンダーや「ナショナリズム」が果した役割を強調している。[147]

特に「ナショナリズム」に関して言えば、P・レイクらは、「コモンウィール」という概念がエリザベス期の「公共圏」の構成要素の一つであったことを指摘している。[148]例えば我々は、カトリックこそイングランドの「コモンウェルス」を蝕む者たちである、といった言説をしばしば当時のイングランドの公的な遣り取りの中に確認することができる。[149]一方、ウィリアム・アレンはイエズス会士エドマンド・キャンピオン (Campion, Edmund, 1540-81) の殉教について、彼は「国家 (State)」に対する反逆罪で処刑されたと言えるが、それ(キャンピオンが「国家」に対して反逆罪を犯したこと)は「国家」が「女王陛下とウィール・パブリック (weale-publike) の維持でない」限りにおいてである、と擁護している。[150]このように、(ピューリタンであれ、カトリックであれ)エリザベス期のイングランド人は「公論」の際に「コモンウェルス」という語を多用したのであるが、彼らは国家や政府を批判するというよりは、支配体制内でイデオロギー的もしくは政治的なイニシアティヴを握るためにそうしたのだった。[151] スタッブズの『亡国論』出版とそれを巡る一連の議論は、正にこういった「コモンウェルス」概念の上に成り立つ、エリザベス治世中期の「公共圏」の出現を最もよく示すものであったと言える。

(2)『亡国論』におけるエリザベスの結婚問題

一五七八年以降、イングランドでは、エリザベスとアンジュー公の結婚問題を巡る意見対立が引き起されたのだが、ここではこの問題に関する(『亡国論』における)スタッブズの見解を、当時の宮廷内の議論と比較しながら考察したい。まずウォルシンガムは女王の結婚・後継問題について、仮にこの結婚が成立したとしても継嗣を生み出さなければ無意味であるし、場合によってはヴァロワ家の後継問題を引き起すことにもなるということを認識していた。[152] 彼を結婚反対へと駆り立てたものはフランスあるいはアンジュー公に対する不信感であったが、同時に彼はエリザベスとアンジュー公の年齢の差が二人の間に不和を生み、出産を含めた結婚生活が女王の寿命を縮めるかもしれないという危険性、またアンジュー公がフランス王位を継承することにより、イングランドがその属国とされる可能性などを結婚反対の理由として挙げている。[153] これに対してバーリ卿は女王の結婚・後継問題について、アンジュー公との結婚によって「神」が継嗣を授けてくれるだろうという楽観的な立場を取り、出産がエリザベスに及ぼす危険に対しては、出産に伴う危険性は「神」が女性に与えた必然的なものであり、何もエリザベスに限ったことではない、と反論している。[154]

一方、スタッブズは『亡国論』の中で女王の結婚・後継問題について、(仮にアンリ三世 (Henri III, 1551-89) がこの結婚の直後に亡くなったとすると）アンジュー公はフランスという「彼の生まれ育った国（hys natiue country）」へ戻ってその王位を継承し、エリザベスもイングランドを離れることになり、イングランドがフランスから派遣された代理人によって支配される、と述べている。[155] またスタッブズは女王の高齢出産の危険性を指摘し、仮にエリザベスが出産で亡くなったならば、イングランドは「異国の侵入（forrein inuasion）」を招き、内乱によって荒廃するだろう、と述べている。[156] さらに彼は結婚を通じたエリザベスの継嗣誕生でさえも、相続の問題や「兄弟間の争い」などを持ち出し、イングランドに危難をもたらすものとみなしていた。[157]

またアンジュー公との結婚が外交に与える影響について、バーリ卿はこの結婚の結果、イングランドはアンジュー公だけでなくアンリ三世の援助を得ることができ、ネーデルラントにおけるフェリペ二世の行動を抑制できる、と述べている。[158] 同じ結婚擁護派のサセックス伯はアンジュー公に不信感を抱きながらも、スペインを牽制するために、アンジュー公と共にネーデルラントにおける軍事上の要地を租借すること、あるいはアンジュー公との結婚を通じたネーデルラントの併合を提案している。[159]

一方、スタッブズはこれらの結婚擁護論、つまり、イングランド‐フランス同盟はネーデルラント問題におけるフェリペ二世の譲歩を引き出すことに大いに役立つのではないか、という見解に対して懐疑的であった。とりわけ彼は、ネーデルラント問題におけるフランス側の言い分に「微塵の真実味」も感じておらず、この問題はイングランドが「異国の束縛（straunge restraint）」を受けずに解決するべきものだ、と主張している。[160] このように彼は、フランスに対する不信感からイングランド単独のネーデルラント遠征を擁護した訳だが、ネーデルラント側にも反フランス感情が存在しているため、ネーデルラントは「フランス人抜きのイングランド人（the English vvithout french）」、即ち、フランスよりもイングランドの援助を進んで受け入れるだろう、とも述べている。[161]

加えて、プロテスタント急進派と親交を持ち、自らもしばしばピューリタンと目されるスタッブズは、イングランドのプロテスタンティズムの維持という立場からこの結婚に異議を唱えた。特に彼は旧約聖書を引用することにより、アンジュー公との結婚は「神の法に背くだけ」のものであり、その結果、神によって天罰が下されるだろう、と述べている。[162] つまり彼は、この結婚に伴うイングランドにおけるプロテスタンティズムの放棄は「神罰」を惹起するものであり、イングランドのみならず、他のプロテスタント諸国にも危難をもたらすだろう、と言うのだった。[163] 同時に彼はアンジュー公をローマ教皇とフランスのカトリック勢力の手先とみなし、「最も歓迎されない客人 (most illcome guest)」あるいは「最も危険な客人 (most daungerous guest)」と呼んで非難している。[164]

これに対してバーリ卿は、エリザベスとアンジュー公の結婚には、イングランドとアンリ三世を筆頭としたフランス・ヴァロワ家の友好を深めると同時に、ポリティーク派として（政治的には王権を擁護しながらも）宗教的にはユグノー寄りの立場を取っていたアンジュー公とその一派を味方にすることができる、といった利点があると考えていた。それ故バーリ卿は、この結婚はエリザベスとアンジュー公に対するアンリ三世の不信感を払拭し、フランスの新教徒陣営を取り込むことに貢献すると主張するとともに、ユグノーを大虐殺から守り、アンリ三世に彼らの信仰の自由を認めさせることによってフランスの宗教的平和を実現できると主張するのだった。[165] 同時に彼は、エリザベスはこの結婚により、イングランド国内における宗教問題やメアリ・ステュアートとのイングランド王位を巡る争いを解決することができ、延いてはキリスト教界全体の平和にも繋がる、と述べている。[166]

（3）『亡国論』における「助言」と「クリスチャン・コモンウェルスメン」

以上のような観点から、スタッブズはエリザベスとアンジュー公の結婚に異議を唱えたのであるが、その際に彼は「助言」（あるいは「助言者」）という概念を持ち出すことにより、自らの主張を正当化しようとした。例えばスタッブズは、多くのイングランド人がエリザベスに「実直で無骨な真実（playn rough truth）」ではなく、「人当りの良い繊細な言葉（smooth delicate wordes）」を伝えようとしていると述べた上で、[167]「助言」について次のように言及している。

> 私は慈悲深き神に、陛下ご自身の御胸の中の非常に驚くべき多数の助言（counsail）によって彼らの義務の不足をお埋め合せとなり、おべっか使い（flatterer）と全ての真偽を示し、最善のものに賛意を表する忠実な助言者（loyall counseller）を嗅ぎ分けるような、心を見分け、助言（counsayles）を区別するための主要な御心（principall spirite）を陛下にお与えとなるように請い願うのである。[168]

即ち、彼はここで「忠実な助言者」（結婚反対論者）と「おべっか使い」（結婚擁護論者）を区別している。言い換えるならば、「助言」には「良き助言」と「悪しき助言」があり、それらを注意深く見分けることを女王に懇願しているのである。そしてスタッブズは、女王がこのような二種類の「助言」を見分ける際の「神」の役割を強調している。つまり、「神」は「古きアダム」（人間の罪深い本性、ここでは君主への「諂い」）を通じて君主に「多少の不利」をもたらす一方で、「従順な性質の信頼できる寛大な優しさ（swetenes）」でエリザベスの「国王らしき御心（royall hart）」を満たすのである。[169] そして、その「優しさ」により、エリザベスは「進んで、また謙遜」して、「神がお与えとなり、神に畏敬の念を抱き、陛下に敬愛の念を抱くような全ての良き助言（good counsayles）」に耳を傾けることができる。[170] このようにして、エリザベスは「実直で誠実な助言者（playne honest speakers）」を見出すとともに、彼女の「御心」から「全てのおべっか使い」を締め出すことができるのだった。[171] 以上のように、スタッブズは「良き助言」と「悪しき助言」を区別しているのであるが、特に「助言者」と「おべっか使い」の対比は、プルタルコスも用いているように古典古代以来の伝統的なレトリックで、トマス・モアやエラスムス（Erasmus, Desiderius, 1469?-1536)、フランシス・ベイコンらもこのことについて議論している。[172]

ともあれ、スタッブズにとって「良き助言」とは神が君主に与えるものであり、宗教に依拠したものでなければならなかったのだが、その一方で彼は、結婚擁護論者による「悪しき助言」について次のように述べている。即ち、彼は結婚擁護論を「キリストの教会に反する助言」もしくは「全く思慮のないイングランド人 (no vvell aduised Englishman) の試み」と呼び、このような「悪しき助言」は「コモン・ステイト (commō state)」と「女王陛下の名誉あるご身分 (good estate)」にとって、「有害かつ致命的 (pernitious and capitall)」である、としている。[173]

以上のように、スタッブズは「良き助言」と「悪しき助言」を区別し、自身の結婚反対論を前者に属するものとして正当化しているのだが、それでは彼が考えるところの「助言者」は、一体どのような主体によって担われるべきものであったのだろうか。とりわけ、『亡国論』の次の一節は、こうした問いに対して部分的な答えを提示していると言えよう。

高貴な御生れの方々 (Noble men) ならびに高位の顧問官の方々 (high counsailors) よ、勇気 (courage) を知恵 (vvisedoms) に結合させ給え。また、それら両方に神へのご畏敬 (feare of God) をお加えになりつつ、貴殿らが生れながらの選ばれた (born & chosen) 君主に対する助言の父 (fathers of aduise) であり、副次的な程度でコモンウィールに対する補助教師 (assisting Tutors) でいらっしゃることを覚えておき給え。そして、恐らく女王陛下が貴殿らをこの〔「助言の父」という〕栄誉へとご昇進させるお気持ちになるであろう、忠実なご助言 (faythfull counsaile) を女王陛下に与え、また我々〔貴族や廷臣よりも下層のイングランド臣民〕が貴殿らに対して最も快く認めている栄誉の敬愛 (reuerence of honor) に値する、〔「忠実なご助言」といった〕その注意深き愛という義務 (that duety of carefull loue) を我々に与え給え。[174]

このように、スタッブズは「高貴な御生れの方々」と「高位の顧問官の方々」、即ち、貴族や廷臣（あるいはイングランド国教会の（大）主教）のような高位高官の者たちを「助言者」の主体とみなし、彼らに「君主」と「コモンウィール」のための「忠実なご助言」を提示するよう要請したのだった。同時にスタッブズは、このような「助言者」の資質として、「知恵と勇気」[175]と「神へのご畏敬」を重視しており、こうした古典的要素と宗教的要素の結合は後述の彼の「クリスチャン・コモンウェルスメン」という概念の基盤となるものであった。

スタッブズが貴族や廷臣（あるいは国教会の（大）主教）たちを「助言者」の主体とみなしていたのは事実だが、その一方で、（後に下院議員となる）彼は議会も「助言」の役割を保持していると主張した。このことについて、彼は次のように言及している。

陛下が議会(parliament)において陛下の臣民たちとご討議なさる以前に、陛下が法にご相談なさり、コモンウィールをいわば〔議会という〕コモン・カウンシル(common counsail)で審議に掛けられる以前に、陛下のご結婚を結論づけないようにするための陛下のあらゆる身分の者たち(all her estates)の助言(aduise)と承認(consent)をご甘受なさることを、敬虔なことに陛下はお好みになるのである。[176]

ここでスタッブズは、エリザベスがアンジュー公との結婚問題において法と議会を尊重しようとしている、あるいは彼自身そのように期待していることを述べている。とりわけ、イングランドの議会制は、「助言と承認(counsel and consent)」という慣行を一つの基礎にして発達したと言われるが、スタッブズは議会を正にこのようなイングランド臣民の「助言と承認」を得るための「コモン・カウンシル」とみなしたのだった。こうした「助言と承認」の故に、議会はイングランドの「コモンウェルス」(もしくは「コモンウィール」)を実現する場である、とスタッブズは考えたのであり、ここに我々は彼の議会を重視した政治的イングランド意識を垣間見ることができる。

ただし、前記のようなイングランドの「コモンウェルス」のための議会の「助言と承認」といった主張とは裏腹に、スタッブズはエリザベスを「王権、王位、国王大権、国王としてのご傑出・特権・権威、そしてこの王位の支配権を全て兼ね備えた、この帝冠(imperial crowne)の所有者・相続人としての女王」と呼んでもいる。[177] エリザベス治世はしばしば「混合政体」対「主権的君主政(imperial monarchy)」といった政治的信条の対立という観点から捉えられてきたが、[178] スタッブズの政治思想にもこのような二つの信条の混在を確認できる。とはいえ、『亡国論』全体を見た場合、国王の「主権」よりも圧倒的に「助言」(あるいは「助言者」)の役割が強調されており、その意味でスタッブズは「混合政体」の支持者であったと言える。

いずれにせよ、スタッブズは「良き助言」と「悪しき助言」を区別しながら、貴族や廷臣(あるいはイングランド国教会の(大)主教)たちを「助言者」の主体とみなし、また議会の「助言と承認」を重視したのであるが、こうした「助言」は偏にイングランドの「コモンウェルス」を実現するためのものであった。とりわけ、スタッブズの政治的イングランド意識の特徴は、「公共圏」という宮廷外の政治的領域における、「社会的に包括的」な「助言」の必要性を強調している点にあった。結論を先取りして言うならば、スタッブズは「クリスチャン・コモンウェルスメン(Christian commonwealthmen)」[179]、即ち、プロテスタンティズムを奉じながら(キケロの『義務について』を彷彿とさせる)「コモンウェルス」のための献身・自己犠牲を厭わぬ、愛国主義的なイングランド人を「助言者」とみなしたのだった。

仮にこの必要性(necessitie)の連続が、私にそう余儀なくさせることがなかったならば、私はこんなにも〔結婚反対論について」語ることを恐れ憚るべきであった。そして私の言葉は、ともかく危険なことを語る世話焼きの言葉ではなく、真のイングランド人（true Englishman）・女王陛下と契りを結んだ忠実な信奉者（sworne liegeman to hir Maiestie）の言葉であり、このように尤もらしい原因に基づいて必然的な結果を推測したのだ。そして人の信頼は、行動と発言を為す場合だけでなく、時として行動と発言を為さない場合にも損なわれることがあるので、ここで書かれたことが如何なる罪となろうとも、それが私の心底からの愛情の意に取られる好意（それは我が命を犠牲にしようとも、我が国と女王陛下を愛さずにはいられないだろう）と共にあることを、私は卑しくも請い願うのである。[180]

ここには、スタッブズが思い描くところの「クリスチャン・コモンウェルスメン」像がよく表現されていると言える。つまり、「必要性の連続」とイングランドもしくはエリザベスに対する熱烈な思いから、カトリック国フランスの王弟アンジュー公との結婚に反対していることを、彼はここで打ち明けているのである。言い換えるならば、彼は「真のイングランド人」あるいは「女王陛下と契りを結んだ忠実な信奉者」として「良き助言」を提供しようとしたのであり、そのためには自身の生命も厭わない覚悟であった。逆に言えば、スタッブズにとって、このような愛国主義的なプロテスタントのイングランド人たる「クリスチャン・コモンウェルスメン」は「助言者」としての義務を負っており、彼らは「助言」を通じて「か弱き女性（vveake vvoman）」君主エリザベスを支えるべき存在であった。[181]

一方、スタッブズは「クリスチャン・コモンウェルスメン」のふりをしながら、エリザベスとアンジュー公の結婚を推進しようとしているイングランド人を次のように批判している。

このフランスとの結婚を説き、その悪の道へと誘っている、半ば教化されたクリスチャンで半ば根っからのイングランド人でない者たち (those not halfe taughte Christians and halfe harted Englishmen) は、教会とコモンウィールのことばかり口にし、斯くして彼ら自身の良心に反してか、あるいは彼らを盲目にしている何か別の気紛れからか、私が存じ上げている多くの口先のうまい言葉 (many smooth wordes) を以て、宗教の大いなる促進と国家の利益 (aduauntage to the state)、女王陛下の御身の安全をもたらすふりをしている。[182]

ここでは「半ば教化されたクリスチャンで半ば根っからのイングランド人でない者たち」、言い換えるならば、「クリスチャン・コモンウェルスメン」のふりをしているイングランド人が「教会とコモンウィール」を口実にこの結婚の必要性を説くことにより、かえって国家と教会、そしてエリザベスに対して害を為しているということが述べられている。このように、彼らは「フランスとの結婚」を実現させるために「多くの口先のうまい言葉」から成る「悪しき助言」を提供しているのであったが、その一方で、エリザベスはこうした偽善を見破り、彼らの「助言」を受け入れることは決してないとされる。即ち、エリザベスは普段は「感情を爆発させることなく温厚」で「蜜の如き甘きその御口 (her hony swete mouth) にはこの上なく慈愛に満ちた母なる御言葉しか存在しない」けれども、前記のような「女王のご繁栄を礼儀正しくもたらす者たち (these goodly procurers of her vvelth)」が実は「女王のご災難の他ならぬ実行者 (very practisers of her vvoe)」であることに気付き、彼らを厳しく叱責するだろう、とスタッブズは述べている。[183] スタッブズによると、このような者たちは「国家を益する如何なる助言」も考え出すことはできないし、「良き助言者」になることもできないのであった。[184]

以上のように、スタッブズは「助言者」の資格として「クリスチャン・コモンウェルスメン」、即ち、プロテスタンティズムを信奉しながら「コモンウェルス」のためなら自己犠牲をも厭わない愛国主義的なイングランド人であることを主張したのだった。換言するならば、スタッブズの政治的イングランド意識は、「クリスチャン・コモンウェルスメン」の「助言」を通じた政治参加を促すものであった。そして、このことはスタッブズが〔議会に止まらない〕より「社会的に包括的」な「助言」を提唱したことを意味するのだが、彼の「助言者」が具体的にどのような社会層までのイングランド人を含んでいたか、という点については次の一節から窺い知ることができる。

女王陛下の御名において、全てのイングランド人の大使たち、他の在外イングランド人、〔イングランド〕国内の全ての賢人たち（all vvise men at home）が、この件で陛下の勤勉なる監視人（hir diligent espialls）として誠実な忠告（faithful aduertisement）をされんことを私は要求する。[185]

ここでスタッブズは、この結婚の交渉に携わっていたイングランド側の外交使節団はもちろん、国内外のイングランド人に「助言」を提供するよう求めている。特に「国内の全ての賢人たち」が示唆する如く、スタッブズの「助言者」には自身のような然したる官職も保有していないが、（少なくとも女王の結婚問題を論じることができる程度の）学識ある「クリスチャン・コモンウェルスメン」が含まれていたと言える。とはいえ、スタッブズが主張しているのは全てのイングランド人ではなく、あくまでイングランドの「全ての賢人たち」（全ての知識人たち）による「助言」であって、その意味で彼は決して完全に「社会的に包括的」な「助言」を認めていた訳ではなかった。つまり、「最も身分の卑しい者たち（the meanest body）でさえ、神の御心を知るための特別な祈りなく、この結婚についての重要な協議（thys weighty consultation of mariage）に〔実際には参加しないのだが〕参加しようとは思うまい[186]」とあるように、彼は「身分の卑しい」（あるいは学識のない）イングランド人を「助言者」から排除していた。

国中の身分の卑しき者たち（the meaner sort throughout the land）、全ての庶民たち（all priuate ones）よ、汝らの地位が一切の服従と穏和なる忍耐（all subiection & peaceable patience）の中に存し、教会のため、このコモンウィールのため、そして女王のため、主に祈りを捧げることにあることを知り給え。さすれば、大いなるご慈悲をお持ちの主は、キリストのイスラエルにおけるよそ者（a stranger in Christian Israel）、イングランドにおける異国のフランス人（forreigne Frenchmen in England）という悪疫をきっと遠ざけて下さる筈だ。[187]

このように、スタッブズはイングランドの「身分の卑しき者たち」および「庶民たち」に対し、（結婚に関する「助言」ではなく）「祈り」の必要性を説いている。つまり、彼らにできるのは、せいぜいこの結婚が成立せぬよう、「教会」と「コモンウィール」と「女王」のため、神に「祈り」を捧げることぐらいだ、という訳である。ただし、前記の「庶民たち」には「官職」を持たない私的な人間といった含意があり、スタッブズ自身も（少なくとも『亡国論』出版当時は）こうした「私人」であったと言える。とりわけ、エリザベスや廷臣たちの目には、スタッブズは「私人」でありながら（「クリスチャン・コモンウェルスメン」の一人として）公共的な「助言」を提供しようとした者と映り、以下で取り上げる国王布告はそうした観点から彼を厳しく糾弾したのだった。

（4）国王布告（一五七九年九月二七日）による『亡国論』批判

一五七九年九月二七日に発布された国王布告（以下、国王布告という場合、この布告を指す）は、スタッブズの『亡国論』に対する批判とエリザベスの立場の擁護を行うとともに、宮廷内の「助言（者）」の概念を示唆するものであった。続いてこの国王布告について、『亡国論』におけるスタッブズの「助言（者）」の概念と比較しつつ検証していく。

スタッブズの『亡国論』は、その出版がちょうどアンジュー公がイングランドを訪れた時期と重なったこともあり、かなり短期間の内に広く読まれることになった。しかし、エリザベスはこのことを快く思っていなかったので、一五七九年九月二七日に国王布告を発布し、『亡国論』を中傷と反逆の文書として厳しく糾弾したのであった。またスタッブズは民衆のこの結婚に対する反感をかなり高揚させていたので、エリザベスは『亡国論』の所有を禁止すると同時に、ロンドン市長にその回収・焼却を命じた。枢密顧問官たちもこの作業に協力し、主教たちも彼らの管区の聖職者を招集するとともに、そこでこの国王布告が読み上げられたのだった。

まずこの布告は、エリザベスの即位以来の功績について次のように称えている。即ち、彼女は国内外の騒乱から「真のキリストの宗教と、陛下のご領土（dominions）における恒久的かつ普遍的な平和を回復・維持」し、「陛下の王国を常に〔異国の君主による〕対外的な敵意や戦争から免れさせていらっしゃるし、そうなさってきた」のであった。[188]国王布告では、エリザベスがこのように「〔対外的な〕友好と協調」を推進する一方で、「陛下の臣民の普遍的な愛と好意と支持」を得ているとされている。[189]そして、このようなイングランドの平和を全能の神の賜物とするとともに、その女王に対する神の恩寵が長く続くことを確信するのだった。[190]

そして国王布告によると、スタッブズの『亡国論』は女王と異国の君主の関係、女王と臣民の関係を悪化させるものであった。つまり、そこにおいて『亡国論』は、「陛下の臣民が陛下に対して抱いている敬愛の念や敬意を損ねる」ものであり、「俗悪で、煽動的な著作（lewd, seditious book）」であった。[191]国王布告は具体的に、『亡国論』がアンジュー公に対して事実無根の誹謗中傷を行うことにより、女王との結婚を阻止しようとしている点、そしてこの結婚の結果、イングランドに政治的転覆と宗教的変更がもたらされると述べることにより、イングランド人の恐怖を煽っている点を批判している。[192]そしてこの布告では、「より賢明な人間（wiser sort）」はエリザベスがローマ・カトリックの脅威を受けながらも、政治的・宗教的な尽力を行ってきたことを知っているのに対し、「より無知な人間（simpler sort）」と民衆は生来、女王とその安全について気にするものであるが、『亡国論』によって煽動され得るとされている。[193] というのも、国王布告によると、『亡国論』は（旧約）聖書を悪用した「おべっか使いの曲解の組合せ（interlacing of flattering glosses）」であり、女王と臣民の関係を悪化させるものであったからである。[194]

続いて国王布告は、次のようにアンジュー公を擁護している。即ち、この布告は彼をユグノーの保護者とみなすとともに、彼について「女王陛下の敬虔で平穏なご統治に対して悪意を抱いていたとすることはできないし、また彼の無慈悲、不実、その他の不名誉な行動や試みを以て、本国〔フランス〕における彼の行動を、如何なる部分においても宗教的に異なるフランス臣民の悪意と同じであったとすることもできない」と擁護したのだった。[195] このように国王布告は、危険を冒してエリザベスに会いに来たにも拘らず、スタッブズから中傷を受けたアンジュー公の名誉の回復に努めると同時に、彼の大使・侍者・随行人・従者に対してもそうしたのであった。[196]

また国王布告における『亡国論』批判の最大の特徴は、スタッブズがエリザベスによって特別に「助言」を提供する権利を付与されている訳ではなく、その正当性を否定している点にある。言い換えるならば、「助言」を行うために女王によって任命された「顧問官（councillors）」や「忠実な大臣（faithful ministers）」とは違い、そうした「官職」を保有していない臣民は「真の情報（true information）」を入手することも、それを吟味して「助言」することも許されていなかったのである。[197] それ故、女王が『亡国論』はスタッブズと宮廷内の結婚反対派による共同作品ではないかと疑ったり、ウォルシンガムは『亡国論』の出版に関与しているのではないかという噂がパリで広まったりするのも、[198] 無理なからぬことであった。いずれにしても、スタッブズの『亡国論』は女王によって許可されたものではなかったのである。

さらに国王布告は、『亡国論』がこの結婚のみで、女王自身、イングランドの宗教、そして王国全土に恐ろしい危機がもたらされるとしている点を批判する一方で、この結婚は「今はこの煽動的な著作によって脅かされることになったが、全ての危機、即ち、〔ヨーク家とランカスタ家の間で引き起されたイングランド王位争奪のような〕大規模な内乱や流血の全てを回避する唯一の方法」として、「公共の助言（public advices）」、つまりイングランド臣民と（上下両院の）議会によって提案されたものだと述べている[199]。とりわけ、国王布告は、アンジュー公との如何なる結婚協定も、議会の承認を経て成されるべきだということを強調している[200]。その上で、スタッブズの議論は「不確かな噂、あるいは無意味な推測や仮定に基づいた悪意ある報告書（malicious report）」に過ぎず、この結婚に替わる建設的な代替策を提示していない点を批判するのであった[201]（ただし、スタッブズは実際には「イングランド国内の結婚」・「フランス以外の国との結婚」という代替策を提示している[202]）。そして、『亡国論』が厳しく糾弾されている理由は正にこの点にあり、仮にスタッブズがそのような代替策を提示していたならば、「そのことによって女王陛下と王国に対し、善意の誠実を幾分か示すことになり、ある程度その他の軽率な論説と同じものとみなされたかもしれない」と国王布告は述べるのだった[203]。

要するに、国王布告はスタッブズの不実、言い換えるならば、「陛下のご結婚があろうとなかろうとに関らず、陛下ご自身や平穏な〔イングランド王位の〕継承を保証するための配慮や〔主にイングランドとフランスについての歴史的な〕回想が全く為されていない[204]」ことを攻撃しているのであり、（この布告によると）彼の著作はイングランド人が女王に対して抱いている信用を損ねるだけのものに過ぎなかった。同時にこの布告は、『亡国論』が「仮に神が女王陛下をご結婚へとお導きになられた場合、如何にして、そのご結婚が女王陛下にとって名誉あるものとなり、王国にとって実りあるものとなるように、また宗教と政治の上で平穏な王国のご統治を継続されることの妨げとならぬようになさるかをお定めになる」ための、エリザベスの「母らしいもしくは君主らしいご配慮（motherly or princely care）」について全く触れていない点を非難している[205]。そして、この布告によって「陛下と臣民の間に深い愛情が維持される」ことを願うとともに、『亡国論』が破棄されるべき旨を伝えようとしたのだった。

このように、(国王布告の発布も含めて) エリザベスの『亡国論』への対応は、彼女の思い描く「助言」と君主権のあり方を示している。[207] つまり、エリザベスは、彼女が特別に任命した者たちを除き、臣民が政策形成に介入することを嫌うとともに、彼女が (「官職」を持たない) 臣民の「助言」を受け入れる必要はないということを示したのだった。とりわけ、枢密院や議会でも彼女が絶えず議論を制限しようとしてきた諸問題、即ち、彼女の結婚・後継問題、イングランドの対外・宗教問題について、スタッブズのような然したる「官職」も持たぬ臣民が「助言」を行うことは、彼女にとって許し難いことであった。結局、エリザベス期のイングランドにおいて、「助言」とは「女王陛下の良きご嗜好 (good liking)」[208] によってのみ提供されるものであり、女王の「君主らしいご配慮」によってその適合性が判断されたのだった。

そして、このような「助言」における女王の優位については、一五八二年七月三〇日にウォルシンガムがシュルーズベリ伯に宛てた書簡[209]の中で言及されている。つまり、ウォルシンガムは「顧問官」を「選ばれし助言者 (Counsellors by choice)」とみなした、換言するならば、「顧問官」は生れの故ではなく、女王によって「助言者」として選ばれたが故に「顧問官」であるということを主張したのである。一方、スタッブズの『亡国論』は、そのレトリックと文体が優れているだけではなく、熟慮に熟慮を重ねた上で、かなり包括的で的確な議論を展開しており、当時の知識人に訴え掛けるものがあったので、女王は彼の議論そのものではなく、彼の「助言者」としての資格を否定せざるを得なかったとも言えよう。

以上のように、国王布告は、エリザベス期のイングランドに「公共の助言」が存在し、少なからぬ影響力を持っていたことを示唆しながらも、基本的には「官職」が「助言」を行う上で重要な要素であったことを示していた。そして、国王布告によると、(先に取り上げたピータ・ウェントワースの発言のように) スタッブズは、女王によって「助この布告は彼がそのような「官職」を保持した公的な'councillor'の「ふりをする(pretendeth to be)」ことにより、女王に「助言」を提供しようとした点を非難しているのである。[210] 言い換えるならば、スタッブズが女王とイングランドという「クリスチャン・コモンウェルス」への「忠誠」を「助言」の根拠としたのに対し、女王あるいは宮廷が求めていたのは「官職」を前提とした「忠誠」であった。即ち、宮廷においては「官職」と「忠誠」は同義であり、女王に「忠誠」を認められているからこそ、彼女によって選ばれ、「官職」を付与されているのであった。それ故に、「官職」を保持していなかったスタッブズの「忠誠」は認められる筈はなく、彼の「助言」は女王に受け入れられることはなかったのである。そしてこの点に、同様の「助言」を行いながら(宮廷から疎外された可能性は完全に否定できないとはいえ)フィリップ・シドニやノーサンプトン伯が処罰されずに済んだのに対し[211]、スタッブズはその右手を失うことになった原因があるように思われる。

その後、スタッブズは、『亡国論』の印刷を行ったヒュー・シングルトン(Singleton, Hugh, ?-1593)と、ロンドンのジェントリで五〇部の『亡国論』を購入し、それらをコーンウォールの友人たちの間で流布させたウィリアム・ペイジ(Page, William, ?-1584?)と共に、煽動罪で裁判に掛けられることになった。[212] 裁判は迅速に行われ、一五七九年一〇月三〇日にスタッブズとペイジは有罪判決を受け、それぞれ刑罰として右手切断を宣告された(シングルトンは幸いなことに高齢のため、女王の赦免を受けた)。スタッブズはメアリ一世期に可決された法律(当時メアリの配偶者であったフェリペ二世に対する、同様の煽動的な著作を禁じたもの)によって有罪とされたのだった。ある法律家がその裁判について聞き、この法律が適用されるのはメアリ治世だけであり、メアリの死によって無効になったと抗議したとき、エリザベスは即座にその法律家をロンドン塔へ送ったとされている。このように、エリザベスがスタッブズの有罪判決を要求したのは明らかであった。そして、同年一一月三日にウェストミンスタ広場で、ミドルセックスの州知事によって刑は執行されたのである。

しかしその一方で、刑の執行を見守る群集の一人であったウィリアム・カムデン (Camden, William, 1551-1623) が、スタッブズと『亡国論』について「最も誠実な男」、「非難できない報告書 (unblameable report)」と評したように、スタッブズは決して狂信者だったのではなく、彼はただ多くのイングランド人が既に考えていたことを活字にしようとしただけであった。[213] それ故に彼の『亡国論』は、宮廷のみならず、イングランド全体において結婚反対の機運を盛り上げることになったのである。いずれにしても、スタッブズは、『亡国論』が処罰の対象となる可能性を知りながらも、「クリスチャン・コモンウェルスメン」あるいは「真のイングランド人」としての義務を果そうとしたのだった。

（5）小括

以上のように、ジョン・スタッブズの『亡国論』はエリザベスとアンジュー公の結婚に反対の意を表明したものであり、彼はこのカトリック国フランスの王弟との結婚をあらゆる面でイングランドに危難をもたらすものと考えたのである。こうした反フランス（もしくは反ローマ・カトリック）といったイングランド性に大きく依拠しながら、特にスタッブズは「良き助言」と「悪しき助言」を区別し、前記のような自身の主張を「良き助言」に属するものとみなすことによって正当化しようとした。そして、スタッブズはこうしたイングランドの「コモンウェルス」のための「良き助言」の提供者として、貴族や廷臣（あるいはイングランド国教会の（大）主教）たちを挙げるとともに議会の「助言と承認」を重視したのだが、さらに彼は「社会的に包括的」な「助言」、即ち、より広範な社会層のイングランド人からの「助言」の必要性を説いたのだった。

具体的には、彼は「クリスチャン・コモンウェルスメン」、言い換えるならば、「コモンウェルス」のためには自己犠牲をも厭わない、愛国主義的なプロテスタントのイングランド人を「助言者」とみなしたのである。ただし、スタッブズは完全に「社会的に包括的」な「助言」を主張した訳ではなく、学識のない「身分の卑しき者たち」は（スタッブズが言うところの）「助言者」から除外されていた。スタッブズによると、彼らの義務は「助言」を提供することではなく、「教会」と「コモンウィール」と「女王」のため神に「祈り」を捧げることであった。その一方で、（少なくともエリザベスや廷臣たちにとって）スタッブズは「身分の卑しき者たち」と同じ（「官職」を保有せぬ）「私人」でありながら、「クリスチャン・コモンウェルスメン」の一人として公共的な「助言」を提供しようとした人物だったと言える。いずれにせよ、スタッブズの政治的イングランド意識（即ち、イングランドの「コモンウェルス」のための政治参加の意識）は、「クリスチャン・コモンウェルスメン」による（議会に止まらない、また「官職」を保有せぬ非政治エリートの知識人を含めた）「社会的に包括的」な「助言」の必要性を強調している点に特徴があった。彼のこういった政治的イングランド意識は、エリザベス期の「公共圏」（という宮廷外の政治的領域）を構成し得るものであったと言えよう。

これに対し、一五七九年九月二七日に発布された国王布告は、エリザベスも含めた結婚擁護派の立場を弁護するとともに、スタッブズの『亡国論』を反逆の文書として厳しく糾弾していた。この国王布告によると、『亡国論』が反逆の文書であるのは、カトリック国フランスの王弟アンジュー公に対して根拠のない誹謗・中傷を行っていることに加え、前記のような「社会的に包括的」な「助言」の必要性を説いているからであった。つまり、エリザベスや廷臣たちにとり、「助言者」はあくまで「官職」を保持した公的な'councillor'であって、決してスタッブズのような然したる「官職」も持たぬ私的な'counsellor'ではなかった。そして、こうした「助言者」の捉え方の違いこそ、スタッブズの右手切断という悲劇を生み出した最大の原因であったと言えよう。

また「公共圏」との関連で言えば、『亡国論』の出版という歴史的事件においては、そこでの議論はスタッブズによる一方的なものであったという感は否めず、そういった意味で「市民」の理性的討議が十分に為された訳ではないし、何よりも「批判的公開性」の原則が保障されていなかったので、単純にこの事件を以て（J・ハーバーマスが提唱したような）「公共圏」の成立を強調すべきではなかろう。しかしながら、『亡国論』の出版とそれを巡る一連の出来事は、いわば「クリスチャン・コモンウェルスメン」という公共性についての議論であったのも事実であり、このような観点では「公共圏」の出現を示唆するものであった。そして、こうした「コモンウェルス」概念に依拠した「公共圏」の出現は、エリザベス治世中期における政治的イングランド意識の発展を示していると言える。

（註）

1　例えば、R・C・マンデンは一五八九〜一六一四年に議会に提出された法案を七つに分類しながら考察しているのだが、その中には「コモンウェルスに関する不満」（特許権・徴発権・財務府行政などの国家全体の事柄についての法案）という項目が設けられている。詳しくは R.C.Munden, '"All the Privy Council being Members of this House": A Note on the Constitutional Significance of Procedure in the House of Commons, 1589-1614', *Parliamentary History* 12 (1993) を参照。因みに、残りの六項目は、宗教に関する問題／法律改革／農業・交易・産業の運営／社会統制／私的・個人的・地方的問題／国家政策および財政、である。

2　本節で中心的に取り上げる二人の下院議員の出身地および議員経歴については以下の通り。Wentworth, Peter (1524-97), of Lillingstone Lovell, Oxon.; Barnstaple (1571), Tregony (1572), Northampton (1586, 89, 93) ／ Hooker alias Vowell, John (1527?-1601), of Exeter, Devon; Exeter (1571, 86).

3　A.F.Pollard, *Factors in Modern History* (London, 3rd ed., 1948), pp.64-65.

4　Neale, *Elizabethan House of Commons*, ch.15.

5　Ferguson, *Articulate Citizen*, ch.XIII.

6　J.E.Neale, *Elizabeth I and her Parliaments*, 2vols. (London, 1953, 57).

7　ここでは主に一九六〇年代後半から七〇年代にかけて、ニール説に対して異議を唱えた一連の歴史家たちを指すが、既に言及した如く、「修正主義」は議会史の枠内に止まるものではない。

8　エルトンの議会に関する研究については G.R.Elton, 'Tudor Government: The Points of Contact: I. Parliament', *Transaction of the Royal Historical Society*, 5th ser., 24 (1974); idem, 'Parliament in the Reign of Elizabeth I', in C.Haigh, ed., *The Reign of Elizabeth I* (London, 1984); idem, *The Parliament of England, 1559-1581* (Cambridge, 1986) などを参照。

9　グレーヴスの主要な著作・論文としては M.A.R.Graves, 'Thomas Norton the Parliament Man: An Elizabethan M.P., 1559-1581', *Historical Journal* 23 (1980); idem, 'The Management of the Elizabethan House of Commons: The Council's Men of Business', *Parliamentary History* 2 (1982); idem, 'The Common Lawyers and the Privy Council's Parliamentary Men of Business, 1554-1601', *Parliamentary History* 8 (1989); idem, *Thomas Norton: The Parliament Man* (Oxford, 1994) などが挙げられる。

10　N.L.Jones, *Faith by Statute: Parliament and the Settlement of Religion, 1559* (London, 1982).

11 M.A.Kishlansky, *Parliamentary Selection: Social and Political Choice in Early Modern England* (Cambridge, 1986), p.16. Cf.N.L.Jones, 'Parliament and the Governance of Elizabethan England: A Review', *Albion* 19 (1987), pp.335-38; D.Hirst, 'Review of Kishlansky', *Albion* 19 (1987), pp.428-34.

12 仲丸英起『名誉としての議席：近世イングランドの議会と統治構造』慶應義塾大学出版会、二〇一一年、二八五頁。

13 Pocock, *Ancient Constitution*, pp.30-69.

14 D.M.Dean, 'Public or Private?: London, Leather and Legislation in Elizabethan England', *Historical Journal* 31 (1988).

15 Neale, *Elizabethan House of Commons*, pp.407-12.

16 Mack, *Elizabethan Rhetoric*, pp.215-16.

17 J.E.Neale, 'Peter Wentworth: Part I', *English Historical Review*, vol.xxxix (1924), p.43; S.T.Bindoff, *Tudor England* (Pelican Books, rep., 1952), p.232.

18 一五七六年のウェントワースの演説あるいはその考察については J.E.Neale, 'The Commoners' Privilege of Free Speech in Parliament', in E.B.Fryde and E.Miller, eds., *Historical Studies of the English Parliaments* (Cambridge, 1970); T.E.Hartley, *Elizabeth's Parliaments: Queen, Lords and Commons 1559-1601* (Manchester, 1992), ch.7; A.N.McLaren, *Political Culture in the Reign of Elizabeth I: Queen and Commonwealth 1558-1585* (Cambridge, 1999), pp.189-94 などを参照。

19 D.Starkey, 'Court History in Perspective', in idem, ed., *The English Court: From the War of the Roses to the Civil War* (London, 1987).

20 McLaren, *Political Culture*, p.193.

21 Mack, *Elizabethan Rhetoric*, p.242.

22 植村雅彦「ウェントワース事件をめぐる一考察：エリザベス治世における絶對性と立憲性」、『西洋史学』第二二号、一九五四年、三九頁。

23 Neale, 'Peter Wentworth', p.38; 植村「ウェントワース事件をめぐる一考察」、二四頁。

24 Hartley, ed., *Proceedings*, vol.I, pp.425-26.

25 *Ibid*., p.426.

26 *Ibid.*, p.433.

27 ヨブ・スロックモートンとヘンリ・ジャックマンの出身地および議員経歴は次の通り。Throckmorton, Job (1545-1601), of Haseley, Warws., later of Canons Ashby, Northants.; East Retford (1572), Warwick (1586) ＼ Jackman, Henry (1551?-1606?), of London; Calne (1589, 93), Hindon (1597), Westbury (1601).

28 Hartley, ed., *Proceedings*, vol.II, pp.229, 32.

29 *Ibid.*, pp.480-81.

30 *Ibid.*, p.435.

31 *OED*, 'council' / 'counsel'; McLaren, *Political Culture*, p.10.

32 B.Worden, *The Sound of Virtue: Philip Sidney's 'Arcadia' and Elizabethan Politics* (New Haven, 1996), chs.6-7.

33 McLaren, *Political Culture*, p.194.

34 ジョン・フッカーの経歴については V.Snow, ed., *Parliament in Elizabethan England: John Hooker's 'Order and Usage'* (New Haven, 1977), pp.3-28; *ODNB* [Hooker (Vowell), John]; *HPT*, vol.II, pp.333-35 を参照。

35 Snow, ed., *John Hooker's 'Order and Usage'* , p.29.

36 このようなプロテスタント貴族による出版活動の後援については L.Stone, *The Crisis of the Aristocracy 1558-1641* (Oxford, 1967), p.339; D.R.Kelley, *François Hotman: A Revolutionary's Ordeal* (Princeton, 1973), p.92 などを参照。

37 特にフッカーは一四世紀初頭に著された『議会保持規則 (*Modus Tenendi Parliamentum*)』を英訳しているのであるが、彼はこの著作をエドワード告解王の時代のものとしている。詳しくは Snow, ed., *John Hooker's 'Order and Usage'*, pp.50-57 を参照。

38 Snow, ed., *John Hooker's 'Order and Usage'* , p.49.

39 このような一連の論争については W.H.Frere and C.E.Douglas, eds., *Puritan Manifestoes: A Study of the Origin of the Puritan Revolt* (London, 1954) を参照。

40 Snow, ed., *John Hooker's 'Order and Usage'*, p.208.

41 *Ibid.*, p.208.

42 *Ibid.*, p.122.

43 *Ibid*., pp.118, 207.
44 *Ibid*., pp.182-83.
45 *Ibid*., p.181.
46 *Ibid*., p.182.
47 *Ibid*., p.182.
48 *Ibid*., p.125.
49 例えば John Hooker, *The Discription of the Cittie of Excester* (London, 1575?; STC 24886); idem, *Orders Enacted for Orphans and for their Portions within the Citie of Excester, with Sundry Other Instructions Incident to the same* (London, 1575?; STC 24888); idem, *A Catalog of the Bishops of Excester, with the Description of the Antiquitie and First Foundation of the Cathedrall Church of the same* (London, 1584; STC 24885) などがある。
50 Iohn Vowell alias Hoker, *A Pamphlet of the Offices, and Duties of Euerie Particular Sworne Officer, of the Citie of Excester* (London, 1584; STC 24889).
51 *Ibid*., sig.C1r-C1v.
52 *Ibid*., sig.D2v.
53 *Ibid*., sig.A1r.
54 *Ibid*., sig.A1r.
55 キケロー著、中務哲郎訳「ラエリウス・友情について」、『キケロー選集 9 哲学Ⅱ』所収、岩波書店、一九九九年、七五頁。
56 同上、八二頁。
57 同上、七九頁。
58 Hoker, *A Pamphlet of the Offices, and Duties*, sig.A2r.
59 *Ibid*., sig.A2r.
60 *Ibid*., sig.A2r.
61 礼拝統一法が発効した一五四九年にイングランド西部のデヴォンシァとコーンウォールで起った民衆蜂起。新祈祷書の使用中止とラテン語によるミサの復活を目指し、カトリシズムを信奉する教区聖職者とジェントリの指導を得て蜂起したが、間もなく鎮圧された。

62 この点については *ODNB* [Hooker (Vowell), John] を参照。

63 このようなフッカーの危機感については、特に Hoker, *A Pamphlet of the Offices, and Duties,* sigs.A2r-B1v で表明されている。

64 *Ibid.*, sig.B2r.

65 このようなトーニーの学説については R.H.Tawney, 'The Rise of the Gentry, 1558-1641', *Economic History Review*, vol.XI, no.1 (1941)（R・H・トーニー著、浜林正夫訳『ジェントリの勃興』、未来社、一九五七年）を参照。

66 トーニー説に対するトレヴァ＝ローパーの反論については H.R.Trevor-Roper, 'The Gentry 1540-1640', *Economic History Review Supplements*, no.1 (1953) を参照。

67 A.Everitt, *The Community of Kent and the Great Rebellion, 1640-60* (Leicester, 1966).

68 こうした研究の代表的なものとして C.Holmes, 'The County Community in Stuart Historiography', *Journal of British Studies* XIX, 2 (1980); A.Hughes, 'Warwickshire on the Eve of the Civil War: A "County Community"?', *Midland History* VII (1982); D.Underdown, 'Community and Class: Theories of Local Politics in the English Revolution', in B.C.Malament, ed., *After the Reformation: Essays in Honor of J.H.Hexter* (Philadelphia, 1980) などが挙げられる。

69 例えば P.Clark, *English Provincial Society from the Reformation to the Revolution: Religion, Politics and Society in Kent, 1500-1640* (Hassocks, 1977); A.Fletcher, 'National and Local Awareness in the County Communities', in H.Tomlinson, ed., *Before the English Civil War: Essays on Early Stuart Politics and Government* (London, 1983) などを参照。

70 Collinson, *De Republica Anglorum.*

71 D.MacCulloch, *Suffolk and the Tudors* (Oxford, 1986).

72 Collinson, 'The Monarchical Republic'.

73 C.F.Patterson, *Urban Patronage in Early Modern England: Corporate Boroughs, the Landed Elite, and the Crown, 1580-1640* (Stanford, 1999).

74 *Ibid.*, p.30.

75 *Ibid*., p.31.

76 *Ibid*., pp.31-33.

77 J.Bennett, *The History of Tewkesbury* (Tewkesbury, 1830), p.43.

78 W.B.Willcox, *Gloucestershire: A Study in Local Government 1590-1640* (Yale, 1940), pp.4, 211-14; M.Weinbaum, *British Borough Charters 1307-1660* (Cambridge, 1943), pp.43-44; C.R.Elrington, ed., *A History of the County of Gloucester* (Oxford, 1968), vol.VIII, pp.146-47.

79 Bennett , *History of Tewkesbury*, pp.42-43, 207, 378-81; Weinbaum, *British Borough Charters*, p.44; Elrington, ed., *County of Gloucester*, vol.VIII, pp.146-48. またレスタ伯とチュークスベリィ市の親密な関係を示す史料として *Lans.* 22/85 を参照。この史料は一五七六年一〇月四日にレスタ伯が財務府長官に宛てた書簡で、伯が財務府から派遣された一官吏のチュークスベリィ住民に対する不当な行為について苦情を申し立てたものである。

80 John Barston, *Safegarde of Societie: Describing the Institution of Lawes and Policies, to Preserue Euery Felowship of People by Degrees of Ciuil Gouernment; Gathered of the Moralls and Policies of Philosophie* (London, 1576; STC 1532).

81 Bennett, *History of Tewkesbury*, pp.380-81, 417; J.Venn and J.A.Venn, *Alumni Cantabrigienses* (Cambridge, 1927), pt.I, vol.I, p.99; Elrington, ed., *County of Gloucester*, vol.VIII, p.149.

82 この点については Barston, *Safegarde of Societie*, sigs.A4v, A5v-A6r を参照。

83 *Ibid*., sig.B1r-B1v, ff.26r-26v, 45v-60v.

84 *Ibid*., sigs.A8v-B1v, ff.1r, 4r, 23r, 25r-25v.

85 *Ibid*., ff.8v, 24v, 86v, 87v, 107r.

86 *Ibid*., ff.25v-26r.

87 *Ibid*., ff.60v-61r, 66r.

88 *Ibid*., f.61r-61v.

89 CRO, QSF/36/55.

90 Barston, *Safegarde of Societie*, sigs.A8v, B1v-B2r.

91 *Ibid.*, ff.30r-32r.
92 *Ibid.*, sigs.A4r, A5r, B1v, f.1r-1v.
93 *Ibid.*, ff.1v-2r, 35r-36r.
94 *Ibid.*, ff.2r-2v, 35r.
95 *Ibid.*, sigs.A8v, B1r, ff.1r-1v, 2v, 4v-5r.
96 *Ibid.*, ff.2v-3v, 42r-45r.
97 *Ibid.*, sig.B1r.
98 *Ibid.*, ff.2v, 45v, 56r-58v, 102v-05v.
99 John Stockwood, *A Very Fruiteful Sermon Preched at Paules Crosse the Tenth of May Last, being the First Sunday in Easter Terme: In which are Conteined Very Necessary and Profitable Lessons and Instructions for this Time* (London, 1579; STC 23285), ff.27v-28r.
100 Richard Mulcaster, *The First Part of the Elementarie which Entreateth Chefelie of the Right Writing of our English Tung* (London, 1582; STC 18250), p.13.
101 William Kempe, *The Education of Children in Learning: Declared by the Dignitie, Vtilitie, and Method thereof* (London, 1588; STC 14926), sig.E2r.
102 Barston, *Safegarde of Societie*, ff.20r-20v, 21v-22v.
103 *Ibid.*, sigs.A5v, A8v-B1r, f.1r-1v.
104 *Ibid.*, ff.25v-26r208.
105 *Ibid.*, ff.82v-83r, 84r-88r.
106 TNA, *SP* 46/58, f.65.
107 Barston, *Safegarde of Societie*, ff.83v, 87v.
108 *Ibid.*, f.88r.
109 *Ibid.*, ff.91v-99r.

110 *Ibid*., ff.66v-68v.

111 *Ibid*., f.28v.

112 *Ibid*., ff.83v, 88v.

113 *Ibid*., f.78r-78v.

114 本書における「公共圏」は、「コモンウェルス」という公共概念によって構成され、またプロパガンダ的な性格を強く帯びた一過性の強いパンフレットの流布を通じて形成された、宮廷外の政治的討議の場のことである。

115 例えば W.T.MacCaffrey, 'The Anjou Match and the Making of Elizabethan Foreign Policy', in P.Clark, A.G.R.Smith, and N.Tyacke, eds., *The English Commonwealth 1547-1640* (Leicester, 1979); Collinson, 'De Republica Anglorum'; J.A.Guy, 'The 1590s: The Second Reign of Elizabeth I?', in idem, ed., *The Reign of Elizabeth I: Court and Culture in the Last Decade* (Cambridge, 1995); idem, 'Tudor Monarchy and its Critiques', in idem, ed., *The Tudor Monarchy* (London, 1997); idem, *Politics, Law and Counsel in Tudor and Early Stuart England* (London, 2000); Alford, *Elizabethan Polity;* Mears, *Queenship and Political Discourse* などの研究を参照。

116 Guy, 'Monarchy and Critiques', pp.94-95.

117 M.T.Crane, 'Video et Taceo: Elizabeth I and the Rhetoric of Counsel', *Studies in English Literature 1500-1900* 28 (1988).

118 ただし、エリザベス期に「手紙新聞 (newsletter)」があまり流布していなかったことなどから、そのような「民衆政治」の存在を否定する見方は依然として根強いと言える。

119 S.Adams, 'Eliza Enthroned?: The Court and its Politics', in C.Haigh, ed., *The Reign of Elizabeth I* (London, 1984), pp.55-56.

120 このようなハマとドーランの見解については P.E.J.Hammer, *The Polarisation of Elizabethan Politics: The Political Career of Robert Devereux, 2nd Earl of Essex, 1585-1597* (Cambridge, 1999); S.Doran, *Monarchy and Matrimony: The Courtships of Elizabeth I* (London, 1996) を参照。

121 このような例として、以下の研究を挙げることができる。 Alford, *Elizabethan Polity*; J.E.A.Dawson, 'William Cecil and the British Dimension of Early Elizabethan Foreign Policy', *History*, vol.74, no.241 (1989); 我が国でも 越智『近代英国の起源』、七四～八七頁；大野真弓「エリザベス朝の派閥抗争：サー・ロバート・セシルとエセックス伯爵ロバート・デヴァルー」、『政治経済史学』、第三〇〇号、一九九一年；井野瀬「エリザベス朝の派閥政治」；松浦「枢密院議官の派閥活動」などの研究がある。

122 McLaren, *Political Culture*, p.8.

123 スタッブズの生涯については *ODNB*, [Stubbs, John]; N.Mears, 'Counsel, Public Debate, and Queenship: John Stubbs's *The Discoverie of a Gaping Gulf*, 1579', *Historical Journal*, vol.44, 3 (2001), pp.640-45; *HPT*, vol.III, pp.460-61 などに詳しい。

124 アランソン公の名でも知られるが、兄アンリ三世の即位（一五七四年）以後はアンジュー公を称したため、本節の時期設定上、アンジュー公を呼称として用いることにする。

125 John Stubbs, *The Discoverie of a Gaping Gulf whereinto England is like to be Swallowed by an other French Marriage,if the Lord Forbid not the Banes, by Letting her Maiestie See the Sin and Punishment thereof* (London, 1579; STC 23400) [L.E.Berry, ed., *John Stubbs's Gaping Gulf with Letters and Other Relevant Documents* (Virginia, 1968)].

126 『亡国論』を著した息子のジョン・スタッブズも John Stubbe と表記されることもあるが、本節では父親と区別するために、父親をジョン・スタップ、息子をジョン・スタッブズと呼ぶことにする。

127 Mears, 'Counsel, Public Debate', p.642.

128 ハイ・ステュアード（この地方官職については 本書一七四～七五頁 を参照）の司法上の業務を実行する自治都市の官職で、ほとんどの場合、高名な法律家が務めていた。

129 William Cecil, *The Execution of Iustice in England for Maintenaunce of Publique and Christian Peace, without any Persecution for Questions of Religion* (London, 1583; STC 4902) [R.Kingdon, ed., *The Execution of Justice in England by William Cecil and A True, Sincere, and Modest Defense of English Catholics by William Allen* (Ithaca, 1965)].

130 スキナは Truro (1571), Barnstaple (1572), Boston (1584, 86, 89), Boroughbridge (1593), St. Ives (1597), Preston (1604) から、ヒックスは Truro (1584), Shaftesbury (1589, 93), Gatton (1597), Horsham (1601, 04) から議員に選出されている。

131 Théodore de Bèze, *A Discourse Wrytten by M. Theodore de Beza, Conteyning in Briefe the Historie of the Life and Death of Maister Iohn Caluin, with the Testament and Laste Will of the saide Caluin, and the Catalogue of his Bookes that he hath Made* [trans. John Stubbs?] (London, 1564; STC 2017).

132 Matthew Parker, *The Life off the 70. Archbishopp off Canterbury Presentlye Sittinge Englished, and to be Added to the 69.*

Lately Sett forth in Latin [trans. John Stubbs?] (Zurich, 1574; STC 19292a).

133 Matthew Parker, *De Antiquitate Britannicae Ecclesiae & Priuilegiis Ecclesiae Cantuariensis, cum Archiepiscopis Eiusdem 70* (London, 1572-74; STC 19292).

134 Mears, 'Counsel, Public Debate', pp.643-44. また、このような政治的・宗教的意識を持った集団については J.Venn and J.A.Venn, eds., *Alumni Cantabrigiensis*, vol.IV, p.178; A.F.S.Pearson, *Thomas Cartwright and Elizabethan Puritanism* (London, 1935), pp.119, 171-75; R.M.Fisher, 'The Reformation in Microcosm? Benchers at the Inns of Court, 1530-1580', *Parergon*, n.s., 6 (1988), pp.37-39, 47, 49 などを参照。

135 Mears, 'Counsel, Public Debate', pp.631-32

136 C.Read, 'Walsingham and Burghley in Queen Elizabeth's Privy Council', *English Historical Review* 28 (1913); J.E.Neale, 'The Elizabethan Political Scene', *Proceedings of the British Academy* 34 (1948).

137 Edmund Spenser, *The Sheppeardes Calendar* (London, 1579; STC 23089).

138 K.Duncan-Jones and J.van Dorsten, eds., *Miscellaneous Prose of Sir Philip Sidney* (Oxford, 1973), pp.33-57.

139 M.M.Leimon, 'Sir Francis Walsingham and the Anjou Marriage Plan, 1574-81', PhD thesis, Cambridge University (1989), pp.124-25; Doran, *Monarchy and Matrimony*, pp.164-65, 170-71.

140 Mears, 'Counsel, Public Debate', p.634.

141 Ibid., p.650.

142 Ibid., p.650.

143 Ibid., p.650.

144 Mears, *Queenship and Political Discourse*, pp.23-24.

145 *Ibid.*, p.195.

146 F.J.Levy, 'How Information Spread among Gentry, 1550-1640', *Journal of British Studies* 112 (1982), pp.20-23; R.Cust, 'News and Politics in Early Seventeenth-Century England', *Past and Present* 112 (1986), pp.60-90.

147 Mears, *Queenship and Political Discourse*, p.215.

148 ただし、レイクらは「コモンウィール」を「国家 (state)」というよりはむしろ「社会 (society)」を表象する概念として提示している。この点については、例えば Lake and Questier, 'Puritans, Papists, and the "Public Sphere"', p.591 などを参照。

149 Ibid., p.594.

150 William Allen, *A Briefe Historie of the Glorious Martyrdom of XII Reuerend Priests* ([Rheims], 1582; STC 369.5), pp.9, 16.

151 Lake and Questier, 'Puritans, Papists, and the "Public Sphere"', pp.591-92.

152 C.Read, *Mr Secretary Walsingham and the Policy of Queen Elizabeth* (Cambridge, 1925), vol.II, p.15.

153 *Ibid.*, pp.15-16.

154 HMC, *Salisbury MSS*, vol.II, pp.240, 44.

155 Stubbs, *Gaping Gulf*, sig.C7v.

156 *Ibid.*, sigs.C8v-D1r.

157 *Ibid.*, sigs.D1r-D3r.

158 HMC, *Salisbury MSS*, vol.II, p.244.

159 E.Lodge, ed., *Illustrations of British History in the Reign of Elizabeth* (Westmead, 1969), vol.II, pp.107-18.

160 Stubbs, *Gaping Gulf*, sig.E7v.

161 *Ibid.*, sig.E7v.

162 *Ibid.*, sig.A7v.

163 *Ibid.*, sig.B2r-B2v.

164 *Ibid.*, sigs.B3v, B5v-B6r, C3r.

165 HMC, *Salisbury MSS*, vol.II, p.244.

166 *Ibid.*, p.242.

167 Stubbs, *Gaping Gulf*, sig.B6v.

168 *Ibid.*, sigs.B6v-B7r.

169 *Ibid.*, sig.B7r.

170 *Ibid*., sig.B7r.

171 *Ibid*., sig.B7r.

172 こうした「助言者」と「おべっか使い」というレトリックについてはS.Ito, 'Charles Davenant's Politics and Political Arithmetic', *History of Economic Ideas* XIII (2005) に詳しい。

173 Stubbs, *Gaping Gulf*, sig.A3r.

174 *Ibid*., sig.F4r.

175 スタッブズのこうした主張は、「知恵」・「勇気」・「正義」・「節度」の四徳を重視したキケロの『義務について』に由来するものと思われる。尤もこの四徳はプラトンが提唱したものであり、キリスト教哲学ではこれら四つの倫理徳に「信仰」・「希望」・「愛」の三つの対神徳が加えられた。

176 Stubbs, *Gaping Gulf*, sig.E1r.

177 *Ibid*., sig.C7v.

178 Mears, *Queenship and Political Discourse*, p.73.

179 Stubbs, *Gaping Gulf, sig.D1v. OED* の 'commonwealthman' の項には「コモンウェルスの利益のために献身する者・善良な市民・愛国者」などの意が記載されている。なおマクラーレンはスタッブズのこの記述により、初めて「コモンウェルスマン／メン」という用語が史料の中で使用されたとしている。この点についてはMcLaren, *Political Culture*, p.163を参照。

180 Stubbs, *Gaping Gulf*, sig.F3v.

181 スタッブズのこのような女性観については*Ibid*., sigs.A5v-A6r を参照。またエリザベスのジェンダーに注目した研究は数多く存在するが、特に政治的統治との関連で論じたものとしてCrane, 'Video et Taceo'; C.Levin, '*The Heart and Stomach of a King': Elizabeth I and the Politics of Sex and Power* (Philadelphia, 1993); McLaren, *Political Culture*; 指昭博「女性君主の是非」、指編『王はいかに受け入れられたか』などを参照。

182 Stubbs, *Gaping Gulf*, sig.A3r.

183 *Ibid*., sig.A3r.

184 *Ibid*., sig.A3r.

185 *Ibid.*, sig.E2v.
186 *Ibid.*, sig.B7r.
187 *Ibid.*, sig.F4r.
188 P.L.Hughes and J.F.Larkin, eds., *Tudor Royal Proclamations* (Yale, 1969), vol.II, pp.445-46.
189 *Ibid.*, p.446.
190 *Ibid.*, p.446.
191 *Ibid.*, p.446.
192 Ibid., p.446.
193 *Ibid.*, pp.446-47.
194 *Ibid.*, p.447.
195 *Ibid.*, p.447.
196 *Ibid.*, pp.447-48.
197 *Ibid.*, p.447.
198 *CSPV*, vol.VII, p.621.
199 Hughes and Larkin, eds., *Royal Proclamations*, vol.II, p.448.
200 *Ibid.*, p.449.
201 *Ibid.*, pp.447-48.
202 Stubbs, *Gaping Gulf*, sig.C5v.
203 Hughes and Larkin, eds., *Royal Proclamations*, vol.II, p.448.
204 *Ibid.*, pp.448-49.
205 *Ibid.*, p.449.
206 *Ibid.*, p.449.
207 Mears, 'Counsel, Public Debate', p.649.

208 Hughes and Larkin, eds., *Royal Proclamations*, vol.II, p.449.

209 Lodge, ed., *Illustrations of British History*, vol.II, pp.224-28.

210 Hughes and Larkin, eds., *Royal Proclamations*, vol.II, p.449.

211 ノーサンプトン伯は一五八〇年頃に『亡国論』に対する反論を試みている。皮肉なことに、彼もスタッブズと同様、「陛下に対する私の忠実な思い (my dutiful regard) が、我が国 (my country) に対するものと同様、剣を手に取り、我が命を失うという危険を冒そうとすることにより、女王陛下と私が骨を埋めるであろう国 (state) に対する進取の奉仕 (agreeable service) を行うのと同程度の進取の愛情ある心 (willing and affectionate mind) を以て、私に筆を執らせることになった」とその動機を説明している。この点については Berry, ed., *Letters and Documents*, p.194 を参照。

212 この裁判に関する以下の叙述は M.P.Holt, *The Duke of Anjou and the Politique Struggle during the Wars of Religion* (Cambridge, 1986), p.122 に依拠している。

213 *Ibid.*, pp.122-23; A.G.Dickens, 'The Elizabethans and St Bartholomew', in A.Soman, ed., *The Massacre of St Bartholomew: Reappraisals and Documents* (Hague, 1974), p.70.

第5章　政治的イングランド意識の急進化（一五九〇年頃〜一六〇三年）：権力批判への転化[1]

第1節　タキトゥス主義者の政治的イングランド意識

（1）タキトゥス主義の受容と「エセックス・サークル」

前章では、エリザベス治世中期（一五七〇、八〇年代）において政治的イングランド意識、即ち、（汎ヨーロッパ的な中世キリスト教共同体あるいは普遍的な理想国家と対置される）イングランドの「コモンウェルス」のための政治参加の意識、が発展していく過程について考察した。その過程で、特に（本書第3章第2節で検証したような）宮廷のプロテスタント人文主義者の議会を重視した政治的イングランド意識は多様な解釈を付与され、議会や地方都市や「公共圏」といった宮廷外の政治的領域へ普及することになった。エリザベス治世後期（一五九〇年頃〜一六〇三年）になると、こうした政治的イングランド意識は急進化の兆候を見せ始め、イングランドの「コモンウェルス」のための政治参加という意識は、そのベクトルを（王権もしくは国教会に対する）権力批判へ向けるようになった。このようなエリザベス治世後期における政治的イングランド意識の急進化の要因としては様々なものが考えられようが、本章では（特に筆者が重要だと考える）この時期のイングランドの①タキトゥス主義の受容、②コモン・ロー改革の機運の高まり、③ピューリタニズムの高揚、の三つに絞って議論を進めていきたい。本章第1節ではまず、タキトゥス主義者の政治的イングランド意識とその中に見られる王権批判について考察したい。

そもそもヨーロッパで最初にタキトゥス主義が導入されたのは一五七〇年代だとされる。[2] 即ち、宗教戦争の真っ只中にあったフランスの宮廷に滞在していたイタリア人の人文主義者たちが、目下の危機的状況を把握するために古代ローマの歴史を参照したのである。その際に彼らは従来のキケロではなく、タキトゥスの著作に依拠し、利害関係の交錯といった観点から政治的現状を理解しようとしたのだった。とりわけ、彼らはガルバ帝からドミティアヌス帝の治世を扱った『同時代史（*Historiae*）』（104-09）とアウグストゥス帝の死からネロ帝の死までを叙述した『年代記（*Annales*）』（c.115-17）に注目した。「暴君」ティベリウスや寵臣セーヤーヌス（Sejanus, Lucius Aelius, ?-31）らによる権謀術数や宮廷の「腐敗」を描いたタキトゥスのこの二つの著作は、ユストゥス・リプシウスの校訂を一つの契機として一六世紀後半以降、ヨーロッパ各国で急激に読者を獲得することになった。[3] 宗教戦争が凄惨を極め、寵臣が宮廷に跋扈した当時のヨーロッパにおいて、タキトゥスが描いたローマは十分な説得力を持った歴史の教訓の宝庫であったと言える。

イングランドでも一五九一年に『同時代史』がヘンリ・サヴィル（Savile, Sir Henry, 1549-1622）により、一五九八年には『年代記』がリチャード・グリーンウェイ（Greenwey, Richard）によって翻訳され、[4] タキトゥスが俄かに注目されるようになった。そして、タキトゥス受容の主要な受け皿となったのがエリザベスの寵臣エセックス伯ロバート・デヴァルーの一派であり、この「エセックス・サークル」にはサヴィルとグリーンウェイに加え、ベイコン兄弟、フルク・グレヴィル（Greville, Fulke, 1st Baron of Brooke, 1554-1628）、ジョン・ヘイワード（Hayward, Sir John,

1564?-1627）らも含まれていた。[5] セシル父子と権力闘争を繰り広げた新興勢力「エセックス・サークル」は、その権勢拡大を正当化するためにタキトゥスの著作を利用したのである。[6] この時期のイングランドでは緊迫化する対スペイン関係などもあり、常に内乱の危機を意識せざるを得ない状況にあったため、古代ローマの内乱期を叙述した『同時代史』は当時のイングランド人の関心を大いに集めることになった。[7] またエセックス伯をパトロンとするサヴィルの英訳書はその優れた注釈のため、大陸のタキトゥス主義者たちによっても受容され、後にラテン語に翻訳された。サヴィルの『同時代史』には、エセックス伯が著したと推測されている「読者宛書簡（A.B. to the Reader）」が付されているのだが、[8] 彼はこの書簡の中でタキトゥスの著作が持つ有用性について次のように述べている。

人間の精神を豊かなものとするに際し、学習（learning）ほど貴重なものはない。人間の生を導くに際し、歴史ほど適切な学習はない。（専らそこから得られるものという観点から言うならば）タキトゥスほど十分読むに値する歴史はない。……というのも、えこひいきをする訳ではないが、タキトゥス、彼こそは古今のあらゆる歴史家の中で、最も多くの事柄を最も機知に富んだ表現で、しかも最も少ない言葉で書いた歴史家だからである。しかし、彼の著作は難解である。……仮に汝の学問的嗜好が未熟な故（if thy stomacke be so tender）、タキトゥスを彼自身の文体のままじっくり味わうことができないならば、サヴィル〔の翻訳〕を見ることとなろう。彼は汝にタキトゥスと変わらぬ思考の糧（the same foode）を、愉快で平明な作風（a pleasant and easie taste）で提供してくれる。[9]

ここでエセックス伯（あるいはその一派）が「学習」を重要視していたことが窺えるのだが、このことはかつて「エセックス・サークル」に属していたフランシス・ベイコンが『学問の進歩（*The Advancement of Learning*）』（1605）

を著したことに如実に示されていると言えよう。こうした「学習」の中で、「歴史」から得られる教訓は人間にとって非常に有益なものとみなされ、「エセックス・サークル」のメンバーたちは、美文であるが故の難解さを持つタキトゥスの著作を特に好んだのだった。いずれにせよ、エリザベス治世後期のイングランドにおいて、「エセックス・サークル」に属する者たちは、タキトゥスの著作のどのような側面を強調するかという点で多少の個人差があったとはいえ、タキトゥスに依拠しながら、国家や王権に関する政治論争を巻き起したのである。

（2）ジョン・ヘイワードの『ヘンリ四世史』における王権批判

以上のように、（宮廷における「派閥」を軸に形成された）「エセックス・サークル」はエリザベス治世後期に政治的状況を左右するほどの影響力を保持するようになったのであるが、ここではヘンリ・サヴィルと並び、この文学サークルの代表的人物であるジョン・ヘイワードの『ヘンリ四世史』における政治的イングランド意識を、特に王権批判の歴史叙述に注目しながら検証したい。[10]『ヘンリ四世史』を取り上げる理由としては、サヴィルの『同時代史』があくまで大陸由来のタキトゥスの翻訳・注釈を目的としていたが故に、汎ヨーロッパ的な古典的ヒューマニズムの影響を強く受けているのに対し、ヘイワードのこの著作はタキトゥスの歴史叙述を参考にしながらも、イングランドの史実を題材にすることにより、彼独自の歴史観を提示しているということが挙げられる。またヘイワードの『ヘンリ四世史』は「エセックス・サークル」のメンバーたちを中心に受容され、当時（あるいはその後）の政治論争を引き起す契機ともなった。加えて、ヘイワードはこの著作においてタキトゥスを援用しながら、イングランドの「コモンウェルス」といった観点から王権批判を展開している。ヘイワードの『ヘンリ四世史』はヘンリ四世（Henry IV, 1366-1413）がイングランド王位に即くまでの歴史（即位後の歴史というよりは）を主題としており、叙述の大部分はリチャード二世（Richard II, 1367-1400）が没落するに至った過程に割かれている。言い換えるならば、ヘイワードは（後述のように）リチャード二世をイングランドの「コモンウェルス」を損ねたために王位を追われた人物として描き、こうした国王の交代の正当性を主張した（少なくとも、『ヘンリ四世史』出版当時はそのように読解された）ものと思われる。

このように、エリザベス期の文学者たちもまた「コモンウェルス」（もしくは「コモンウィール」）といった問題と決して無縁ではなかった。即ち、彼らは現実の「コモンウィール」に対する関心を失ってしまうほど文学という「自己表現」に没頭してはおらず、それは（イングランドの）「コモンウィール」を確固たるものとするために自分たちが為すべきことがまだある、と彼らが考えていたからであった。[11] 例えば、ベン・ジョンソン（Jonson, Ben, 1572-1637）は「コモンウィール」のために尽力する君主を称賛しつつ、「性愛」を「公的な喜び」もしくは「子孫繁栄の喜び」として肯定している。またリチャード・マルカスターは、学問を公共のために用いることこそその本来の用途であるとし、「コモンウィール」のために尽くすことが各人の生き甲斐に他ならない、と述べているのだが、マーチャント・テイラーズ校で彼の薫陶を受けたエドマンド・スペンサの『神仙女王（*The Faerie Queene*）』（1590, 96, 1609）には、こういった「コモンウェルス」概念の影響が垣間見られる。

またリチャード二世という題材について言えば、この題材は「エセックス・サークル」と深い関りを持つものであった。[12] 即ち、エセックス伯が蜂起する一六〇一年二月八日の前日もしくは前々日、「エセックス・サークル」に属する者たちが地球座の劇場を訪れ、リチャード二世の廃位と殺害を上演するように促したのだった。劇団側は一旦この申し出を断ったものの、四〇シリングの加算を提案され、結局上演に同意した。そして、「エセックス・サークル」の者たちはこの公演に多勢で押し寄せ（ただし、伯自身は参加していなかった）、翌日の蜂起に煽動の効果があることを期待して気勢を上げたのであった。

ともあれ、当時のイングランドにあって、前記のような王権に関る議論を行うこと自体大きな問題であったが、エセックス伯らに宛てたこの著作の献辞がヘイワードをますます窮地に追い込むことになった[13]。ラテン語で書かれたヘイワードのこの献辞は、エセックス伯の野心を掻き立てる要因になったとみなされ、間もなく削除されることになり、（後述のように）エリザベスがフランシス・ベイコンにこの著作におけるヘイワードの叛意の有無を調査するよう命じたほどであった。とりわけ、エセックス伯に向けて書かれた次の一節が問題視されたものと思われる。

我々に国王陛下〔歴代のイングランド国王〕をお与えとなり、絶えずレス・プブリカが損なわれることのないよう維持なさる至高の神、その神の故に、我々は永続的な〔レス・プブリカの〕安全のみならず、栄光をも実現するため、忠義の右手に強力な武器を握り、国王陛下を守ったり、罰したりすることを決まって繰り返してきたのである（Deus opt. max. celsitudinem tuam nobis, reique publicae diu seruet incolumem: quo nos vzatam fide quam armis potenti tua dextra defensi, vltique, diutina cum securitate tum gloria perfruamur）[14]。

ここでヘイワードは、イングランドが王政を通じて常に「レス・プブリカ」、即ち、公共の利益を享受してきたのであり、こうしたことは全て神の意思だと主張している。このように、ヘイワードは（本書第3章第1節で取り上げた）イングランドの「コモンウェルス」のための王権に対する臣民の服従を説いているようであるが、逆に前記の言明は彼の急進的な政治的イングランド意識を示すものだと言える。つまり、彼はここで、王朝や国王の交代を繰り返すことにより、イングランドの「レス・プブリカ」（もしくは「コモンウェルス」）が維持されてきたという歴史観を提示しているのである。そして、こうした王権の絶え間ない変遷は「コモンウェルスマン」、あるいはイングランドの「コモンウェルス」のためには自身の生命をも投げ出す覚悟の、愛国主義的なイングランド人の武力蜂起を通じて実現されてきたのだった。尤もヘイワードは、国王に対する「コモンウェルスマン」たちの義務も同時に主張しており、彼のこういった議論は（ジョン・ポネットらの抵抗権論のように）留保条件を伴ったものであり、ここでの武力蜂起はあくまで「レス・プブリカ」（もしくは「コモンウェルス」）に反する王権に対してのみ正当化されるものであったと言える。

他方、イエズス会士ロバート・パーソンズ（Parsons [Persons], Robert, 1546-1610）が一五九四年に「R・ドールマン」という偽名を使って秘密出版したとされる『イングランド王位の次期継承に関して』[15]においても、こういった急進的な王権批判の議論が見られる。このパンフレットにもエセックス伯への献辞があることから窺われるように、パーソンズもまた「エセックス・サークル」の一員であった。この中でパーソンズは、血統による王位継承は「人定法・実定法（humane & positiue Lawes）」に基づいたものであり、必ずしも「自然法・神法（Law of nature, or diuine）」に適ってはおらず、正当な理由があれば継承を変更することができる、と述べている。彼は「君主国と王国（Monarchies & kingdomes）」の諸形態および諸法について論じた上で、「良き国王（a good king）」と「暴君（a Tyrant）」（言うまでもなく、タキトゥスの主題の一つである）を区別し、王位継承は「コモンウェルス」の承認を経て行われるべきであり、その国王に資質がなかった場合には廃位できるとしている。そして、その際にパーソンズは（古代ローマの歴史を引証しつつも）特にイングランド史の中に、「コモンウェルス」に反したが故に廃位されることになった「暴君」の事例を求めたのだった。いずれにせよ、前記のようなヘイワードの言葉が、間もなく武力蜂起を決行することになるエセックス伯に宛てられたものだったという事実を考慮すると、エリザベスやロバート・セシル（Cecil, Robert, 1st Earl of Salisbury, 1563-1612）らがこの著作に対して嫌疑の目を向けたのも無理ならぬことであった。

ヘイワードの『ヘンリ四世史』は、一五九九年二月に初版が刊行されて以降大きな人気を博し、一六四二年までに八刷を重ねた。ただし、一五九九年六月に出版されたその「改訂版」は当局によって押収・焼却され、エセックス伯の没落後、ヘイワードは度々拘禁されることになった。つまり、エセックス伯の裁判において、『ヘンリ四世史』は伯の蜂起の証拠として用いられ、ヘイワードはそれを著した動機を尋問されたのである。一六〇〇年七月、ヘイワードはロンドン塔に収監され、エリザベスの死までそこに拘禁された。

『ヘンリ四世史』がしばしばタキトゥスに依拠した著作と言われるのは、それが古代ローマの歴史を想起させるような、「暴君」の専横や宮廷の「腐敗」の実例をイングランド史の中に求めているのも然ることながら、歴史的事象における個人の役割の重視といったその叙述方法のためである。例えば、グロスタ公トマス・オヴ・ウッドストックはその「性格の激しさ (his fiercenesse)」と表裏一体のものであり、特に彼は「コモンウェルスの栄誉と富が減じることのないよう」配慮していたが、そうした性格は彼の「誠実さ (faithfulnesse)」の故に周囲の反感を買っていたため、当初はリチャード二世に疎まれることはなかったと述べられている。[16] ところが、彼はハンティンドン伯 (Holland, John, 1st Earl of Huntingdon, 後の 1st Duke of Exeter, 1352?-1400) とノッティンガム伯トマス・ド・モウブレイらの奸計により、一三九七年に捕らえられてカレーへ護送・拘禁され、そこで密かに命を奪われた（ヘイワードはノッティンガム伯をその黒幕とみなしている）とされている。[17] ヘイワードの言葉を借りるならば、グロスタ公は弁明の機会も与えられることなく暗殺されたのであり、正に「無実のまま死んだ」のだった。[18]

このようにヘイワードは、リチャード二世期の「コモンウェルスマン」とも言える、グロスタ公の悲惨な最期を描き出しているのであるが、同時にここで主張されているのはイングランドの「コモンウェルス」の対極に位置する、宮廷政治の冷酷さ、あるいはその「腐敗」である。当時のイングランドには、こうした宮廷政治の理不尽を回避する方策として、「観想的生活」論に依拠しながら、宮廷から離れた個人的思索に耽るという選択肢があった。例えば、ウィリアム・コーンウォリス (Cornwallis, Sir William, ?-1631?) の『悲劇作家セネカ論[19]』は、セネカの悲劇の注釈といった形を取りながら、欺瞞に満ちた宮廷社会の現状を描いている。

仮に私よりも賢明な人間が誰もいないとするならば、皆を父なる神の定めし運命に従わせるようにしてきたコモンウェルスの法が熟慮されるべきであるし、そのことよってコモンウェルスは誰を信頼すべきかを知り、陛下の国制はより安定したものとなろう••••我々の人生は短いが故に安逸（leasure）はなく、我々には真っ先にすべきより重大なことがあり、偉大な人間（a great man）になるよりは誠実な人間（an honest man）になる方が良いのであり、事実余りにも熱心にそう信じられている。というのも、立身出世を追求するや否や、危険や嫉妬や死が追い掛けてくるのであり、少なからずそういったものに見舞われるからである。[20]

ここでコーンウォリスは、「コモンウェルス」における「市民」の「活動的生活」ではなく、人間同士の信頼関係に基づいた「コモンウェルス」を提唱している。とりわけ、彼によると、「偉大な人間」になろうと宮廷社会での昇進を追い求め、「危険や嫉妬や死」を招くよりも、「誠実な人間」としての「観想的生活」を営む方が重要であった。このように、コーンウォリスは学問の必要性を説きながら、「コモンウェルス」における人間の道徳的充実を主張したのだった。とはいえ、彼は必ずしも「コモンウェルス」への（政治的）関与を完全に放棄して学問に没頭することを説いている訳ではなく、そうした「観想的生活」の結果、信頼するに足る「誠実な人間」が明らかとなり、「コモンウェルス」の統治が安定すると述べている。

これに対し、ヘイワードは、「腐敗」の蔓延る宮廷社会からの撤退を推奨しながら道徳的な議論を展開するのではなく、（彼が認識しているところの）イングランドの史実を持ち出すことにより、「コモンウェルス」のためには国王の交代も止む無しとしたのだった。周知の通り、リチャード二世によって国外追放処分となっていたランカスタ公ヘンリは、王がアイルランド遠征で不在の一三九九年六～七月にイングランド上陸を果し、王を捕らえてロンドンに送った。同年九月三〇日、集会（召集者たる国王が退位の意志を表明したため、あるいは、議会に召集されていない人々も含まれていたため、それはもはや議会ではなかった）は王の退位の意志を受け入れ、そこで三三ヶ条の廃位宣告書の朗読と廃位の決議が為され、代理人を通じて王への臣従と忠誠宣誓の破棄が通告された。こうしてリチャード二世は廃位され、集会はヘンリ四世の即位を承認したのである。

こうした一連の出来事については諸説あるが、ヘイワードもこのリチャード二世の廃位といったイングランドの史実を取り上げ、特に前記の廃位宣告書について詳述している（ただし、彼はこの廃位宣告書を三一ヶ条のものとして記している）[21]。即ち、ヘイワードによると、前述の集会は、王が臣民に重税を課し、多額の資金を借り入れながら浪費の限りを尽くし、借金の支払いを全く行おうとしなかったこと（第一、一四、一五条）／グロスタ公とアランデル伯を不当な方法で死に追い遣ったように、王が貴族たちに対して一連の弾圧を加えてきたこと（第三〜七条）／王が自らの利益のため、議会で制定された法よりもローマ教皇教書を優先し、王国の栄誉と「古来の特権（auncient priuiledges）」を損ねることになったこと（第一〇条）／王が州・都市代表の選出の際、自分の意のままとなる者たちを送り込み、議員として選出させたこと（第一九条）／王がアイルランド遠征の費用を捻出するため、法や慣習を無視して多額の教会財産を取り立てたこと（第二二条）／王が「軍事裁判所（the court Marciall）」（騎士道裁判所（Court of Chivalry）や海事裁判所（admiralty court）のことを指しているものと思われる）を利用することにより、大憲章やコモン・ローを侵害したこと（第二六条）／カンタベリ大司教トマス・アランデル（Arundel, Thomas, 1353-1414）〔在任期間：1396-97, 1399-1414〕の国外追放の際の王の不正行為（第二九〜三一条）、などをリチャード二世廃位の理由として挙げたのである。

（実際にこのような廃位宣告が集会で為されたか否かといった史実の真偽はともかく）少なくともここでは、リチャード二世は「この上なく暴君の如く、また王侯らしからぬことに（most tyranouslie and vnprincely）」も、臣民の生命・財産あるいは王国の法を思うがままにした国王として描かれている（第一六、二五条）。そして、ここで重要なのは、議会やコモン・ローを軽視するところの「暴君」に対する権力批判が、以下のようにイングランドの「コモンウェルス」という観点から行われている点である。

第二条：王国の状態 (the state of the realme) と王国のコモンウェルスに関する事柄について討議するため、議会によって任命された様々な聖俗諸侯たちが熱心にその職務に従事していたにも拘らず、王はその近親者らと共に彼らを反逆の廉で弾劾しようとした。

ここでは議会を「王国の状態と王国のコモンウェルスに関する事柄について討議」する場とした上で、イングランドの「コモンウェルス」の実現のために議会に集った勤勉な聖俗諸侯たちを不当にも弾圧しようとした、リチャード二世の「暴君」のような振舞について指摘されている。

第一七条：議会がコモンウェルスの利益と促進のため、うまく機能する諸々の制定法 (diuers notable statutes) を作成・制定してきたにも拘らず、王は彼の側近と法律家により、既に制定されていた法で彼の先王たちに不利に働いてきたものが、彼に対してより一層の不利とならぬよう法を作り上げた。即ち、王はしばしば法の意味するままにではなく、彼の欲するままに法を丁稚上げ、既存の議会制定法の条項 (proviso) を放棄した。

三二ヶ条(『ヘンリ四世史』の場合は三二ヶ条)の廃位宣告書の中で、王国の法を恣意的に解釈するリチャード二世の「暴君」振りが強調されているのは既に述べた通りだが、この第一七条でも彼の廃位の理由として、イングランドの「コモンウェルス」のために制定された議会の法を軽視したことが挙げられている。

以上のように、ヘイワードは『ヘンリ四世史』（の「改訂版」）の中で、グロスタ公のような「コモンウェルスマン」とも言える人物が悲劇的な最期を迎えねばならぬほどの、善悪の価値の転倒した宮廷政治の「腐敗」と、議会（制定法）やコモン・ローを軽んじ、臣民の生命・財産に象徴されるイングランドの「コモンウェルス」を脅かす、リチャード二世の「暴君」の如き振舞を歴史的に叙述することにより、それらを暗に批判の対象としたのだった。言い換えるならば、「エセックス・サークル」の一員であったヘイワードは、（汎ヨーロッパ的な）タキトゥス主義に依拠することによって「暴君」の専横と宮廷の「腐敗」をテーマとしながら、その反面教師としての事例を（中世の）イングランド史の中に求めたのである。とりわけ、ヘイワードの政治的イングランド意識は、（イングランドの「コモンウェルス」に反する）国王の交代の主張も含めた王権批判という急進的な性格を保持しており、このことは、（本書第3章第1節で取り上げた）『為政者の鑑』がリチャード二世を奸臣に唆された被害者とみなし、「コモンウェルス」のための王権の擁護と臣民の服従を説いている、あるいはの『リチャード二世』が（リチャード二世の専横を描きながらも）庭師に奸臣と王の政敵ヘンリ・ボリングブルック（後のヘンリ四世）を「コモンウェルス」の破壊者と言わせているのと対照的である。[22] いずれにしても、このようなヘイワードの王権批判を暗示した歴史書がエセックス伯に宛てられ、しかも（その真の動機が如何なるものであれ）実際に伯が蜂起することになったという事実は、彼に対するエリザベスやロバート・セシルらの猜疑心を掻き立てるのに十分であったことだろう。

（3）『ヘンリ四世史』に対するフランシス・ベイコンの評価

ヘイワードの『ヘンリ四世史』が当時のイングランドで大きな反響を呼んだのは既に述べた通りだが、フランシス・ベイコンの『故エセックス伯に関する非難におけるサー・フランシス・ベイコンの弁明』[23]（以下、『ベイコンの弁明』）

はその受容を示す史料の一つである。言うまでもなく、フランシス・ベイコンはかつて「エセックス・サークル」の一員であったが、伯の蜂起に伴って女王側に転じ、自ら伯を告発することになった人物である。[24]この『ベイコンの弁明』は、彼が正にこうした行動について申し開きをするため、これもまた「エセックス・サークル」の一員でアイルランド総督であったチャールズ・ブラント (Blount, Charles, 1st Earl of Devonshire, 1563-1606) に宛てたものである。

まずベイコンは、この書を著した理由について次のように説明している。即ち、あたかも彼が「高貴で不運なる」エセックス伯に対し、「不誠実 (false)」で「恩知らず (vnthankfull)」であったかのような、公の場における「誤解」を解くことがその目的であった。[25]ベイコンがこの書の中で繰り返し「我が閣下エセックス (my Lord of *Essex*)」という呼称を用いているように、彼は伯に対して同情的であり、伯の蜂起の際に女王側に転じたのは当時の状況を考えると止むを得なかったことを強調している。とりわけ、このようなベイコンの弁明は、次の一節に集約されているように思われる。

しかし、私は我が閣下エセックスに、ましてや他の如何なる者に決して隷従していた訳ではなく、それ以上に公共の利益 (the publike good) を支持していたので、彼〔エセックス伯〕を〔ほとんど説き伏せることができなかったのだが〕あらゆる手段によって戦争と〔戦果を通じて得られる〕人気の道に突き進むのを止めなかったのは全くの真実である。というのも、私は単純に、女王〔エリザベス〕は生か死かの二者択一の運命を辿るに違いないと考えていたからである。仮に彼女が生き残ったならば、それは古き君主の衰退 (the declination of an old Prince) の時であり、仮に彼女が死んだならば、それは新しき君主の登場 (the beginning of a new) の時が到来したのであろう。[26]

ここで明らかなのは、ベイコンがエセックス伯との主従関係よりもイングランドの「公共の利益」を優先しようとしたということであり、彼は正にこうした観点から、伯の蜂起において女王側に与したのだった。そして、このようなベイコンの政治的イングランド意識は、イングランドの「レス・プブリカ」（もしくは「コモンウェルス」）のための武力を用いた王朝あるいは国王の交代を示唆した、先述の『ヘンリ四世史』（の「改訂版」）におけるヘイワードの献辞とは対照的であるように見える。ただし、ベイコンは決して無条件に王権を擁護している訳ではなく、彼がエセックス伯よりもエリザベスを選んだのは、あくまで当時の彼の政治的判断によるものであった。いずれにしても、ベイコンは、「古き君主」のエリザベスと武功を通じて人気を高めつつあったエセックス伯の対立が不可避であることを見抜いていたのであり、こうした政治状況に彼は冷静に対処しようとしたことが窺われる。

また『ベイコンの弁明』の中には、ヘイワードの『ヘンリ四世史』（の「改訂版」）を巡るエリザベスとベイコンの遣り取りについての描写が含まれているのだが、ベイコンによると、それは以下のようなものであった。[27] まずエリザベスは、エセックス伯に捧げられた『ヘンリ四世史』に対して「強く激高」しており、特にその書の「煽動的な序文 (a seditious prelude)」が「臣民の頭の中に大胆な行動と派閥争い (boldnesse and faction) を植え付ける」と考えていた。そして彼女は、『ヘンリ四世史』が大逆罪に相当するような要素を含んでいることに確信を持っていたので、ベイコンにそうした証拠を発見できないかどうか尋ねた。この問いに対し、ベイコンは「大逆罪 (treason) ということでしたら、確かに私は如何なるものも見出せませんでしたが、重罪 (fellonie) ということでしたら、かなり多くのものを見出しました」と答えた。女王がベイコンに回答を促すと、彼は次のように述べた。

その著者は非常に明白な窃盗罪 (very apparant theft) を犯しました、というのも、彼はコルネリウス・タキトゥスの文の大部分を盗み取り、英語に翻訳し、彼の文章に組み入れたからです。[28]

ところが女王は、『ヘンリ四世史』がヘイワードだけでなく、「他の質の悪い著者(some more mischieuous Author)」によっても著されたということに納得していなかったので、ヘイワードを拷問にかけてそれが彼単独の著作であるという証拠を示すように言った。[29] これに対してベイコンは、「彼の肉体(his person)を拷問にかけるのではなく、彼の文体(his stile)を拷問にかける」よう進言した。つまり、ヘイワードに「ペンとインクと紙を持たせる」ことにより、『ヘンリ四世史』の続きを書くのを強要しようという訳である。そうすれば、ベイコンは「その文体を収集することにより、彼がその著者か否か判断する」ことを引き受けると返答している。

以上のような『ベイコンの弁明』の中で描かれているエリザベスとベイコンの遣り取りは、我々に次の二つの重要な事実を教えてくれる。第一に、(先に取り上げた)エセックス伯らに宛てた献辞を含んだ『ヘンリ四世史』(の「改訂版」)がジョン・ヘイワードを中心とした複数の著者によって書かれた可能性を示唆しているということである。これについては、ベイコンが女王に提案している如く、ヘイワード自身に『ヘンリ四世史』の続編を書かせて彼の文体を検証する以外に我々はその著者を確定する術を持たないが、少なくとも伯やヘイワードを支持する人間、あるいは「エセックス・サークル」に何らかの関係を持った人間が加担した可能性は否定できない。それ故に、王国に騒擾と内乱をもたらすとして特に「改訂版」の献辞を問題視した女王に対し、かつては自身も「エセックス・サークル」の一員だったベイコンはその著者を擁護しようとしたのだろう。

第二に、ベイコンのような当時のイングランド人の目から見ても、その歴史叙述や権力批判の方法も含めて、『ヘンリ四世史』はタキトゥス主義に大きく依拠した著作であるということである。換言するならば、『ヘンリ四世史』の中の歴史的個人の役割を強調した叙述方法や、古代ローマの歴史を彷彿とさせるような、「コモンウェルス」の対極に位置する「暴君」の専横と宮廷の「腐敗」に対する暗示的な権力批判(ベイコン自身は、エセックス伯との主従関係よりもイングランドの「公共の利益」を優先させ、伯の蜂起に際してはエリザベス支持に転じた）の方法は、タキトゥスに由来しているものと思われる。自ら「エセックス・サークル」に属し、学問全般に対して造詣の深かったベイコンだからこそ、彼の言葉はより一層の説得力を持っている。

（4）小括

このように、エリザベス治世後期のイングランドにおいて、（宮廷における「派閥」を軸に形成された）「エセックス・サークル」に属する者たちはタキトゥス主義に依拠しながら、「暴君」の専横と宮廷の「腐敗」に対する権力批判を展開したのである。とりわけ、ジョン・ヘイワードは『ヘンリ四世史』（の「改訂版」）の中で、グロスタ公のような「コモンウェルスマン」とも言える人物が悲劇的な最期を迎えねばならぬほどの、善悪の価値の転倒した宮廷政治の「腐敗」と、議会（制定法）やコモン・ローを軽んじ、臣民の生命・財産に象徴されるイングランドの「コモンウェルス」を脅かす、リチャード二世の「暴君」の如き振舞を歴史的に叙述することにより、それらを暗に批判の対象とした。後者について言うならば、ヘイワードは（ロバート・パーソンズと同様）「暴君」、即ち、イングランドの「コモンウェルス」に反する国王、の交代の主張も含めた王権批判を展開したのであり、この意味で彼の政治的イングランド意識は急進的な性格を保持していた。加えて、こうした『ヘンリ四世史』の王権批判は汎ヨーロッパ的なタキトゥス主義の歴史叙述を参考にしながらも、あくまでリチャード二世の廃位といったイングランドの史実を題材にしていた。

一方、『ベイコンの弁明』が示唆するように、フランシス・ベイコンのような学問に精通した当時のイングランド人の目から見ても、その歴史叙述や権力批判の方法も含めて、『ヘンリ四世史』はタキトゥスに大きく依拠した著作であった。つまり、『ヘンリ四世史』の中の歴史的個人の役割を強調した叙述方法や、古代ローマの歴史を彷彿とさせるような、「コモンウェルス」の対極に位置する「暴君」の専横と宮廷の「腐敗」に対する暗示的な権力批判（ただし、ベイコン自身はエセックス伯との主従関係よりもイングランドの「公共の利益」を優先させ、伯の蜂起に際してはエリザベス支持に転じた）の方法は、タキトゥスに由来していると言える。

以上のように、エリザベス治世後期において、政治的イングランド意識、即ち、（汎ヨーロッパ的な中世キリスト教共同体あるいは普遍的な理想国家と対置される）イングランドの「コモンウェルス」のための政治参加の意識、は急進化の兆候を見せ始めたのである。とりわけ、ヘイワードのような「エセックス・サークル」に属する者たちは（汎ヨーロッパ的なタキトゥス主義の歴史叙述を参考にしながらも）イングランドの「コモンウェルス」といった観点から王権批判を展開した。言い換えるならば、彼らはイングランドの「コモンウェルス」のための政治参加の意識の方向性を変え、（王権に対する）権力批判へと転化させたのだった。

（付論①）『リチャード二世の生涯と死』における王権批判

ヘイワードの『ヘンリ四世史』の受容を明確に示す史料がもう一つ存在する。それは、ヘイワードの時代からおよそ半世紀の後に出版された『リチャード二世の生涯と死』[30]という作品であり、この中に我々はヘイワードと同様の急進的な政治的イングランド意識（即ち、イングランドの「コモンウェルス」といった観点からの王権批判）を確認することができる。この著者の実名は明らかにされていないが、興味深いことに「コモンウェルスの実現を願いし者（a Well-wisher to the Common-wealth）」という名義で、チャールズ一世（Charles I, 1600-49）のノッティンガム挙兵により、正に「内乱」が勃発する直前の一六四二年七月一二日（史料に記されている直筆の日付に依拠するならば）に出版されたものと推測される。また『リチャード二世の生涯と死』には、G・トムリンソン（G.Tomlinson）とT・ワトソン（T.Watson）という二人の人物のために出版された旨が記載されており、この著作が（ヘイワードの『ヘンリ四世史』のように）議会を蔑ろにし、「コモンウェルス」に背いた国王としてリチャード二世を批判していることを考慮すると、議会派が国王派に対抗するために著したパンフレットと見るのが妥当であろう。事実、『リチャード二世の生涯と死』は八頁程度の小冊子であり、ヘイワードの『ヘンリ四世史』と比べると、文学的著作というよりはプロパガンダ的性格の強いパンフレットだと言える。特に「コモンウェルスの実現を願いし者」という著者名の続きにあるように、『リチャード二世の生涯と死』は「この破滅の時代（these times of Distractions）におけるあらゆる人間の観察」のために著されたのだった。

このパンフレットがリチャード二世に対して批判的であるのは、タイトルの『リチャード二世の生涯と死』の続きにおいて彼が次のように形容されていることからも明らかである。即ち、この著者によると、リチャード二世は「王国の賢人たち（the Sage and Wise of His Kingdom）の助言」を顧慮せずに「邪悪な助言（wicked and lewd Councell）」に従い、「民衆の利益（the good of the Commonalty）のみを考えていた、多くの善良なるイングランド臣民の生命と財産」を奪い、議会を召集しながら法を悪用することによって議員たちを弾圧したのだった。そして、こうしたリチャード二世の否定的な描写は、パンフレットの本文冒頭においても繰り返されている。この著者はリチャード二世の生い立ちに言及しながら、彼は「美貌と慈愛と気前の良さ（beauty, bounty and liberality）という点では彼のあらゆる先王たちを遥かに凌いでいた」が、「安息と平穏（rest and quietnesse）を好み、愛（loving）に溺れ、ほとんど武勲はなかった（little deeds of Arms）」と述べている。[31] このような意味で、彼は「未熟な（young）」人間であり、「王国の賢人たちの助言を全く顧みることなく、たいていは未熟な助言（young Councell）に支配されていた」のである。[32] こうした「未熟な」国王リチャード二世は、「この地〔イングランド〕を大いなる苦難の道へと誘い、彼自身も悲惨極まりない状況に陥ることになった」とされる。[33]

このようなリチャード二世の否定的なイメージは、次のジョン・ガワー (Gower, John, 1330?-1408) の『呼ばわる者の声 (Vox Clamantis)』の英訳引用によってさらに増幅される。

この王が統治を始めし頃、法は無視され、
そういう訳で巨万の富が彼の元へ行き、そして大地が恐怖に慄いた、
彼が課税せし者たちも、彼に対して反逆し、
やがて災難を嘆き悲しむ時が来る、年代記が語っているように。
邪悪で未熟な者たちの、愚かな助言 (The foolish Councell of the Lewd, and young) を受け入れて、
経験豊かな知者たちの、真面目な助言 (grave advice of aged heads) を拒絶した、
それからコインを欲する余り、臣民たちに罪を着せ、
彼らの財は王の手に行き、こうして彼は国を欺いた。[34]

前記の「邪悪で未熟な者たちの、愚かな助言」と対置される「経験豊かな知者たちの、真面目な助言」とは、主に議会の助言を指しているものと思われる。このことは、『リチャード二世の生涯と死』が国王派に対抗するため議会派によって著された(と推測される)、「内乱」期のパンフレットであることを想起すれば明白であろう。実際、このパンフレットはチャールズ一世を糾弾するため、リチャード二世が如何に議会の意向を無視して弾圧を加えてきたかを、歴史的事実として強調しているように見える。例えばこの著者は、リチャード二世が議会を悪用した事例として、一三八八年二月に開会したいわゆる「無慈悲議会 (merciless parliament)」を持ち出している。[35] この議会では、王の側近八名が断罪・処刑され、五名の裁判官がアイルランドに追放され、二名の司教がその職を剥奪されることになっ

たのだが、こうした処分は王が議会を動員して行った法の歪曲である、ということを印象づけようとしている。同時に、グロスタ公やウォリック伯らを反逆罪で告発した一三九七年九月の議会にも言及され、リチャード二世は議会を利用して不当に反逆罪を適用し、しかも議会の意向を無視して彼が思うがままにグロスタ公らの後任を決定したとされる。[36]そして何よりも、このパンフレットでは（ヘイワードの『ヘンリ四世史』のように）リチャード二世が廃位に追い込まれ、ヘンリ四世が新たな国王として即位するまでの過程について詳述されているのだが、こうした国王の交代があくまで議会の承認を通じて行われたことが強調されている。[37]そして、斯くして到来した新国王ヘンリ四世の御世は、前国王のものに比して「大いなる平和と平穏（much peace and tranquillity）」を享受したとされる。[38]

このように、我々は『リチャード二世の生涯と死』と（ヘイワードの）『ヘンリ四世史』の類似性を指摘することができる。即ち、『リチャード二世の生涯と死』では「コモンウェルスの実現を願いし者」というその著者名が示す通り、リチャード二世はイングランドの「コモンウェルス」を破壊した国王（タキトゥス主義者にとっての「暴君」）として糾弾されており、こうした（国王の交代の主張も含めた）王権批判といった点では、『ヘンリ四世史』におけるヘイワードの歴史叙述と軌を一にしていると言える。とりわけ、『リチャード二世の生涯と死』の中でリチャード二世は、議会の助言を無視したばかりでなく、私利私欲のために議会を悪用し、臣民に様々な弾圧を加えた国王として描かれている。こうした背景には、このパンフレットが国王派に対抗するため、議会派によって「内乱」勃発の直前に出版されたという経緯があり、議会を蔑ろにするチャールズ一世がリチャード二世の如く、廃位さるべきことを喧伝したプロパガンダといった性格を色濃く反映しているものと思われる。いずれにしても、『リチャード二世の生涯と死』は、リチャード二世をイングランドの「コモンウェルス」を破壊した国王として描き出すことを通じて暗に王権批判を展開している点で、およそ半世紀前に出版された『ヘンリ四世史』に範を採っており、急進的な政治的イングランド意識を示していると言える。

第2節　コモン・ローヤーの政治的イングランド意識

(1) エリザベス期の法学院について

前節では、エリザベス治世後期において、「エセックス・サークル」という（宮廷における「派閥」を軸に形成された）文学サークルに属する者たちが、汎ヨーロッパ的なタキトゥス主義の歴史叙述を参考にしながらも、イングランドの「コモンウェルス」といった観点から王権批判を展開したことを検証した。同時期にこうした急進的な政治的イングランド意識を示しながら、王権に対する権力批判を展開したのは宮廷と深い関りを持った人間だけではなく、法学院という宮廷外の政治的領域のコモン・ローヤーたちもまたそうであった。とりわけ、彼らはイングランドの「コモンウェルス」といった観点から、一五八〇年代までには訴訟の著しい増加に伴って不確実性を増し、法としての欠陥が顕在化しつつあったコモン・ローの改革の必要性を主張するとともに、そうした政治的イングランド意識を王権批判、即ち、国王大権に対する異議申し立ての方へと向けたのである。ここではまず、このようなコモン・ローヤーたちの急進的な政治的イングランド意識を考察するに先立ち、エリザベス期の法学院について概観しておく。

周知の通り、中世以来、コモン・ローという大陸諸国とは異なる法体系を発展させてきたイングランドにおいて、コモン・ローヤーたちは「第三の大学 (the third university)」とも呼ばれる法学院で研鑽を積み、ウェストミンスタを拠点として大きな政治的影響力を保持していた。しかしながら、その先行研究の少なさが示すように、法学院の初期の歴史は不明な点が多い。その原因の一つとして、法学院が自発的で法人格のない団体であり、創設者も知られていないなければ、特許状や制定法によって束縛されていた訳でもなく、また創設の時期を明示する正式な文書も存在しないということが挙げられる。[39]

法学院に関する記述は、ジョン・フォーテスキューの『イングランド法の礼賛について』の中にも確認でき、特に彼は大陸法に対するイングランド法の優越性を説きながら、法学院を幾分賞賛に満ちた色調で描写したのだった。[40]『イングランド法の礼賛について』は一五六七年に初めて英訳されて以降、コモン・ローヤーや尚古家たちに多大な思想的影響を与え続け、彼らは法学院を社会的に高い地位を保持したものとみなし、外部の世界から隔絶したものと考えるようになったのである。[41]とりわけ、こうした法学院の閉鎖性は評議員（bencher）による寡頭支配、成員のヒエラルキー的階級などの中に看取され、法学院は中世的な教育機関とみなされがちであった。

その一方で、このような法学院を中世との連続性の中で捉えることに対して異議申し立てが行われ、特に法学院研究の第一人者とも言えるW・R・プレストは主に組織・制度という観点から、一六世紀末〜一七世紀前半の法学院に注目した。[42]元々法学院はクラブや事務所や下宿屋のようなものとして始まり、コモン・ロー法曹のロンドン宿舎といった側面を持っていたのだが、プレストはこうした小規模で内向的な専門職のクラブから大規模で複雑な学寮風の公共教育機関へ、という法学院の変化を指摘したのだった。またプレストは、この時期の法廷弁護士（barrister）の社会的アイデンティティーを検証することにより、法学院が必ずしも外部の世界から隔絶していなかったことを印象づけた。[43]いずれにしても、ジェントルマン以上の階層の一般子弟にとってこの時期の法学院は、同身分の者たちと一定期間寝食を共にしつつ教養・法的知識を身に付けることを通じてエリート集団を形成し、成人後の広いしかも各方面で活躍する要人との交友・庇護関係を作っておく場であった。[44]また法学院は一般的に、裁判官・上級法廷弁護士・治安判事のような法曹の養成機関とみなされがちであるが、大部分の成員にとって法学院で学ぶ目的は、貴紳として安楽に生活するための法的知識を含めた「教養」と人的繋がりの獲得にあったと言える。[45]

同時にプレストは、コモン・ローヤーたちの社会的アイデンティティーの一側面として、彼らの宗教意識について取り上げている。プレストが成員の経済的・地理的・社会的な異質性を根拠に、一六世紀末～一七世紀初頭の法学院における宗教的多様性を主張しているように[46]、宗教的な観点では「内乱」期以前の法学院は決して一枚岩ではなかった。プレストの他にもこの時期の法学院の宗教を取り上げた研究はいくらか存在し、コモン・ローヤーと急進的プロテスタントの間の繋がりもしくは彼らの教会裁判所に対する敵意に注目したものや、法学院で活動していたピューリタン説教師やピューリタン・グループに属する法廷弁護士について考察したものなどがある[47]。例えば、説教師の任命という評議員の特権に注目しながら彼らの評議員会での投票を検証することにより、この時期の法学院のピューリタン的傾向が指摘されている[48]。またこの時期の法学院は、イングランドのピューリタン・ジェントリやピューリタンの法律家にとってロンドンにおける接触点（point of contact）であり、ピューリタン・ネットワークの強化・拡大に寄与したという見方もある[49]。ただし、プレストはコモン・ローヤーとピューリタンの結び付きを過度に強調することには慎重な態度を取り、一六世紀末～一七世紀初頭の法学院におけるピューリタン的傾向を、初期近代イングランド全般に見受けられる熱狂的なプロテスタンティズムの漸進的普及の一例に過ぎないとも述べている[50]。

他方、この時期の法学院に教皇派の国教忌避者やカトリックに共感する者たちが存在したことも指摘されている。プレストも、宗教的傾向を判断することができない大部分の成員を除くと、法学院においてピューリタンが圧倒的多数を占めていたとしているものの、決してカトリックの存在を否定した訳ではなかった[51]。こうしたプレストの主張に比べ、G・パーミタはエリザベス期の法学院がカトリシズムの温存に対して果した役割をより積極的に評価していると言えよう[52]。まずパーミタは当時の法学院がカトリシズムを温存し得た要因として、特権を持った専門職の団体もしくは教育団体としての法学院のユニークな性格、特に法学院のチャペルが主教の統制を大いに免れていたことを挙げている[53]。同時に彼は、法学院での共同生活が宗教的寛容を生じさせ、教皇派の成員だけでなく、ピューリタンの成員にも異常なまでの宗教的自由が与えられていたとしている[54]。そして、このような国教忌避に対する宗教的寛容の故に、この時期の法学院は教皇派の国教忌避者の流入を招いたのであるが、評議員たちがカトリックの成員を迫害することは稀であった。[55]いずれにせよ、パーミタは、エリザベス期の法学院はその影響力の強さや威信の故に、カトリックの存在が認識されていたにも拘らず、政府による宗教上の干渉を受けることはほとんどなかったと結論づけている。[56]

（2）ウィリアム・フルベックの反王権的コモン・ロー理論

以上のように、エリザベス期の法学院は社会との関りを維持しながら、ある程度外部からの干渉を免れていたという意味で独立性を持った団体であった。特にこの時期の法学院におけるピューリタニズムはコモン・ロー法曹たちのアイデンティティーを強化するとともに、国教会もしくは王権からの独立という意識を次第に醸成していったと言える。とはいえ、彼らのこうしたアイデンティティーや意識の一番の拠り所は、やはりイングランド固有の法たるコモン・ローであった。

既に触れたように、エリザベス治世後期の法学院ではコモン・ロー改革の必要性が強く意識されつつあったのだが、ウィリアム・フルベック (Fulbecke, William, 1559/60-1602?) はイングランド固有の法たるコモン・ローの合理的な体系化のための理論を構築した第一人者と言えよう。[57]とりわけ、彼はイングランドの「コモンウェルス」といった観点からコモン・ローの理論構築を試みるとともに、反王権的な主張もしくは国王大権に対する異議申し立てを行っており、この意味で急進的な政治的イングランド意識を有していたのだった。

フルベックはオクスフォード大学でローマ法の修士号を取得後、グレイズ・インの一員となり、その後、大陸の大学に一年間留学してそこでローマ法の博士号を請求した。[58]イングランドの大学は彼のローマ法博士としての地位を認めなかったが、彼はローマ法との比較考察を通じてコモン・ローを合理的に体系化するための知識と能力を備えていた。[59] こうした比較考察の一環として彼は古代ローマの歴史に関する著作を書いているのだが、[60]「暴君」の専横と宮廷の「腐敗」を中心とした歴史叙述の中に（前節で取り上げたような）タキトゥス主義の歴史観の影響を看取することができる。同時に、フルベックはグレイズ・イン出身のコモン・ローヤーであり、後述のグレイズ・インの祝宴に見られるようなコモン・ロー改革への強い志向、あるいは国王大権に対する反感といったメンタリティを共有していたと推測される、というのもここで彼の政治的イングランド意識を検証する理由である。

フルベックはコモン・ローに関する複数の重要な著作を残しているのだが、[61] 特に『法学研究のための心得あるいは準備』[62] はそのタイトルが明示するように法学研究の際の方法や心構えを解説したものであり、当時のイングランドのコモン・ローヤー（あるいはローマ法学者）たちの教科書とも言えるものであった。まず彼はこの著作の中で、キケロとプラトンを引用しながら「コモンウェルス」における法の重要性について説明している。[63] 即ち、「公共の利益(publik profit)と何ら関係のないものは法の名に値しない」のであり、「我々の祖先は十分な徳と知恵を持ち合わせていた」ため、「法を作り上げる際に公共善(publike good)のことのみを考えていた」のだった。[64] とりわけ、「立法者(a Law-maker)」には考慮すべきことが三つあり、それは「コモンウィールに相応しい自由(the couenient liberty of the comon weale)が法によって告発されることのないようにすること」、「法が人民の間の親交(amity)を維持するようにすること」、「法が人民に知恵を授けるようにすること」であった。[65] 同時にフルベックは、アリストテレスに依拠することによっても、「コモンウェルス」の法について言及している。アリストテレスが認めているように、神は成文法(a written Law)によって統治さるコモンウィールを統べられる、何故ならば、法は我々が享受すべき自由の擁護者であり、その上現世において法によって保障された自由ほど快適なものはないから。というのも、人身に危害が加えられるかもしれないという恐怖から解放されること、安心して人との社交を享受すること、したがってコモンウィールの統治が、非常に有徳ではあるが法の統治と指針のない状態で、あらゆる一者 (any one man) の手に委ねられぬことほど幸福なことはあろうか。[66]

ここで示唆されているのは、フルベックが「神」との関係の中で不文法であるコモン・ローではなく、「成文法」を「コモンウィール」の統治原理とみなしていること、そして、「コモンウィール」が法を蔑ろにする（プラトン的な有徳な王による「哲人政治」さえも含めた）「あらゆる一者」に統治されるべきではないと述べることにより、反王権的な主張もしくは法を通じた制限王政の提唱を行っているということである。

まず前者の「成文法」（あるいはローマ法）の支持といったフルベックの法学的立場の背景には、「慣習」に依拠した不文法たるコモン・ローの不明瞭さという彼の問題意識があったと言える。つまり、「神は曖昧な法 (the law being ambiguous) が意見の衝突 (dissentions) をもたらさぬように確固たる法 (certain lawes) を定立された」[67]のであり、フルベックは「成文法」をこうした曖昧さを免れた法として評価しているのである。そして、彼がこのコモン・ローの不明瞭さという問題を解決する際に重視したのが、ローマ法の「理性」という概念であった。

フルベックによると、「法の理性は法の生命と魂」であり、「完全に理性を欠いた法など存在しない」のだった。[68]しかしながら、こうした法の「理性」は「非常に曖昧で不確かな (so obscure, and vncertain)」性質を持っているので、「発見され、言葉で表現され、他者に伝えられることはほとんどない」という。[69]このように、法の「理性」は人間にとって認識するのが困難なものと言えるのだが、その一方で、法とは「賢者たちの発明品」であり、「あらゆる公共の事柄を為す際に彼らが常に理性を用いてきた」のもまた事実であった。[70]したがって、フルベックは「法の理性が姿を見せないからといって、あらゆる法は理性を欠いていると考えるべきではない」と述べている。[71]というのも、「物事を生じさせた理性を発見することができないからといって、既に生じてしまった物事を認識しようとしないのは正しくない」からである。[72] いずれにせよ、フルベックは「法の理性を発見することができない」ということを口実に、「賢者たちによって作られた法が実に理性を欠いている」と主張することに不支持を表明している。[73]

このようにフルベックは、法にとって「理性」が不可欠なものだとみなしているのだが、彼によると、「理性」は法を解釈するためのものでもあった。とりわけ、「共通理性 (common reason)」と「真意解釈 (intendement)」は「法の最高の解釈者 (The best interpreter)」だとされている。[74] そして、「今日まで常に確固たる解釈 (a certaine interpretation) を獲得してきたものは理由なく変更さるべきでない」し、コモン・ローのようなイングランド人の「共通の同意 (common consent) によって確立され、認められた」ものも容易に変更されるべきではないと述べている。[75] また彼は、「慣習」が「多数者の理に適った同意 (the plausible agreement of the multitude)」によって認められたものである一方、法は統治者の命によって即座に生じるものであり、「多くの場合、法に束縛される者たちの都合に反している」といった区別を引き合いに出している。[76] その上で彼は、コモン・ローはイングランド人の「共通の許可 (common allowance) によって作られ、認められた」が故に法であると断言している。[77] というのも、コモン・ローはイングランドで実際に「法として広く用いられて」おり、そういった実用性を欠いたものは法として役に立たないからである。[78] このようなコモン・ローは、偏にイングランドの「公共の安寧 (publike tranquilitie)」に資するものでなければならず、コモン・ローがそうした目的を出発点にしているということは自明だと考えられなければならない、と彼は主張している。[79]

一方、後者のフルベックによる反王権的な主張もしくは法を通じた制限王政の提唱[80]については、次のような彼の神法に関する言及の中にも看取される。即ち、彼によると、「神は法をお作りになった」のであり、「法の濫用の復讐者 (the reuenger of the abuse thereof)」である。[81] そして、こうした神法はあらゆる物事の基準となるものであり、それ故に法を口実に過ちを犯した如何なる人間も神によって罰せられるのである。[82] このように、神は「助言と裁きの監視人に

して審判者 (the beholder and vmpier of Counsailes and Iudgements)」であり、「人間の裁き」ではなく「神の裁き」を優先せねばならないのだった[83]。仮に神法のこうした優れた働きを軽視するならば、それは「宗教心篤き人間」や「神の思し召しに従って職務を果そうとする高位の者たち」や「神に大いに思いを巡らす者たち」がいないことの証である、と彼は述べている[84]。

このように、フルベックは神法を通じた王権の制限といった議論を展開しているのだが、同時に彼は世俗の法という次元においても制限王政について論じている。フルベックによると、キリストは「裁き人たち (the Iudges)」に支配権を与え、彼らは「諸民族の法と慣習 (the Lawes & customes of nations)」、「モーセ、ヨセフ、ダニエル・・・・の法」、あるいは「異教徒の法 (the lawes of the heathen)」によって「コモンウィール」を統治した[85]。こうした世俗の法の中でも、とりわけ「国王と行政官の政治的な法」が重要であった[86]。何故ならば、既存の法の中に「卓越した機知」や「優れた知恵」や「人間生活の全過程のための有益な指針」が含まれていない場合、「偉人 (great men)」の行為や思考を模範にして新たな法が形成されるからである[87]。このような「コモンウェルス」を維持するための法改革は王権によって定められた法に対しても適用され得るものであり、フルベックがそうした法改革の主体とみなしたのが「立法家たち (lawyers)」(あるいはコモン・ローヤーたち) であった。即ち、フルベックは古代ローマの歴史を引き合いに出しながら、ファビウス家、クラウディウス家、スキピオ家出身の「立法家たち」が、「世俗と向き合いつつ人民の荒々しい性向 (the boysterous & turbulent affections of the people) に対処する水先案内人としての経験を用い」ることにより、「彼らのコモンウィールを統治した」と述べている[88]。

以上のように、フルベックのコモン・ロー理論は次のような特徴を持っていたと言える。一見したところ、フルベックは「理性」という概念と法としての明瞭さを保持した「成文法」(あるいはローマ法) を重視しているようだが、彼は決してイングランド固有の法たるコモン・ローを軽視している訳ではない。即ち、フルベックはローマ法の「理性」

を参考に、当時法としての欠陥が顕在化しつつあった、曖昧な不文法たるコモン・ローの改革を試みたのであり、このことはコモン・ローとローマ法の両方を修めた彼の経歴からも窺い知ることができよう。とりわけ、彼はコモン・ローの「慣習」の起源を「共通理性」に求めることによって両者を理論的に結び付けた、言い換えるならば、コモン・ローはイングランド人の「共通の同意」によって形成され、しかも長い間実際に法として用いられてきたが故に法である、と考えたのだった。そして、こうした「慣習」と「理性」を兼ね備えたコモン・ローは、イングランドという「コモンウェルス」における「公共の安寧」をその第一義とするものであった。したがって、「コモンウェルス」に反する人間は法を犯していることになり、そのような行為は国王と雖も許されるものではなかった。特にフルベックは「あらゆる一者」による統治を否定的に捉えており、彼はこういった反王権的な主張の論拠として、神法に基づいた制限王政に加え、古代ローマの歴史を持ち出した。つまり、フルベックは古代ローマの「立法家たち」を「コモンウェルス」の統治の主体とみなしたのであり、国王大権に対する異議申し立てとイングランドの「コモンウェルス」のためのコモン・ローヤーたちの主体的な政治参加、という急進的な政治的イングランド意識を示したのである。

（3）小括

以上のように、ここではウィリアム・フルベックの著作を手掛りに、エリザベス治世後期のコモン・ローヤーの政治的イングランド意識について一瞥を試みた。一見したところ、フルベックは「理性」という概念と法としての明瞭さを保持した「成文法」（あるいはローマ法）を重視しているようだが、彼は決してイングランド固有の法たるコモン・ローを軽視している訳ではなく、むしろローマ法の「理性」を参考にしながら、当時法としての欠陥が顕在化しつつあった、曖昧な不文法たるコモン・ローの改革（あるいはその新たな理論構築）を目指したのである。彼によると、コモン・

ローはイングランド人の「共通の同意」によって形成され、しかも長い間実際に法として用いられてきたが故に法であり、こうした「慣習」と「理性」を兼ね備えたコモン・ローは、イングランドという「コモンウェルス」における「公共の安寧」をその第一義とするものであった。同時に、フルベックは「あらゆる一者」による統治を否定的に捉えており、彼はこういった反王権的な主張の論拠として、神法に基づいた制限王政に加え、古代ローマの歴史を持ち出した。言い換えるならば、フルベックは古代ローマの「立法家たち」を「コモンウェルス」の統治の主体とみなしたのであり、国王大権に対する異議申し立てとイングランドの「コモンウェルス」のためのコモン・ローヤーたちの主体的な政治参加、という急進的な政治的イングランド意識を示したのである。

いずれにしても、フルベックの政治的イングランド意識は、イングランドの「コモンウェルス」を大義とした①コモン・ロー改革（尤もその際の汎ヨーロッパ的なローマ法の貢献は軽視さるべきではない）、②国王大権に対する異議申し立て、③コモン・ローヤーたちの主体的な政治参加、を主張するものであった。とりわけ、フルベックのコモン・ロー改革の成果としての「慣習」と「理性」の理論上の結合は、初期ステュアート朝におけるコモン・ローの合理的な体系化を先取りするものであり[89]、反王権的な急進性と相俟って「古来の国制」論の理論的基礎になったものと思われる。

（付論②）祝宴に見られる法学院の反王権的メンタリティ

以上のようなフルベックの急進的な政治的イングランド意識は法学院（既に述べたように、彼はグレイズ・イン出身のコモン・ローヤーであった）という宮廷外の政治的領域で育まれたものだと推測される。とりわけ、一五九四年一二月一二日から一五九五年一月六日にかけてグレイズ・インで催された祝宴は、コモン・ロー改革の重要性を表象する一方で、王権批判を思わせるような暗示を含んでいた。このグレイズ・インの祝宴では、前記のクリスマスの祝祭期間限定で「パープール王国（the realm of Purpoole）」[90]という仮構的な国家が樹立され、新国王ヘンリの選出、財源の確保や使節の派遣、即位の式典を皮切りに、国王と枢密院を中心とした一連の模擬的な国家運営が為された。中でも、エリザベスの前で演じられた仮面劇はフランシス・ベイコンによって製作されたと言われており、大部分がコモン・ローヤーから成る観衆にイングランド法の体系化を提案するものであった。[91]こうした当時の祝宴の様子については、一六八八年初版の『グレイズ・インの演劇』[92]という史料に詳しく記されている。ここで『グレイズ・インの演劇』を取り上げるのは、法学院という比較的纏まりを持った団体の中で共有されていた（と思われる）、コモン・ロー改革の意識あるいは国王大権に対する反感を窺い知ることができるからである。

一五九四年一二月一二日、グレイズ・インの成員たちは、彼らの中から前述の劇を演じるメンバーを選出し、それぞれの役割を決定した。[93]この演劇では、他の法学院も主権国家として登場することになっており、特にインナー・テンプルは同年一二月一四日、（グレイズ・インにあると仮想された）「パープール王国」の宮廷へ使節を派遣するよう要請された。一二月一八日、インナー・テンプルはグレイズ・インのこの要請を受諾し、「テンプラリア国（the State of Templaria）」として「フレデリック・テンプラリウス（Frederick Templarius）」という名の大使を宮廷に送った。一方、「パープール王国」では国王以外の八〇人の官吏が選ばれ、それらの官職の中には（現実のイングランド王国の）議会議長・王座裁判所主席裁判官・財務府長官に相当するものや「パープール王国」独自のものが含まれていた。[94]そして一二月二〇日には、「パープール王国」の国王役を演じる成員が彼の学寮からグレイズ・インの大広間へと行進し、顧問官や貴族たちに囲まれながら玉座に着いた。その後、新国王の即位が正式に承認され、彼の王権はすぐに可視化されることになった。「パープール王国」の国王は由緒ある血統を体現するばかりでなく、王権への服従を正当化するものとしての、古来の不文法であるコモン・ローをも象徴していた。[95]このように、「パープール王国」の国王は絶対的権力を有する君主と仮定され、事実、彼が臣民に向けて行った演説は「仮にも彼が定めし法を破ろうとする際の口実を少しも示していなかった[96]」のだった。

ただし、こうした家父長的な統治の象徴は完全な支持を得ていた訳ではなく、続くグレイズ・インの祝宴において異議申し立てが行われることになった。以下のコモン・ローヤーたちによる反乱は、彼らが法を専門とする団体としての自負をますます持つようになったことを示唆するとともに、イングランドという国家の政治的発展のため、これまで「統治の秘術（arcana regni）」とされてきた事柄に関ろうとする彼らの意志を示すものであった[97]。

一五九四年一二月二八日、インナー・テンプルの大使はパープール国王に謁見することになり、国王との対面に先立ち大使に対する信任状の授与が行われたのだが、この授与式は群集の蜂起によって中断されることとなった[98]。即ち、大使が任命されるや否や、舞台で「無秩序な暴動と群集の殺到（a disordered Tumult and Crowd）」が起り、大使の任命を実行するのは不可能なように思われた。大使とその従者たちは、自分たちが「それほど歓待されていない」と思い、幾分不快な気持ちになりつつ「今はこれ以上〔パープールに〕留まるまい」と考えた。彼らがパープールを発った後、「群集の殺到と暴動の大部分は継続しながらもやや鎮静化する」ことになった。そして、このような群集の蜂起は「混乱と罪過（Confusion and Errors）」しかもたらさなかったので、この日は後に「罪過の夜（the Night of Errors）」と呼ばれることになったとされる。

その後、この「罪過の夜」の群集の蜂起に関する尋問が行われることになり、群集を煽動したと目される一人の男が「魔術師（a Sorcerer or Conjurer）」として取り調べを受けた[99]。そして、パープール国王への反逆の廉で、彼に対して有罪判決が下されることになった。しかしながら、「魔術師」の男が事の真相を明らかにするための請願をパープール国王に申し出たので、国王はこれを許可して彼の請願の内容が官吏によって読み上げられた。この「魔術師」の男の請願は、「法務長官（Attorney）」と「法務次官（Sollicitor）」の「不正と詐欺（the Knavery and Juggling）」を告発するものであり、彼らが国王や裁判所の目を欺き、自分を蜂起の首謀者に仕立て上げようとしたことを指摘していた。[100]「魔術師」の男は彼らの不正を裏付ける確たる証拠を提示し、「パープール王国」の評議会や貴族ならびに官吏たちの「職務怠慢 (the Negligence)」と「人を馬鹿にしたような統治 (the Rule of the Roast)」が暴露され、「こうした者たちの助言により、コモンウェルスの統治は散々に誤ったものとされることこの上なかった」ことが明らかになった。[101]その結果、「魔術師」の男は無罪放免となり、「パープール王国」の「コモンウェルス」を乱した「法務長官」や「法務次官」たちが拘禁された。斯くして、「罪過の夜」とその一連の出来事は終幕を迎えることになったのである。

以上のようなグレイズ・インを中心とした法学院のメンバーたちによって演出された「罪過の夜」は、次の二つの重要なことを示唆していると言える。一つは、（この演劇はエリザベスが仮面劇を観賞するためにグレイズ・インを訪れる以前に行われたものであるが）「テンプラリア国」の大使の任命というパープール国王の決定に対して異論が唱えられ、結果として群集の蜂起を引き起すことになったということである。また「罪過の夜」後の尋問では、群集を煽動したとされる「魔術師」の男が、パープール国王への反逆の廉で一旦は有罪の宣告を受けたが、この決定はすぐに覆されることになった。即ち、「パープール王国」の高官たちが不正を働くことによって王国の「コモンウェルス」を害していたことが暴露され、「魔術師」の男（あるいは群集）は無罪となり、逆に高官たちが処罰されることになったのである。そしてここでは、国王に対する反逆から「コモンウェルス」のための決起へ、という群集の蜂起の正当化が示唆されていると言える。

もう一つは、「罪過の夜」において、（彼らの真の目的が何であれ）群集の蜂起の矛先が結果的にコモン・ローを象徴するパープール国王に向けられたことに加え、「パープール王国」の法を司る筈の「法務長官」や「法務次官」らが最終的に罰せられることになった訳だが、こうした演出がコモン・ローヤーたちのコモン・ローそのものへの不満を表象しているということである。[102]とりわけ、一五八〇年以降の中央法廷での訴訟の急増により、イングランド法の不確実性が顕在化しつつあったのだが、このような法制度の欠陥に対する不満は一般の人々のみならず、コモン・ローヤーたちにも共有されたものであった。それ故に、「罪過の夜」における群集の蜂起は、正に現行の法制度がもはや時代遅れでコモン・ローを改革する必要がある、というコモン・ローヤーたちの意識を反映したものだと言えよう。

いずれにせよ、このようなグレイズ・インの祝宴は、エリザベス治世後期に法学院という宮廷外の政治的領域で反王権的メンタリティが見られるようになったことを示唆している。それ故に、先述のフルベックの急進的な政治的イングランド意識は法学院における研鑽の中で育まれたものである、という解釈は強ち的外れでないように思われる。

第3節　ピューリタンの政治的イングランド意識[103]

（1）エリザベス期のピューリタニズムと「マープレリト書簡」

エリザベス治世後期における、政治的イングランド意識の急進化のもう一つの事例は、ピューリタンたちが「公共圏」という宮廷外の政治的領域で展開した出版活動である。彼らはイングランドの「コモンウェルス」といった観点から、（国家の統治との関係の中で）国教会の「改革」の必要性を説き、国教会側の反撃を受けながらも、そうした文脈の中で国教会（あるいは王権）に対する権力批判を行った。ここでは、このような急進的な政治的イングランド意識を醸成したエリザベス期のピューリタニズムと、そのハイライトとも言える「マープレリト書簡」の出版について概観したい。

周知の通り、ピューリタニズムという用語は様々な意味を持ち、論者によってそれぞれ異なった定義が為されてきたと言っても過言ではなかろう。例えば、一般的に、ピューリタニズムを奉ずる者たちは聖書に従って教会のより一層の純化を目指した、あるいはカルヴァン主義的な立場から教会の国家からの独立を主張したとされている。ピューリタニズムとその他の宗教（特にアングリカニズム）を分かつものは、こうした神学的差異のみならず、各々の宗教を信奉する人間の社会的差異であったとも言えるが、ピューリタニズムとアングリカニズムに関する限り、両者の間に教会の「改革」を巡る宗教上の差異があったのは確かであろう。即ち、ピューリタニズムはエリザベスによる宗教改革を不徹底とし、国教会内部での更なる「改革」を目指したという見方は、比較的広く受け入れられているように思われる。言い換えるならば、ピューリタニズムとアングリカニズムの境界は曖昧であり、これらの用語はエリザベス期の国教会体制の確立から一七世紀半ばの「内乱」に至る、複雑なイギリス教会史を説明するためのものに過ぎない。[104] したがって、この時期のピューリタニズムを単一の宗教とみなすことについては慎重でなければならない。

後のカンタベリ大主教ジョン・ホイットギフトのジョン・フィールド（Field, John, 1545-88）やトマス・ウィルコックス（Wilcox, Thomas, 1549?-1608）やトマス・カートライト（Cartwright, Thomas, 1535-1603）らに対する攻撃に見られるように、一五七〇年代初頭までにはピューリタニズムの活性化とそれに伴う反ピューリタニズムの醸成が進行していた。政治理論とその実践という面で、ピューリタニズムはカートライトの「混合政体」論が示す如く、教会と国家の権力を「人民（the people）」に委譲しようとしたとされる。[105] こうした「民衆性（popularity）」を保持したピューリタニズムの政治理論は、当然ホイットギフトら国教会側の目にはアナーキーなものに映り、彼らはこれに対抗すべく王権の至上性を謳った政治理論を提示した。[106]

とりわけ、一五八八年という時期はピューリタニズムにとって大きな転換点であった。同年のアルマダ撃退によってイングランドにおけるカトリックの脅威が軽減された結果、ピューリタニズムが主たる宗教的弾圧の対象となった、というのは些か極端な説明であろうが、少なくともこの年に最大のパトロンだったレスタ伯が死去したのは、ピューリタニズムにとって大きな痛手であったことだろう。[107] レスタ伯の後援は穏健派ピューリタンのエドマンド・グリンダルに止まるものではなく、より急進的な長老主義者のジョン・フィールドにも及んでいた。伯の死を以て、ピューリタニズムはその政治的足場を失い、ピューリタン運動が下火になったと言うことはできよう。しかしながら、このことは宗教としてのピューリタニズムそのものの衰退を意味しておらず、その信奉者たちは長老主義に依拠した「改革」の実現に総力を結集したのだった。一五八八年一〇月以降の「マープレリト書簡」と呼ばれる一連のパンフレット群の出現は、正にピューリタニズムのこうした試みの産物だと言える。

説明するまでもなく、これは「マープレリト」の名の下に出版されたもので、イングランド国教会を激しく誹謗・中傷するものであった。[108]恐らく「マープレリト」は偽名であり、複数の人間が関与していたものと思われるが、その正体ははっきりとしていない。[109]ホイットギフトを中心とする国教会側は、「マープレリト書簡」の執筆・印刷・流布に関ったと目される者たちの逮捕に乗り出してこれを弾圧するとともに、同書簡による誹謗・中傷に対する返答を行った。というのも、「マープレリト書簡」を巡る論争は教会という領域を越え、より広範な場所で展開されていたからである。[110]そのような中、一五九三年に非国教徒のウェールズ人、ジョン・ペンリ(Penry, John, 1562/63-93)が「マープレリト書簡」の著者として処刑され、一連の論戦は収束に向かうことになった。

ペンリはウェールズにおける根強いカトリック的傾向に不満を抱き、より徹底した説教の必要性を主張するとともに、旧約聖書のウェールズ語への翻訳(新約聖書のウェールズ語への翻訳は一五六七年に既に行われており、旧約聖書のウェールズ語訳も一五八八年に登場することになった)を要求した。[111]またソールズベリ主教座聖堂参事会首席司祭のジョン・ブリッジズ(Bridges, John, 1536-1618)は、聖書では規定されていないが歴史的慣行として成立したものとして主教制度を擁護したのだが、[112]聖書を重視するペンリのような「改革者」たちにとってこうした議論は受け入れ難いものであった。「マープレリト書簡」は、ブリッジズのこのような主張に反論するために著されたと言うことができよう。そして、ブリッジズに対する反論の中で、「マープレリト書簡」が強調したのは次のような点であった。

即ち、新約聖書に定められている教会のあり方は不変のものであり、特に教会は「牧師（pastors）」・「教師（doctors）」・「長老（elders）」・「執事（deacons）」という四つの教職によって統治されるとしている。したがって、主教や司祭といった権威主義的な階級は不要であり、前記の四つの教職に就いた者たちが聖奠などを執り行う責務を負うとされる（ただし、世俗の統治には関与すべきでないとされている）。

（2）「マープレリト書簡」における国教会批判

数ある「マープレリト書簡」の中でも、特に一五八八年一一月に出版された二番目のパンフレット『嗚呼ジョン・ブリッジズ博士の価値ある著作を読み給え』はそのタイトルが明示するように、前述のブリッジズの主張に抗して、イングランド国教会の主教制度を批判したものであった。（正体不明の）著者自身が「よほど弱り切った馬でない限り運搬可能な……携帯用の書物（a portable booke）」[113]とユーモアたっぷりに自慢している如く、このパンフレットは婉曲的な長文のブリッジズの著作とは異なり、「平易な英語（plain English）」で簡潔に書かれている。[114]こうした文体の志向は、キケロ主義の雄弁なラテン語から近代英語の成立へ、という言語に関する意識の変化を示すものと言える。[115]

まずこのパンフレットの著者は、カンタベリ大主教ジョン・ホイットギフト、ロンドン主教ジョン・エイルマ、ウィンチェスタ主教トマス・クーパー（Cooper, Thomas, 1517?-94）、リンカン主教ウィリアム・ウィッカム（Wickham, William, 1539-95）の四人の名前を列挙し、[116]次のように彼らを非難している。

我が願いは、貴僧らの御地位が如何なるクリスチャン・コモンウェルスにおいても許容されるものか否か、ということを検証することである。私は言おう、許容されないと。また私は言おう、カンタベリのジョンらはその御地位を退くべきだと。大主教は皆小さき教皇 (a petty Pope) であり、主教もまた然り。貴僧らはご自身のことしか頭にない、拝金主義者か飢えた狼か (hirelings or wolues)。仮に敢えて私に反論なさるご気概をお持ちならば、それを示し給え。さもなくば、我が同胞・子孫はいつかきっと貴僧らの没落を目にすることになろう。[117]

ここでは、前記の四人を中心とする国教会の大主教と主教の堕落について指摘されており、イングランドという「クリスチャン・コモンウェルス」においてこのようなことはあってはならない、と述べられている。言い換えるならば、この著者はイングランドの「コモンウェルス」という観点から国教会に対する権力批判を行うとともに、国教会の「改革」の必要性を訴えているのであり、このような意味で急進的な政治的イングランド意識を示している。特に著者は大主教と主教を「小さき教皇」、即ち、ローマ・カトリックの手先と呼びながら、かなり挑発的なトーンで彼らの堕落を厳しく糾弾している。ここで明らかなように、このパンフレットにおける主たる攻撃の対象は（ローマ・カトリックは言うに及ばず）イングランド国教会の大主教ならびに主教であったのだが[118]、こうした攻撃は彼ら各々の堕落した個性というよりは、国教会の主教制度そのものに向けられていると言える。とりわけ、著者は政教分離といった立場から、主教制度を廃して長老主義を確立すべきことを力説するのであった。

このパンフレットの著者はペテロに依拠しながら、「国家の統治 (the ciuill gouernement) は人間が司る」ものであると述べる一方、教会はキリストが定めた「牧師」と「教師」という二つの教職によって統治されるとしている。[119]ただし、「教会の統治 (the Church gouernment)」もまた人間によって運営されるが故に、「コモンウェルスにおける国家の官吏 (ciuill officers) と同じくらい多くの種類の教職者 (ministers) が教会に存在する」可能性も著者は否定していない。[120]というのも、「国家の統治」も「教会の統治」も「神の御言葉」、即ち、聖書で維持されるものではないからであった[121]。とはいえ、このパンフレットの著者の国家と教会、あるいは政治と宗教に対する考えは明確であった。著者は、キリストが自らの職務をよく心得ており、「外面的な政治（externe pollicies）」に干渉したり、「王国の改革」を試みたり、「王位の簒奪」を企てたりしようとしなかったことを引き合いに出しながら、宗教的な人間は政治に関与すべきではないと主張している[122]。そして、著者はその理由を次のように説明している。

仮にこれら二つの官職、つまり、教会のものと国家のもの（ecclesiasticall and ciuill）があまりにも混同されている場合、両者がお互いの職務に関与するのは合法的かもしれないが、決してコモンウェルスに安寧秩序がもたらされる筈はない[123]。

ここでは、（イングランドの）「コモンウェルス」を維持するには国家と教会の区別が十分に為される必要がある、ということが述べられているのだが、こうした政教分離の理論は主教制度を批判する際に援用されている。

即ち、著者はイングランド国教会の主教のような、説教のために任じられた「国家の官吏（ciuill gouernors）」の是非を問い掛け、それに対する不支持を表明している[124]。なぜならば、著者によると、イングランド国教会の主教の中には「最高の説教壇破壊者（very great breakepulpits）」が存在し、「説教において驚くほど未熟（marueilous rawe gifts in preaching）」な人間がいるのは否定し得ない事実だからである[125]。ところが、こうした主教はまともに説教を行おうとせず、却ってその無能さを露呈しないで済むため、あたかも真の教職者であるかのように信じられ、まるでイングランド人（特にピューリタン）が教職者でない人間の説教を聞き入れる意志があるかのように、「国家の官吏」への抗議が満足に為されていない、と著者は嘆いている[126]。要するに、「主教の罪（Bishops sin）」は、彼らが「国家の官吏」であると分かっていながら教職者であろうとする、あるいは彼らが教職者であると分かっていながら「国家の官職

(ciuil offices)」を担おうとすることであり、著者は「国家の官吏」は決して教職者になってはならない、と繰り返している[127]。

このように、教職者が主教という「国家の官吏」である場合、それは「コモンウェルスにとって危険」だという点で、著者は論敵の一人のジョン・エイルマに賛同すると述べている[128]。しかしながら著者は、エイルマがこういった政教分離の主張にも拘らず、彼自身がロンドン主教であったことについて次のように皮肉っている。

さて同胞たちよ、彼自身が主教であるからといって、この学識ある男の意見をやはり軽んじてはならない。というのも、実に彼がこれら二つ〔国家と教会〕の官職を結合させて以降、〔政治と宗教の混同が「コモンウェルス」にとって有害であるという〕彼自身の主張が彼の場合に当てはまることを示してきたから。彼が主教になって此の方、彼の全努力は我々に如何なる教会あるいはコモンウェルスの安寧秩序ももたらしていないではないか。主教の罪とは彼らが国家の官吏であること、そして彼らは主教であるが故に国家の官吏であることだ、ということが今やはっきりとお分かりであればと思う[129]。

つまり、ここでは、エイルマ自身がロンドン主教となることによって国家の官職と教会の教職を混同させ、「教会あるいはコモンウェルスの安寧秩序」を損ねてきたことが指摘されている。結局、このパンフレットの著者にとり、主教とは国家の官職と教会の教職を兼任した者のことであり、政教分離という観点からも、そして何よりもイングランドの「コモンウェルス」という観点からも、主教制度は到底受け入れられるものではなかった。

「改革」には比較的慎重な態度を示していたピューリタン穏健派のジョン・ユードル (Udall, John, 1560?-92) もまた、政教分離といった観点から主教制度を批判（もしくは長老制度を擁護）している。とりわけ、ユードルは問答形式を用いながら、長老制度が永続的に採用されるべきことを説いている。例えば、長老制度によって教会の事柄における君主権が奪われてしまうのではないかという異論に対し、彼は長老制度とは別に、長老の同意を得た上で君主が教会の統治を監視するので、ダヴィデの時代や現在（即ち、エリザベス治世）ほど君主の教権が損なわれることはない、と回答している。[130] また長老制度はイングランドの「コモンウェルス」の状態を「完全に民衆的なもの (a meere popularitie)」へと変え、「コモンウェルス」の統治を変更することになるのではないかという異論に対しては、長老制度によって「君主から小役人に至る (from the princes throne, to the office of the headborow)」あらゆる行政官に害が及ぶことはなく、「コモンウェルス」の如何なるものも変更されることはない、と回答している。[131]

先のパンフレットにおける政教分離の議論も、イングランド国教会の主教制度の批判という教会統治に関する事柄に重点が置かれてはいるが、より世俗的な王権のあり方についても触れている。特にこのパンフレットの著者は、「議員たちはその国王あるいは女王に抵抗すべきである」と主張することにより、世俗的領域における王権の影響力をも制限しようとしている。[132] この著者の言葉を借りるならば、「仮に議会がその特権 (their priuiledges) を用いるとすると、国王は議会なしに何事も決定することができない」のであって、国王が議会を無視して物事を決定した場合、それは国王が議会の特権を侵害するといった過ちを犯しているということであり、議会がそのような事態を見過ごすのは愚行以外の何物でもなかった。[133] 同時に著者は、自身の法解釈ではヘンリ八世期の国王布告は制定法としての効力を保持していなかったと述べた上で、この時期の議会を国王に対する「抵抗」を実践した事例として取り上げている。[134] つまり、ヘンリ八世期以降、議会によってイングランド宗教改革がもたらされる訳だが、その際に議員たちが「彼らの国王あるいは女王の御意向に背き」ながら、「神の御栄光とコモンウェルスの利益」のためのあらゆる事を合法的に為してきた、ということに著者は同意している。[135] 言い換えるならば、著者は宗教改革をイングランド史の中の輝かしい出来事として描くとともに、その過程でイングランドの「コモンウェルス」のために王権への「抵抗」を実践した議会を称賛したのだった。

いずれにせよ、「マープレリト書簡」は修辞的なラテン語ではなく「平易な英語」というある種の言語的「ナショナリズム」に依拠しながら、イングランド国教会に対する権力批判を展開し、国教会の「改革」の必要性を訴えたものであった。とりわけ、ここで取り上げたパンフレットは、大主教もしくは主教たちの個々の人格というよりも、国教会の主教制度そのものをイングランドの「コモンウェルス」を掘り崩すものとして攻撃しており、こういった意味で急進的な政治的イングランド意識を示していた。即ち、このパンフレットの著者は、(大)主教たちの宗教上の無能さに加え、彼らが教職者であると同時に(説教のために任じられた)「国家の官吏」でもある、ということを主教制度に反対する理由として挙げている。著者によると、こうした主教制度の下では政教分離が不徹底となり、イングランドの教会のみならず「コモンウェルス」にも危機がもたらされることになる。このように、著者は教会統治における国家権力の干渉の排除を訴える一方で、世俗的領域においても王権が制限さるべきことを説いている。言い換えるならば、著者は特にヘンリ八世期の宗教改革議会を引き合いに出しながら、イングランドにおける「神の御栄光とコモンウェルスの利益」(皮肉なことに、この言葉自体が政教分離の不徹底さを示しているが)のため、必要があれば議会は王権に対して「抵抗」すべきであるということに同意したのであり、ここにも急進的な政治的イングランド意識が垣間見られる。

(3)「マープレリト書簡」の反響と国教会側の反撃

前述のような「マープレリト書簡」は様々な社会的領域で大きな反響を呼び、特に国教会側からの強烈な反撃を受けることになった。例えば、一五八九年二月に大法官クリストファ・ハットン〔在任期間:1587-91〕が上院で行った議会演説は、愛国主義的な立場から国外のカトリック勢力を非難するとともに、イングランド国教会の更なる「改革」を求める者たちに対するエリザベスの嫌悪を代弁するものであった。ハットンのこの議会演説によると、エリザベスは「マープレリト書簡」を馬鹿げた危険なものとみなしており、ローマ・カトリックの支持者たち以上に、こうしたパンフレットを出版した者たちのことを憂えていた。[136] また女王はイングランド国教会が今や「改革」の立場にあることを確信しており、(カトリックであろうと、ピューリタンであろうと)不満分子を抑えるためならともかく、「マープレリト書簡」の出版に関与した者たちは必要以上に宗教的な事柄に干渉すべきでなかった、とされている。[137]

一方、ハットンの議会演説とほぼ同時期に、セント・ポール大聖堂で行われたものと思われるリチャード・バンクロフト(Bancroft, Richard, 1544-1610)の説教では、ピューリタンはアリウス派やドナトゥス派や再洗礼派のような分離主義者として批判されている。特にバンクロフトは、ピューリタニズムが得体の知れない平信徒たちの党派心に依拠していることを危惧するとともに、主教制度を通じて統治されるイングランド国教会は、スコットランドのような国外のカルヴァン派教会とは大きく異なるということを力説している。[138] このような断固たる国教会体制の擁護が声高に叫ばれるのは異例のことであり、主教制度の重要性を強調したバンクロフトのこの説教は、少なからぬ人間の目には高圧的で教条主義的なものとして映り、「宗教の事柄において何ら資するものはなく、むしろその災厄の方を恐れる」と言われるほどであった。[139]

こうした反マープレリト主義は、舞台劇やインタールードも然ることながら、やはり風刺的なパンフレットからよりシリアスな大著に至る出版物において顕著であった。[140] これらの作品は、「マープレリト」を強欲で狂気染みた、不正確な学識を持った人物として描き、国家と教会の全権力を覆してドイツの再洗礼派の伝統に倣おうとしていると非難している。ただし、「マープレリト書簡」が安価な出版物の有効性を示したのは事実であり、反マープレリト主義者たちもこの戦略を踏襲し、著者名の隠匿、「平易な英語」、ユーモアに富んだ風刺的な文体といった手法を学んだのであった[141]。「マープレリト書簡」の中で標的の一人とされたトマス・クーパーの『イングランド臣民への説論』[142]は、必ずしもこのような手法を用いてはいないが、問答形式を採用することにより、「マープレリト書簡」の議論に対し、真正面から律儀にしかも冷静に回答している。

『イングランド臣民への説論』はおよそ二五〇頁もの長編なのだが（それ故に「マープレリト書簡」ほどの読者を獲得できなかったと言われている）、まずクーパーは同書簡の中のイングランド国教会の主教あるいは牧師たちに対する侮辱に言及した上で、こうした「虚言や名誉毀損（the vntrueths and slaunders）」に反論しようとする旨を伝えている。クーパーはこの著作の前半部分でジョン・ホイットギフトやジョン・エイルマラを弁護しつつ、イングランド国教会の聖職者たちの堕落（彼らの金銭や出世に対する執着・聖職売買・教会規律の濫用など）について弁明し、後半部分ではキリストと使徒たちの教義や神法といった聖書解釈に関する議論が展開されている。以下では、「マープレリト書簡」により直接的に反論を試みている前半部分に注目し、特に議論の中核を成していると思われる二つの争点について考察したい。

一つ目は教会の「改革」を巡るものであり、クーパーはなぜイングランド国教会の（大）主教たちが教会統治の現状維持を望んでいるか、また彼らは「改革」を通じて王国に如何なる弊害がもたらされることを恐れているのか、ということについて説明している。とりわけ、クーパーは法的な観点から「改革」の問題点を指摘しており、イングランドの教会法の変更によって様々な不都合が生じると述べている[143]。そして、教会法の変更は教会統治のあり方を変えるだけでなく、コモン・ローのような王国の世俗の法をも覆すことになるとされる[144]。というのも、クーパーによると、教会法は国家の法の上位にあり、「この王国［イングランド］の俗人たち（the Ciuilians）」は国家の法ではなく、あくまで教会法に従って生活しているからであった[145]。それ故に、仮に教会法が廃止されてしまったとするならば、十分の一税・信仰告白・婚姻・姦通・名誉毀損といった教会法で対処すべき事柄が、専ら「世俗の行政官（the temporall

Magistrate)」によって扱われることになり、これは決して些細な問題ではないと彼は言う[146]。同時に、長老主義者たちが提唱しているような「牧師」と「長老」と「執事」の選出といった方法は、多くの場所で宗教的分裂を引き起し、延いては「教会とコモンウィール双方の平穏を大いに掻き乱す」ことになるとされる[147]。こうした宗教的指導者の選出という方法は古くから教会に見られるものであるが、そこから生じる不都合のために君主や司教（もしくは主教）たちの必要以上の干渉を招いてきた、とクーパーは述べている[148]。加えて彼は、平信徒たちが「偏見（affection）」と「正しい判断力の欠如（want of right iudgement）」のため、いとも容易く「野心家」に唆されて「不相応な人間（vnwoorthy men）」を教職者として選出するようになる、と警告している[149]。

二つ目は、イングランド国教会の（大）主教たちが「無学な教職者（an vnlearned Ministery）」（即ち、イングランド国教会の牧師たち）を野放しにしているため、君主と「コモンウィール」に反乱などの何か良からぬことがもたらされるのではないか、という点についてである。これに対してクーパーは、「マープレリト書簡」で指摘されているような「無学な教職者」はイングランドには存在しないし、反乱のような災難も起り得ないとしている。彼によると、イングランド国教会の（大）主教たちが「無学な教職者」を容認することによって教会の「改革」を妨げている、といった批判は誤っており、こうした責任転嫁は「神の教会とコモンウィールの両方において常に大きな害を為してきた」のだった[150]。具体的に彼は、『エレミヤ書』四四章を引用しながら、教会と「コモンウィール」の災いの責任を国教会の（大）主教たちに擦り付けようとしているイングランド人を、偶像崇拝を行っていたユダヤの民に準え、次のように非難している。

彼ら〔ユダヤの民〕は神の良き贈物を彼らの偶像崇拝のおかげだとし、彼らの欠乏と災難はエレミヤや他の預言者たちの説教のせいだとしているが、こうした言い分は実に正しいものではなかった。同様の理由で、コモンウィールの反抗的な臣民たち (rebellious subiects in common vveales) が彼らを支配している君主と統治者 (Princes & gouernors) を憎悪し、不当にも彼らの嘆きの種の責任を君主と統治者に負わせようとするのも正しくない。[151]

エレミヤの預言を無視して偶像崇拝を続けたユダヤの民はバビロンに捕囚されることになるのだが、ここでは国教会の主教制度を批判している「コモンウィールの反抗的な臣民たち」が、不当にも国王と教会の「統治者」たる (大) 主教たちに国家と教会に降り懸かる災厄の責任を押し付けることにより、イングランド人をユダヤの民のような破滅へと誘っている、と警告されている。その一方でクーパーは、「マープレリト書簡」の中で「無学な教職者」と批判されているイングランド国教会の牧師たちの擁護も行っている。彼によると、イングランドに「無学な教職者」などは存在せず、神罰を惹起するような「説教の不足 (vvant of preaching)」もない。[152] 尤もクーパーは、「無学な教職者」が少なからず存在する可能性を完全に否定している訳ではないが、イングランド国教会の牧師たちが皆無学であると言うことはできないし、何よりもイングランド国教会は「キリストの教会」であるため、それほど有能な牧師たちによる説教を必要としていない、と説明している。[153] したがって、ヨーロッパ各地のプロテスタント教会の牧師たちと比べ、イングランド国教会の牧師たちは資質的に劣っているという指摘は当を得ておらず、他国のものを褒め称えて自国のものを忌み嫌うのは「我々イングランド人の悪い癖 (the generall disease of vs Englishmen)」だ、と彼は述べている。[154] 加えて、人口が少なく、十分な学識を持った住民のいない教区を、ごく僅かな聖職禄しか保有せぬ牧師に担当させざるを得ない現実もあり、こういう状況では有能な牧師を確保するのは困難であるし、牧師もそのような教区を進んで担当したがらないだろう、とクーパーは言っている。[155] それ故、前記のような教区を牧師不在のまま放置するよりは、「無学な教職者」に委ねる方がましであり、教区民の側もただ単に無闇に説教を受けるだけでなく、「熱心に敬虔な気持ちで耳を傾けること (diligent and reuerent hearing)」が必要であった。[156] いずれにせよ、クーパーにとって「改革」は「正に教会、コモンウィール、そして社会全体の悪疫（the very pestilence of all Churches, common veales, and societies)」であり、（教会）法の変更によってより大きな不都合を生じさせるよりは、少々欠陥があっても既存の秩序を遵守した方が良いのだった[157]。

このように、イングランド国教会を辛辣に批判した「マープレリト書簡」は大きな波紋を呼び、ハットンの議会演説やバンクロフトの説教のように、国教会体制を支持する者たちからの反論を受けることになった。中でも、クーパーの『イングランド臣民への説諭』は問答形式を用いながら、「マープレリト書簡」による国教会批判に対し、一つ一つ丁寧に回答しようとしている。クーパーは多くのイングランド国教会の（大）主教たちと同様、教会の「改革」について慎重な立場を取っていたが、その理由として彼は教会法の変更が政教分離を不明瞭なものとし、国家と教会に様々な弊害がもたらされることを挙げている。特に長老主義者たちが提唱しているような「牧師」と「長老」と「執事」の選出といった方法は、彼にとって教会と「コモンウィール」を大いに害するものであった。また彼は「マープレリト書簡」の中で「無学な教職者」と批判されているイングランド国教会の牧師たちを擁護しつつ、この件で国王と（大）主教たち、あるいは主教制度そのものを非難するのはイングランドの「コモンウィール」に反することだとしている。そして、こうしたクーパーの議論は、先述の「マープレリト書簡」における急進的な政治的イングランド意識と対照的なものであると言える。

（4）小括

以上のように、我々は、エリザベス治世後期のピューリタンたちが「公共圏」という宮廷外の政治的領域で展開した出版活動の中に、政治的イングランド意識の急進化の兆候を見出すことができる。彼らはイングランドの「コモンウェルス」のための国教会の「改革」の必要性を説き、国教会側の反撃を受けながらも、そうした文脈の中で国教会（あるいは王権）に対する権力批判を行ったのだった。

まず「マープレリット書簡」は「平易な英語」というある種の言語的「ナショナリズム」に依拠しながら、（国家の統治との関係の中で）イングランド国教会の主教制度を批判したものであった。特にここで取り上げた「マープレリット書簡」は、大主教もしくは主教たちの個々の人格というよりも、イングランドの「コモンウェルス」を掘り崩すものとして国教会の主教制度そのものを攻撃しており、こうした意味で急進的な政治的イングランド意識を示していた。つまり、この「マープレリット書簡」の著者は、（大）主教たちの宗教上の無能さに加え、彼らが教職者であると同時に（説教のために任じられた）「国家の官吏」でもある、ということを主教制度に反対する理由として挙げている。言い換えるならば、こうした主教制度の下では政教分離が不徹底となり、イングランドの教会のみならず「コモンウェルス」にも危機がもたらされることになる、という訳である。このように、著者は教会統治における国家権力の干渉の排除を訴えながら、世俗的領域においても王権が制限さるべきことを説いている。即ち、イングランドにおける「神の御栄光とコモンウェルスの利益」のため、必要があれば議会は王権に対して「抵抗」すべきである、ということに著者は同意したのだった。とりわけ、著者はイングランド宗教改革を輝かしい歴史的出来事として描くとともに、ヘンリ八世期の宗教改革議会を、イングランドの「コモンウェルス」のために王権への「抵抗」を実践した事例として高く評価しており、こういった意味でも急進的な政治的イングランド意識を示していた。

その一方で、イングランド国教会を辛辣に批判した「マープレリット書簡」は反ピューリタニズムの機運を高め、国教会側からの強い反撃を受けることになった。とりわけ、（「マープレリット書簡」の中で批判の対象の一人とされた）トマス・クーパーの『イングランド臣民への説諭』は、同書簡による国教会批判に対して冷静かつ丁寧な回答を行っていた。クーパーは多くのイングランド国教会の（大）主教たちと同様、教会の「改革」について慎重な立場を取っていたが、その理由として彼は教会法の変更が政教分離を不明瞭なものとし、国家と教会に様々な弊害がもたらされることを挙げている。中でも、長老主義者たちが提唱しているような「牧師」と「長老」と「執事」の選出といった方法は、彼にとってイングランドの教会と「コモンウィール」を大いに害するものであった。また彼は「マープレリト書簡」の中で「無学な教職者」と批判されているイングランド国教会の牧師たちを擁護しつつ、この件で国王と（大）主教たち、あるいは主教制度そのものを非難するのはイングランドの「コモンウィール」に反することだとしている。こういったクーパーの議論は、「マープレリト書簡」における急進的な政治的イングランド意識と対照的なものであると言える。

要するに、（ここで取り上げた史料に関する限り）「マープレリト書簡」も、それに対する反論を試みた国教会側も、政教分離といった観点からそれぞれ自己の立場を正当化し、相手側を批判したのだった。即ち、前者がイングランド国教会の（大）主教たちを教職者であると同時に「国家の官吏」でもある、とみなすことによって主教制度に異議を唱えた（あるいは長老制度を擁護した）のに対し、後者は教会法の変更が国家と教会の領域を不明瞭にするといった理由で、長老主義者たちが提唱しているような「改革」を拒絶した。そして皮肉なことに、（長老主義者たちにとっての）主教制度と（国教会側の者たちにとっての）長老制度は、イングランドの教会のみならず「コモンウェルス」にも悪影響を及ぼすと考えられたのであり、我々はここに二つの対照的な政治的イングランド意識を確認することができる。

（註）

1 本章における議論は、前章で指摘したような政治的イングランド意識の宮廷外の政治的領域への普及といった側面もあるが、エリザベス治世後期の政治的イングランド意識の（王権もしくは国教会に対する）権力批判への転化を中心としている。

2 この点については Tuck, *Philosophy and Government*, pp.39-45 に詳しい。

3 P.Burke, 'A Survey of the Popularity of Ancient Historians, 1450-1700', *History and Theory* 5(1966), p.137. また、この時期のイングランドにおけるタキトゥスの受容については M.F.Tenny, 'Tacitus in the Politics of Early Stuart England', *Classical Journal* 37 (1941); A.T.Bradford, 'Stuart Absolutism and the "Utility" of Tacitus', *Huntington Library Quarterly* 46 (1983); F.J.Levy, 'Hayward, Daniel and the Beginning of Politic History', *Huntington Library Quarterly* 50 (1987); J.H.M.Salmon, 'Stoicism and Roman Example: Seneca and Tacitus in Jacobean England', *Journal of History of Ideas* 50 (1989); D.Womersley, 'Sir Henry Savil's Translation of Tacitus and Political Interpretation of Elizabethan Texts', *Review of English Studies New Series* 42 (1991); R.M.Smuts, 'Court-Centered Politics and the Uses of Roman Historians, c.1590-1630', in K.Sharpe and P.Lake, eds., *Culture and Politics in Early Stuart England* (Houndmills, 1994) などを参照。

4 Henry Savile, trans., *The Ende of Nero and Beginning of Galba. Fower Bookes of the Histories of Cornelius Tacitus. The Life of Agricola.* (Oxforde, 1591; STC 23642); Richard Greenwey, trans., *The Annales of Cornelius Tacitus. The Description of Germanie.* (London, 1598; STC 23644).

5 Salmon, 'Stoicism and Roman Example', pp.207-13.

6 ただし、この「エセックス・サークル」はタキトゥスのみならず、マキァヴェッリにも傾倒していたという見方もある。とりわけ、古代ローマの有力軍人によるクーデターを取り上げた前者は、軍事力と政治権力の関係性について論じた後者と親和性を持っていたと言える。それ故に、両者はエセックス伯の権勢拡大を正当化するのに最適であったし、逆に彼の蜂起の直接的動機の一つとみなされたのである。これらの点については Norbrook, *Poetry and Politics*, p.173; Womersley, 'Henry Savile's Translation of Tacitus', p.342 を参照。

7 例えば、サヴィルは一五八六年にオクスフォード大学マートン・カレッジで、後にエセックス伯の秘書となるヘンリ・カフ（Cuffe, Sir Henry, 1563-1601）のチューターになっている。またエセックス伯は、一五九五年にサヴィルにイートン校の校長職を斡旋している。因みに、エセックス伯の蜂起直後の一六〇一年二月に、サヴィルは一時的に拘禁されることになった。これらの事柄についてはCSPD: 1595-97, pp.33, 218-20; *CSPD*: 1598-1601, p.590; *APC*: 1600-01, p.157を参照。

8 エセックス伯はベン・ジョンソンに要請されてこの書簡を著したと考えられている。その一方で、この書簡の著者はアンソニー・ベイコン (Bacon, Anthony, 1558-1601) だという見方もある。こうした点についてはTuck, *Philosophy and Government*, p.105を参照。

9 Savile, trans., *The Ende of Nero*, sig. ¶3.

10 ヘイワードと『ヘンリ四世史』に関して、ここでは主に*ODNB*, [Hayward, Sir John] に依拠している。

11 モリス著『イギリス政治思想』、一〇一～〇二頁。

12 ウィリアム・シェイクスピア著、小田島雄志訳『リチャード二世』、白水社、二〇一三年、二〇八～〇九頁。

13 エセックス伯らに宛てた（ヘイワード名義の）献辞を含んだ『ヘンリ四世史』の「改訂版」については、後述のエリザベスとフランシス・ベイコンの遣り取りが示すように、ヘイワードの他にも著者がいた可能性がある。ただし、ここでは英国図書館 (British Library) が公開しているオンライン・データベース *ESTC* (*English Short Title Catalogue*) の分類に従い、ヘイワードをこの「改訂版」の著者として扱っている。

14 John Hayward, *The First Part of the Life and Reign of King Henrie the IIII* (London, 1599; STC 12995), sig.A2r. 因みに、ここでは、前記の献辞を含んだ『ヘンリ四世史』の「改訂版」と考えられる史料を用いている。

15 R.Doleman [Robert Parsons], *A Conference about the Next Succession to the Crowne of Ingland* (n.p., 1594; STC 19398).

16 Hayward, *King Henrie the IIII*, sigs.F2v-F3r.

17 *Ibid*., sigs.F3r-F4v.

18 *Ibid*., sig.F4v.

19 William Cornwallis, *Discourses vpon Seneca the Tragedian* (London, 1601; STC 5774).

20 *Ibid*., sigs.G2v-G4r.

21 Hayward, *King Henrie the IIII*, sigs.N1r-N3r.

22 シェイクスピア著『リチャード二世』、一三〇～三六頁。

23 Francis Bacon, *Sir Francis Bacon his Apologie, in Certaine Imputations Concerning the Late Earle of Essex* (London, 1604; STC

1112).

24 ベイコンはエセックス伯を告発する際に、伯の蜂起に関する報告書を作成している。この報告書については Francis Bacon, *A Declaration of the Practises & Treasons Attempted and Committed by Robert Late Earle of Essex and his Complices* (London, 1601; STC 1133) を参照。また蜂起直前に伯自身が政治的立場について説明した史料として Robert Devereux, *An Apologie of the Earle of Essex, against those which Iealously, and Maliciously, Tax him to be the Hinderer of the Peace and Quiet of his Country. Penned by himselfe in anno 1598*. (London, 1603; STC 6788) が有益である。

25 Bacon, *Francis Bacon his Apologie*, sig.A2r.

26 *Ibid.*, sig.B1v.

27 *Ibid.*, sigs.C1v-C2r.

28 因みに、エリザベス自身もタキトゥスに傾倒していたという証拠もある。とりわけ、彼女が「暴君」ネロを主題としたボエティウス (Boethius, Anicius Manlius Severinus, 480?-524) のラテン語の韻文を英訳することにより、間接的にタキトゥスに接触しているのは興味深い。この英訳された韻文については J.Mueller and J.Scodel, eds., *Elizabeth I Translations, 1592-1598* (Chicago, 2009), pp.158-59 を参照。

29 ここで示唆されているのは、エリザベスが『ヘンリ四世史』の「改訂版」をヘイワード単独の著作であるとみなしていたこと、また当時この「改訂版」が複数の著者によって書かれたという噂がある一方で、（著者として名前を記された）ヘイワードがその首謀者だと考えられていたことである。

30 A Well-wisher to the Common-wealth, *The Life and Death of King Richard the Second* (London, 1642; Thomason E.155 [15]). シェイクスピアの『リチャード二世』が初めて出版されたのは一五九七年で、彼の没後の一六二三年に刊行された全集では『リチャード二世の生涯と死』というタイトルに変わった。前記のパンフレットのタイトルはこの全集版に由来するものと思われる。

31 *Ibid.*, p.2.

32 *Ibid.*, p.2.

33 *Ibid.*, p.2.

34 *Ibid.*, p.2.

35 *Ibid*., p.4.

36 *Ibid*., pp.4-5.

37 *Ibid*., p.7.

38 *Ibid*., p.8.

39 H.M.Cam, ed., *Selected Historical Essays of F.W.Maitland* (Cambridge, 1957), p.108.

40 John Fortescue, *De Laudibus Legum Angliae*, S.B.Chrimes, ed. (Cambridge, 1942)（北野かほる、小山貞夫、直江眞一共訳「イングランド法の礼賛について」（一～三）、『法学研究』第五三巻第四号～第五四巻第一号、東北大学法学会、一九八九年）, pp.117-21.

41 こうした点については、例えば C.Skeel, 'The Influence of the Writings of Sir John Fortescue', *Transactions of the Royal Historical Society*, 3rd ser., 10 (1916) を参照。

42 Prest, *The Inns of Court*.

43 W.R.Prest, *The Rise of the Barristers* (Oxford, 1986).

44 小山貞夫『絶対王政期イングランド法制史抄説』、創文社、一九九二年、三三三～五一頁。

45 同上、三五〇頁。

46 Prest, *Rise of Barristers*, pp.217-18.

47 この時期のコモン・ローヤーとピューリタニズムの親和性に関する議論については Hill, *Society and Puritanism;* E.H.Emerson, *English Puritanism from John Hooper to John Milton* (Durham, 1968) などを参照。

48 I.Morgan, *Prince Charles's Puritan* Chaplain (London, 1957), pp.109-11.

49 Walzer, *Revolution of Saints*, pp.243-44.

50 Prest, *Rise of Barristers*, p.228.

51 *Ibid*., pp.214-15.

52 G.Parmiter, 'Elizabethan Popish Recusancy in the Inns of Court', *Bulletin of the Institute of Historical Research, Special Supplement*, no.11 (1976).

53 Ibid., p.54.

54 Ibid., p.54.

55 パーミタによると、カトリックの成員が宗教的迫害を被ったのは主に法学院の外部においてであった。この点については Ibid., p.55 を参照。

56 Ibid., p.55.

57 例えば Terrill, 'Application of Comparative Method' では、フルベックはコモン・ローとローマ法の比較考察という方法を最初に本格的に用いた、イングランドの法学者として評価されている。

58 フルベックの経歴について、ここでは *ODNB*, [Fulbecke, William] を参考にしている。

59 B.P.Levack, *The Civil Lawyers in England 1603-1641: A Political Study* (Oxford, 1973), p.136.

60 William Fulbecke, *An Historicall Collection of the Continuall Factions, Tumults, and Massacres of the Romans and Italians during the Space of One Hundred and Twentie Yeares Next before the Peaceable Empire of Augustus Caesar* (London, 1601; STC 11412); idem, *An Abridgement, or rather, A Bridge of Roman Histories* (London, 1608; STC 11413.3).

61 William Fulbecke, *A Parallele or Conference of the Civill Law, the Canon Law, and the Common Law of England, in Sundry Dialogues. With a Table of the Principal Points* (London, 1601; STC 11415); idem, *The Pandectes of the Law of Nations: Contayning Seuerall Discourses of the Questions, Points, and Matters of Law, wherein the Nations of the World Doe Consent and Accord* (London, 1602; STC 11414); idem, *The Second Part of the Parallele, or Conference of the Ciuill Law, the Canon Law, and the Common Law of this Realme of England* (London, 1602; STC 11415a).

62 William Fulbecke, *A Direction or Preparative to the Study of the Law* (London, 1600; STC 11410).

63 こうした「コモンウェルス」における法の重要性というフルベックの主張は、例えばホルテンシウス法の制定によって共和政ローマに「コモンウィール」がもたらされた、といった彼の歴史叙述の中にも看取される。この点については Fulbecke, *Roman Histories*, sigs.B2r-B3r を参照。

64 Fulbecke, *A Direction or Preparative*, sig.B2r.

65 *Ibid*., sig.B2r.

66 *Ibid.*, sig.B6r-B6v.
67 *Ibid.*, sig.B7r.
68 *Ibid.*, sig.E7v.
69 *Ibid.*, sigs.E7v-E8r.
70 *Ibid.*, sig.E8r.
71 *Ibid.*, sig.E8r.
72 *Ibid.*, sig.E8r.
73 *Ibid.*, sig.E8r.
74 *Ibid.*, sig.F3r.
75 *Ibid.*, sig.F3r.
76 *Ibid.*, sig.F3r-F3v.
77 *Ibid.*, sig.F3v.
78 *Ibid.*, sig.F3v.
79 *Ibid.*, sig.F3v.
80 フルベックは、ローマ法に依拠しながら「一般的かつ絶対的な権力」を擁護することについては明確に拒否している。彼はローマ法的な視点から「絶対的君主（absolute monarchs）」の観念を論じているが、それは「万民法（law of nations）」によって認められた「国王大権（prerogative）」として定義され、臣民からのプロパティの収用も法の枠内で合法的に行われるべきだとしている。この点については Fulbecke, *The Pandectes*, ff.11-13 を参照。
81 Fulbecke, *A Direction or Preparative*, sig.B2v.
82 *Ibid.*, sig.B2v.
83 *Ibid.*, sig.B2v.
84 *Ibid.*, sig.B2v.
85 *Ibid.*, sig.B3v.

86 *Ibid.*, sigs.B3v-B4r.

87 *Ibid.*, sig.B4r.

88 *Ibid.*, sig.B4r.

89 土井によると、初期ステュアート朝のコモン・ローヤーたちは特に「時の検証」というレトリックを用いることにより、コモン・ローの「慣習」と「理性」を理論的に結び付けた（土井『イギリス立憲政治の源流』、一八七～九五、二〇四～〇七頁）。つまり、コモン・ローは太古の昔より継続してきた「慣習」の法であると同時に、そうした長い時間の「経験」を通じ、（王国の「コモンウェルス」に合致するといった意味で）「合理的な（reasonable）」ものであるかどうかを検証されてきた「理性」の法である、と彼らは考えた。前述のフルベックのコモン・ロー理論は、「時の検証」のような「慣習」と「理性」の関係性についてのより具体的な議論を含んではいないが、コモン・ローの「慣習」の起源を「共通理性」（あるいはイングランド人の「共通の同意」）に求めた点で、初期ステュアート朝のコモン・ロー理論の基礎となり得るものであったと言える。

90 この「パープール」の由来は、グレイズ・インが創立された荘園の名前（the Manor of Purpoole）だと考えられている。

91 B.Shapiro, 'Codification of the Laws in Seventeenth Century England', *Wisconsin Law Review* (1974), p.436. 因みに、フランシス・ベイコン全集の編者として知られるジェームズ・スペディング（Spedding, James, 1808-81）は、『グレイズ・イン評議員会名簿』における一五九五年二月一日の記載を根拠に、ベイコンをこの仮面劇の作者としている。この点についてはR.J.Fletcher, ed., *The Pension Book of Gray's Inn*, 2vols. (London, 1901), vol.1, p.107, n.1 を参照。

92 『グレイズ・インの演劇』の作者については諸説あり、例えば、グレイズ・イン出身のフランシス・ベイコンとフランシス・デイヴィソン（Davison, Francis, 1575?-1619?）、あるいは一六八八年の出版に際して献辞を著したと目されるウィリアム・カニング（Canning, William, fl.1686-90）などが挙げられる（一般的には、特に前者の二人が有力視されているように思われる）。因みに、以下で用いている *EEBO* Editions では、『グレイズ・インの演劇』の中の「六人の顧問官の演説」をベイコンが、「プロテウスの仮面劇」をデイヴィソンが作成したものとみなしている。

93 [Francis Davison] *Gesta Grayorum, or, the History of the High and Mighty Prince of Purpoole* (Proquest, 2011), f.2.

94 *Ibid.*, ff.6-8.

95 P.Goodrich, *Languages of Law: From Logics of Memory to Nomadic Masks* (London, 1990), p.262.

96 [Davison] *Gesta Grayorum*, f.19.

97 A.Cromartie, 'The Constitutionalist Revolution: The Transformation of Political Culture in Early Stuart England', *Past and Present* 163 (1999), p.106.

98 [Davison] *Gesta Grayorum*, ff.21-22.

99 *Ibid*., ff.22-23.

100 *Ibid*., ff.23-24.

101 *Ibid*., f.24.

102 この点についてはRaffield, *Images and Cultures*, pp.118-19を参照。とりわけ、コモン・ローヤーたちはコモン・ローの不変性を問題視し、絶えずそれを改革していく必要性を感じていたとされる。

103 本節の議論には、政治的イングランド意識の（本書第４章第３節で取り上げたような）「公共圏」という宮廷外の政治的領域への普及といった側面もあるが、ここでは国教会（と王権）に対する権力批判という、ピューリタンの政治的イングランド意識の急進性に重点を置いて論じている。

104 P.Collinson, *The Elizabethan Puritan Movement* (London, 1967), p.27.

105 Lake, '"The Monarchical Republic" Revisited', p.138.

106 Ibid., p.146. このような王権の「絶対性」を主張する政治理論は、一五九〇年代初頭の反ピューリタニズムあるいは反長老主義から生じたとされている。この点についてはJ.Sommerville, 'Richard Hooker, Hadrian Saravia and the Advent of the Divine Right of Kings', *History of Political Thought* 4 (1983); J.A.Guy, 'The Elizabethan Establishment and the Ecclesiastical Polity', in idem, ed., *The Reign of Elizabeth I* を参照。

107 Collinson, *Elizabethan Puritan Movement*, pp.385-87.

108 *ESTC* によると、一五八八～一六〇三年の間に出版された、'Marprelate' をキーワードとする著作は（重複したものも含めて）四二件であった。この内、'Marprelate' を著者名とするのは Martin Marprelate, pseud., *Oh Read ouer D. Iohn Bridges, for it is a Worthy Worke: Or an Epitome of the Fyrste Booke, of that Right Worshipfull Volume, Written against the Puritanes, in the Defence of the Noble Cleargie, by as Worshipfull a Prieste, Iohn Bridges, Presbyter, Priest or Elder, Doctor of Diuillitie, and*

Deane of Sarum (East Molesey, 1588; STC 17453); idem, *Theses Martinianae: That is, Certaine Demonstratiue Conclusions, Sette downe and Collected (as it should seeme) by that Famous and Renowmed Clarke, the Reuerend Martin Marprelate the Great* (Wolston, 1589; STC 17457); idem, *Certaine Minerall, and Metaphisicall Schoolpoints, to be Defended by the Reuerende Bishops, and the Rest of my Cleargie Masters of the Conuocation House, against both the Vniuersities, and al the Reformed Churches in Christendome* (Coventry, 1589; STC 17455); idem, *The Protestatyon of Martin Marprelat wherin not Wihstanding the Surprizing of the Printer, he Maketh it Known vnto the World that he Feareth, neither Proud Priest, Antichristian Pope, Tiranous Prellate, nor Godlesse Catercap* (Wolston?, 1589; STC 17459); idem, *Hay any Worke for Cooper: Or a Briefe Pistle Directed by Waye of an Hublication to the Reverende Byshopps, Counselling them, if they will needs be Barrelled vp, for Feare of Smelling in the Nostrels of her Maiestie [and] the State, that they would Vse the Aduise of Reuerend Martin, for the Prouiding of their Cooper* (Coventry, 1589; STC 17456); idem, *The Iust Censure and Reproofe of Martin Iunior. Wherein the Rash and Vndiscreete Headines of the Foolish Youth, is Sharply Mette with, and the Boy hath his Lesson Taught him, I Warrant you, by his Reuerend and Elder Brother, Martin Senior, Sonne and Heire vnto the Renowmed Martin Mar-Prelate the Great.* (Wolston?, 1589; STC 17458) の六作品であった。

109 ジョン・ペンリに加え、ウォリックシァ出身で後に下院議員となったヨブ・スロックモートンも「マープレリト書簡」の著者の有力候補の一人とされている。詳しくは L.H.Carlson, *Martin Marprelate, Gentleman: Master Job Throkmorton Laid Open in his Colours* (San Marino, 1981), pp.22-28 を参照。

110 「マープレリト書簡」を巡る論争を題材とした研究としては D.J.McGinn, *John Penry and the Marprelate Controversy* (New Brunswick, 1966); J.S.Benger, 'The Authority of Writer and Text in Radical Protestant Literature 1540 to 1593 with Particular Reference to the Marprelate Tracts', DPhil thesis, University of Oxford (1989); J.L.Black, 'Pamphlet Wars: The Marprelate Tracts and "Martinism", 1588-1688', PhD thesis, University of Toronto (1996) などを参照。

111 ペンリの経歴について、ここでは *ODNB*, [Penry, John]; Raymond, *Pamphlets and Pamphleteering*, ch.2 を参考にしている。

112 ブリッジズのこうした宗教的立場については John Bridges, *A Defence of the Gouernment Established in the Church of Englande for Ecclesiasticall Matters* (London, 1587; STC 3734) を参照。

113 Marprelate, pseud., *Oh Read ouer D. Iohn Bridges*, sig.B1r.

114 こうした簡潔な文体という意識は、「マープレリト書簡」全体に看取されるものである。この点については Raymond, *Pamphlets and Pamphleteering*, pp.27-36 に詳しい。

115 キケロ主義の文体からの脱却について考察した研究としては H.Macdonald, 'Another Aspect of Seventeenth-Century Prose', *Review of English Studies* 19 (1943); G.Williamson, *The Senecan Amble: A Study in Prose Form from Bacon to Collier* (Chicago, 1951); S.E.Fish, ed., *Seventeenth-Century Prose: Modern Essays in Criticism* (New York, 1971); R.Pooley, *English Prose of the Seventeenth Century, 1590-1700* (Longman, 1992); E.Skerpan, *The Rhetoric of Politics in the English Revolution 1642-1660* (Columbia, 1992); N.Rhodes, ed., *English Renaissance Prose: History, Language, and Politics* (Tempe, 1997) などを参照。

116 Marprelate, pseud., *Oh Read ouer D. Iohn Bridges*, sig.A2r.

117 *Ibid*., sig.A2r.

118 ただし、このパンフレットの著者は、自身のあからさまで戯けた物言いのため、（穏健派の）「ピューリタン (the puritans)」の反感を買っていることを打ち明けている。この点については Marprelate, pseud., *Oh Read ouer D. Iohn Bridges*, sig.A2r を参照。

119 *Ibid*., sig.C3r.

120 *Ibid*., sig.C3r.

121 *Ibid*., sig.C3r.

112 *Ibid*., sig.D4r.

123 *Ibid*., sig.D4r-D4v.

124 *Ibid*., sig.F1r.

125 *Ibid*., sig.F1r.

126 *Ibid*., sig.F1r.

127 *Ibid*., sig.F1r.

128 *Ibid*., sig.F1r.

129 *Ibid*., sig.F1r-F1v.

130 John Udall, *A Demonstration of the Trueth of that Discipline which Christe hath Prescribed in his Worde for the Gouernement of his Church, in all Times and Places, vntill the Ende of the Worlde* (East Molesey, 1588; STC 24499), sig.N2r.

131 *Ibid*., sig.N2r.

132 Marprelate, pseud., *Oh Read ouer D. Iohn Bridges*, sigs.E1v-E2r.

133 *Ibid*., sigs.E1v-E2r.

134 *Ibid*., sig.E2r. このパンフレットでは「抵抗」の具体的内容は示されておらず、ここではイングランド宗教改革が王権ではなく議会の主導で推し進められたこと、あるいは国王布告に対する議会制定法の優位について述べられているものと思われる。ただし、ヘンリ八世期の宗教改革議会において、王権と議会が概して協調的な関係にあったのもまた事実である。

135 *Ibid*., sig.E2r.

136 Hartley, ed., *Proceedings*, vol.II, p.419.

137 *Ibid*., pp.419-20.

138 Richard Bancroft, *A Sermon Preached at Paules Crosse the 9. of Februarie, being the First Sunday in the Parleament, anno. 1588* [1589]. (London, 1589; STC 1346), pp.24, 86-87.

139 BL, *Eger*. 2598, f.242. また当時の主教制度を巡る議論を示す史料として BL, *Lansd*. 61, ff.78-80, 151-52; idem, *Add*. 48064, ff.94-95, 226-38 などを参照。

140 Black, 'Pamphlet Wars', ch.3; P.Collinson, 'The Theatre Constructs Puritanism', in D.L.Smith, R.Strier and D.Bevington, eds., *The Theatrical City: Culture, Theatre and Politics in London* (Cambridge, 1993). また反マープレリト主義の代表作としては、後述のトマス・クーパーの『イングランド臣民への説諭』の他に Richard Harvey, *Plaine Perceuall the Peace-Maker of England* (London, 1589; STC 12914); [Thomas Nash and John Lyly?], *Mar-Martine, I Know not why a Trueth in Rime Set out maie not as wel Mar Martine and his Mates, as Shamelesse Lies in Prose-Books Cast about Marpriests, & Prelates, and Subvert Whole States* (London?, 1589; STC 17461); Thomas Nash, *An Almond for a Parrat, or Cutbert Curry-Knaues Almes* (London?, 1590; STC 534); Gabriel Harvey, *Pierces Supererogation or a New Prayse of the Old Asse* (London, 1593; STC 12903) などが挙げられる。

141 Raymond, *Pamphlets and Pamphleteering*, pp.48-49.

142 Thomas Cooper, *An Admonition to the People of England: Wherein are Ansvvered, not onely the Slaunderous Vntruethes, Reprochfully Vttered by Martin the Libeller, but also many other Crimes by some of his Broode, Obiected Generally against all Bishops, and the Chiefe of the Cleargie, Purposely to Deface and Discredite the Present State of the Church* (London, 1589; STC 5682).

143 *Ibid.*, sig.M3v.

144 *Ibid.*, sig.M3v.

145 *Ibid.*, sig.M3v.

146 *Ibid.*, sig.M3v.

147 *Ibid.*, sig.N1r.

148 *Ibid.*, sig.N1r.

149 *Ibid.*, sig.N1r.

150 *Ibid.*, sig.P3r-P3v.

151 *Ibid.*, sig.P4r.

152 *Ibid.*, sig.P4v.

153 *Ibid.*, sig.P4v.

154 *Ibid.*, sig.Q1r.

155 *Ibid.*, sigs.Q1v-Q2r.

156 *Ibid.*, sigs.Q2r, R1v.

157 *Ibid.*, sig.Q1v.

結び

以上の本書における検証結果を纏めると、次のような結論が導き出される。即ち、エリザベス期の「リパブリカニズム」は政治的イングランド意識、言い換えるならば、(汎ヨーロッパ的な中世キリスト教共同体と普遍的な理想国家と対置される) イングランドの「コモンウェルス」のための政治参加の意識の展開と定式化され得るものであり、本書では特にエリザベス期イングランドにおける「コモンウェルス」概念の社会的広がりを示すことにより、そうした政治意識の醸成を描き出そうとした。この政治的イングランド意識の中核としての「コモンウェルス」概念は、人的結合体であることから生じる、その可変的もしくは伸縮自在な性質 (ジョン・バーストンの「家族」や「友人」は極端な例であろうが、基本的に国家というマクロな政治共同体を意味しながらも、地方都市というよりミクロな政治共同体を指す場合もあった) の故に、宮廷から地方都市のような宮廷外の政治的領域に至る、社会的広がりを見せることができたと言える。ただし、エリザベス期の政治的イングランド意識の醸成は、従来の「リパブリカニズム」研究 (本書序章で取り上げたP・コリンソンとM・ペルトネンの研究、あるいは論文集『初期近代イングランドの君主政共和国』の中の諸々の研究) がそれぞれ提示しているように、一つの均質な形を取るものではなく、以下の (エリザベス治世前期・中期・後期という) 三つの段階から構成されていた。

まずエリザベス治世前期 (一五五八～七〇年頃) には、宮廷のプロテスタント人文主義者によって政治的イングランド意識が形成され、イングランドの「コモンウェルス」のための (王権もしくは国教会に対する臣民の服従ではなく) 政治参加が主張されるようになった。その際に、彼らはイングランドの「コモンウェルス」を実現する場として議会の果す役割を強調するとともに、議会を通じた臣民の政治参加の必要性を説いた。エリザベス治世中期（一五七〇、八〇年代）において、こうした宮廷のプロテスタント人文主義者の議会を重視した政治的イングランド意識は、議会・地方都市・「公共圏」といった宮廷外の政治的領域へ普及し、様々な解釈を獲得した結果、政治的イングランド意識はその発展段階に入った。エリザベス治世後期（一五九〇年頃〜一六〇三年）になると、政治的イングランド意識は急進化の兆候を見せ始め、イングランドの「コモンウェルス」に反する王権もしくは国教会に対する権力批判が行われるようになった。このような権力批判は、「エセックス・サークル」の如き宮廷における「派閥」を軸に形成された文学サークルによって展開される一方、法学院で研鑽を積んだコモン・ローヤーの法学的思考やピューリタンの「公共圏」における出版活動が示すように、宮廷外の政治的領域にも見られるものであった。

前記のような三つの段階を考慮すると、エリザベス期の政治的イングランド意識の醸成は、宮廷というよりはむしろ宮廷外の政治的領域によって成し遂げられたと言っても過言ではなく、こうした発見は（エリザベス期の）宮廷の外部が果した役割を等閑視してきた従来の「リパブリカニズム」研究（特に『初期近代イングランドの君主政共和国』の中の諸々の研究）を修正するものである。その一方で、（不十分ながら、エリザベス期の宮廷の外部について検証した）ペルトネンの研究のように、宮廷と宮廷外の政治的領域を無関係のものとして別個に考察するのも適切ではないように思われる。即ち、①宮廷のプロテスタント人文主義者の（議会を重視した）政治的イングランド意識が議会・地方都市・「公共圏」に普及したこと、②（王権もしくは国教会に対する権力批判という）急進性を有する政治的イングランド意識が宮廷と深い関りを持った人間のみならず宮廷外のコモン・ローヤーやピューリタンによっても共有されていたこと、を考慮すると、エリザベス期の政治的イングランド意識の醸成は、宮廷との関係を維持した宮廷外の政治的領域によって成し遂げられた、と言うのが正確であろう。

また（古典的ヒューマニズムを偏重したペルトネンの研究が示すように）普遍的な理想国家における「活動的市民」

といった抽象的な道徳論に止まりがちであった「リパブリカニズム」を、エリザベス期イングランドの歴史的現実の中で（多少時代錯誤な言い方かもしれないが）ある種の「国民統合」としての「ナショナリズム」という観点から捉え直したのも本書の学術的意義の一つであろう。こうした視座を持った本書は、エリザベス期の政治的イングランド意識の醸成が諸々の歴史的空間に大きく規定されていることも示しており、学問的方法の面で（J・G・A・ポコックの『マキァヴェリアン・モーメント』やQ・スキナの『近代政治思想の基礎』のような）テクストと歴史的空間を切り離した思想史研究の限界を示唆していると言える。

以上のような「コモンウェルス」概念を中核とする政治的イングランド意識は、その社会的広がりを通じてエリザベス期におけるある種の「国民統合」をもたらす一方、同時に（治世後期の急進的な権力批判に見られるように）「分裂」の契機も抱えており、「近代」国家形成のアイデンティティーとしては非常に不安定で脆弱なものであった。そして、こうした二つの相反する契機を内包した政治的イングランド意識は、一七世紀以降、やはり「統合」と「分裂」という二つの方向に沿って展開されることになる。

まず一七世紀において、政治的イングランド意識を本格的に「国民統合」の原理として示し、「近代」国家形成の理論として確立したのは、何と言ってもトマス・ホッブズ (Hobbes, Thomas, 1588-1679) とジョン・ロック (Locke, John, 1632-1704) である。つまり、ホッブズとロックは、（本書で取り上げたような）「公共のものごと」や「共通の利益」という目的の下に自然的に成立した、あるいは臣民の暗黙の同意を通じて形成された「コモンウェルス」を、いわゆる社会契約によって人為的に形成される政治社会と捉えたのだった。その後、（一七〇七年の）スコットランドとの合邦について論じたアンドルー・フレッチャー (Fletcher, Andrew, 1655-1716) が「ブリテン」といった次元で「コモンウェルス」論を展開したり、エドマンド・バークがヨーロッパを単位とした連邦制国家「コモンウェルス」を構想したり、二〇世紀には「イギリス連邦 (Commonwealth of Nations)」が成立したりするなど、「統合」原理としての政治的イングランド意識の拡大解釈が進行していった。[1]

ただし、一七世紀において、政治的イングランド意識が「統合」原理としてではなく、(王権もしくは国教会に対する)権力批判を通じて国家の「分裂」をもたらしたのもまた事実である。こうした理由として、この時代に「ブリテン」というより規模の大きい、新たな国家が構想されるようになったことと、国家理性を有する主権国家‘state’という概念の登場[2]により、政治的イングランド意識の「統合」原理としての価値が相対的に低くなった、ということが考えられる。ともあれ、一七世紀前半において、政治的イングランド意識は「国民統合」というよりはむしろ「分裂」の機能を強めたのであり、「内乱」へと至るイングランドの政治意識の方向性を決定づけ、国王チャールズ一世の処刑、そして「コモンウェルス」という共和国の樹立をもたらすことになった。斯くして、エドマンド・ダドリの「コモンウェルスの木」は、イングランドの大地にその根を張ることになったのであった。

最後に今後の課題を二点挙げておきたい。一つ目は、本書で検証した政治的イングランド意識の客観性についてである。即ち、本書では「コモンウェルス」概念の社会的広がりを根拠に、エリザベス期の政治的イングランド意識の醸成を主張している訳だが、こうした「社会的広がり」が必ずしも十分なものではなかったかもしれない。換言するならば、本書は宮廷と(議会・地方都市・「公共圏」・法学院といった)宮廷外の政治的領域のイングランド人の「コモンウェルス」概念を検証することにより、政治的イングランド意識の汎用性を示すことには成功しているが、このような政治意識が大多数のエリザベス期のイングランド人によって共有されていた、ということまでは証明できていないと言えよう。本書において「社会的広がり」を十分に示すことができなかったのは、やはり一六世紀イングランドの史料的制約という事情もあるのだが、この点については、他の研究(例えば、本書序章で取り上げたような一七世紀イングランドの「リパブリカニズム」研究、あるいは歴史的個人の言葉ではなく行動から政治意識に迫った研究など)を精査することを通じて本書の議論を洗練させていくしかない。

二つ目は、本書で検証したエリザベス期の政治的イングランド意識を「ブリテン」やヨーロッパといった、より広い文脈の中に位置づけることである。とりわけ、既に述べたように、本書の政治的イングランド意識の中核とも言える「コモンウェルス」概念は、古代ローマの「レス・プブリカ」という公共概念に由来するものであり、この「レス・プブリカ」は中世から初期近代にかけてのヨーロッパ内の地域ごとの個別条件の中で、一定の変容を被りながら受容された。したがって、本書で考察したエリザベス期イングランドの「コモンウェルス」概念を、こうしたヨーロッパの各地域の公共概念と比較する必要があろう。同時に、このようなイングランドとその外部の地域の比較は、古典的ヒューマニズムとプロテスタンティズムとコモン・ローを政治的イングランド意識の思想的要素として重視した、本書の視座が果して妥当なものであったかという問いでもある。例えば、これらの思想的要素の他に、「ブルータス伝説」を根拠にイングランドがスコットランドを含めたブリテン島全体に対する宗主権を正当化した、という見方もある。[3] つまり、「国民統合」の思想的要素は他にも存在するのであり、このことを認識した上で本書の政治的イングランド意識を吟味してみる必要があると言えよう。

（註）

1 とりわけ、フレッチャーとバークのこうした議論については 村松茂美『ブリテン問題とヨーロッパ連邦：フレッチャーと初期啓蒙』、京都大学学術出版会、二〇一三年；J.M.Welsh, 'Edmund Burke and the Commonwealth of Europe: The Cultural Bases of International Order,' in I.Clark and I.B.Neumann, eds., *Classical Theories of International Relations* (New York, 1996) を参照。

2 最新の研究では、スコットランド国王ジェームズ六世は国家理性論を体系化した（「ブリテン」における）先駆者として描かれている（小林麻衣子『近世スコットランドの王権』、ミネルヴァ書房、二〇一四年、二五〇〜五三頁）。ただし、この研究は古代ローマのような国家拡大を目的とする「マキァヴェッリ型」国家理性と、国家の維持を目的とした「ボテロ型」国家理性を区別し、ジェームズの国家理性論を「ボテロ型」とみなしている。こうしたジェームズの政治理論と本書で検証した「コモンウェルス」概念を中核とする政治的イングランド意識は、近代における国家と社会の関係性を考える上で有益であるように思われる。即ち、前掲書が 'kingdom/state' という国家における王権のあり方を主題としているのに対し、本書は 'commonwealth' という（国家概念であると同時に）社会的な意味合いを強く持った概念を主題としている。前掲書は（一六世紀後半の）スコットランドの知的潮流として王権の起源を人民に求める理論を強調しているが、一六世紀イングランドの政治理論は王権のあり方というよりはむしろ社会のあり方に主眼を置いていたと言えよう。

3 「ブルータス伝説」とは、トロイア戦争の敗北から逃れ、後にローマを建国したアイネイアースの曾孫ブルータスが、ブリテン島に渡ってブリトン人の始祖となり、彼の長男ロクリヌス、次男アルバナクトゥス、三男カンバァにブリテン島の領土を分配し、これらの領土がそれぞれ後のイングランド、スコットランド、ウェールズになった、という建国神話である。特にイングランドは「ブルータス伝説」の長男ロクリヌスの長子相続を根拠に、スコットランドを含めたブリテン島全体に対する宗主権を主張した。この点については 指昭博「ブルータス伝説」、指昭博編『「イギリス」であること』、刀水書房、一九九九年；岩井淳「ブリテン帝国の成立：一六〜一七世紀の帝国概念と古代ローマ」、『歴史学研究』七七六、二〇〇三年 に詳しい。一方、スコットランド側もエジプト王の娘スコタとギリシア王家の血をひくガタラスの建国神話を持ち出すことにより、イングランドの宗主権を退けようとしたとされる。この「ガタラス・スコタ神話」については 小林『近世スコットランドの王権』、一一四〜一二五頁 を参照。

あとがき

本書は、筆者が二〇一五年三月に立教大学大学院文学研究科へ提出した博士学位申請論文「エリザベス一世期の政治的イングランド意識の成長――イングランドにおける『コモンウェルス』概念の社会的広がりを中心に――」に加筆・訂正を施したものである。

思い返せば、筆者がイギリス史(イングランド史)研究を志したのは慶応義塾大学経済学部三年の時であった。当時、難解な数式の羅列とあらゆる事象を固定化されたモデルに当てはめる、「人間不在」の経済学に馴染めなかった私は、イギリス社会史を専門とされる松村高夫先生のゼミに入り、卒業論文に取り組んだ。松村先生が提唱されていた、「下からの歴史」と「総合の学」としての社会史は私にとって斬新であり、現在も自分の心に刻み込まれている(本書は、筆者が未熟ながらこうした社会史を意識しつつ作り上げたものである)。卒業論文では、近代英国スポーツの社会史、具体的には一九世紀イギリスの「フットボール・アソシエーション」と「ラグビー・フットボール・ユニオン」について研究した。

その後、大学院進学を決意した私は慶応義塾大学大学院文学研究科の清水祐司先生のお世話になることになった。そして、一六世紀イングランドを専門とされる清水先生の影響を受け、自分もエリザベス一世期イングランドの研究を志すようになったのである。しかし、卒業論文では一九世紀イギリスを取り上げ、より致命的なことに、経済学部出身のため文学部で当然身に付ける筈の(史料の扱い方などの)研究手法を十分に習得していなかった私には、一六世紀イングランドの研究は非常に困難なものであった。清水先生のご指導の下、私は文学部的な研究手法を身に付けるとともに、一六世紀イングランドの歴史を基礎から叩き込まれた。清水先生の厳しくも温かいご指導のおかげで、私はなんとか修士論文を完成させることができた。修士論文のテーマは、（本書の一部ともなっているが）エリザベス一世の結婚に反対するパンフレットを出版した、ジョン・スタッブズの「活動的生活」についてであった。

しかし、最も長い期間（必ずしも筆者の意図するところではなかったが）、懇切丁寧なご指導を通じ、私を研究者として成長させて下さったのは立教大学大学院文学研究科の青木康先生である。青木先生はご校務でご多忙な中、私の博士論文作成のために何度も面談をして下さり、論文添削では常に迅速かつ的確なご指導をいただいた。青木先生のご指導下でなければ、自分の博士論文の完成はなかったと思う。青木先生との一番の思い出は、前述のジョン・スタッブズのパンフレットをご一緒に講読したことである。この講読を通じ、（特に言説分析という手法で）一六世紀イングランドの史料を扱う際にはより慎重でなければならない、ということを私は学んだ。また青木先生は研究者のみならず、教育者としてのあるべき姿を示して下さった。こうした青木先生のお人柄もあり、先生の大学院ゼミには立教の院生はもちろん、他大学からも多くのイギリス史研究を志す方々がご参加され、そこで私は大いに刺激を受けた。このような恵まれた環境で研究できたことを幸せに思う。

以上の三人の恩師の他にも、学会や研究会などを通じ、多くの方々から研究上のご指導・アドバイスを賜った。まず私の博士学位申請論文の副査を務めて下さった小泉徹先生と松原宏之先生から、論文の最終面接試験の際に様々なコメントをいただいた。特に小泉先生は自分の今後の研究にも繋がる、多くの有益なご助言・ご批判を下さった。また日本イギリス哲学会とイギリス革命史研究会では、青木道彦先生、伊藤誠一郎先生、岩井淳先生、小林麻衣子先生にご指導いただいた。それから、慶應と立教の大学院西洋史学の先生方はもちろん、大学院ゼミでは高林陽展先生、仲丸英起先生、山本信太郎先生を始め、多くの方々のお世話になった。

本書は立教大学出版会による二〇一六年度出版助成を受けている。本書の刊行に当たり、立教大学出版会と丸善雄松堂の担当者の方々、編集・校正担当の高畠直美さんにお世話になった。この場を借りて、厚く御礼申し上げたい。

最後に、筆者を精神的・経済的に支えてくれた母・暁視、父・誠吾、姉・礼子に感謝したい。本書を三人に捧げたい。

山根　明大

二〇一七年一月

サ行

タ行

ナ行

ハ行

マ行

ヤ行

ラ行

事項索引

ア行

カ行

サ行

タ行

ナ行

ハ行

マ行

ヤ行

ラ行

ワ行

参考文献

◆一次文献

<刊行史料>

- William Allen, *A Briefe Historie of the Glorious Martyrdom of XII Reuerend Priests* ([Rheims], 1582; STC 369.5).
- Anon., *Leycester's Commonwealth [The Copie of a Leter, vvryten by a Master of Arte of Cambrige, to his Friend in London, Concerning Some Talke Past of Late betvven Tvvo VVorshipful and Graue Men, about the Present State, and Some Procedinges of the Erle of Leycester and his Friendes in England*] (Paris, 1584; STC 5742.9).
- A Well-wisher to the Common-wealth, *The Life and Death of King Richard the Second* (London, 1642; Thomason E.155 [15]).
- John Aylmer, *An Harborovve for Faithfvll and Trevve Svbiectes, agaynst the Late Blowne Blaste, Concerninge the Gouernmēt of VVemen. Wherin Be Confuted All Such Reasons as a Straunger of Late Made in that Behalfe, with a Breife Exhortation to Obedience* (Strasbourg, 1559; STC 1005).
- Francis Bacon, *A Declaration of the Practises & Treasons Attempted and Committed by Robert Late Earle of Essex and his Complices* (London, 1601; STC 1133).
- Francis Bacon, *Sir Francis Bacon his Apologie, in Certaine Imputations Concerning the Late Earle of Essex* (London, 1604; STC 1112).
- William Baldwin, *A Myrroure for Magistrates* (1559; STC 1247).
- Richard Bancroft, *A Sermon Preached at Paules Crosse the 9. of Februarie, being the First Sunday in the Parleament, anno. 1588* [1589]. (London, 1589; STC 1346).
- John Barston, *Safegarde of Societie: Describing the Institution of Lawes and Policies, to Preserue Euery Felowship of People by Degrees of Ciuil Gouernment; Gathered of the Moralls and Policies of Philosophie* (London, 1576; STC 1532).
- Théodore de Bèze, *A Discourse Wrytten by M. Theodore de Beza, Conteyning in Briefe the Historie of the Life and Death of Maister Iohn Caluin, with the Testament and Laste Will of the saide Caluin, and the Catalogue of his Bookes that he hath Made* [trans. John Stubbs?] (London, 1564; STC 2017).
- John Bridges, *A Defence of the Gouernment Established in the Church of Englande for Ecclesiasticall Matters* (London, 1587; STC 3734).

- By the Queene. [Suppressing John Stubbs's Gaping gulf] (London, 27 Sept. 1579; STC 8114) [P.L.Hughes and J.F.Larkin, eds., T*udor Royal Proclamations* (Yale, 1969), vol. Ⅱ, pp.445-49].
- William Cecil, *The Execution of Iustice in England for Maintenaunce of Publique and Christian Peace, without any Persecution for Questions of Religion* (London, 1583; STC 4902) [R.Kingdon, ed., T*he Execution of Justice in England by William Cecil and A True, Sincere, and Modest Defense of English Catholics by William Allen* (Ithaca, 1965)].
- Thomas Cooper, *An Admonition to the People of England: Wherein are Ansvvered, not onely the Slaunderous Vntruethes, Reprochfully Vttered by Martin the Libeller, but also many other Crimes by some of his Broode, Obiected Generally against all Bishops, and the Chiefe of the Cleargie, Purposely to Deface and Discredite the Present State of the Church* (London, 1589; STC 5682).
- William Cornwallis, *Discourses vpon Seneca the Tragedian* (London, 1601; STC 5774).
- [Francis Davison] *Gesta Grayorum, or, the History of the High and Mighty Prince of Purpoole* (Proquest, 2011).
- Robert Devereux, *An Apologie of the Earle of Essex, against those which Iealously, and Maliciously, Tax him to be the Hinderer of the Peace and Quiet of his Country. Penned by himselfe in anno 1598*. (London, 1603; STC 6788).
- [Edmonde Dudlay] *Tree of Common Wealth 1859* (Kessinger, 2003).
- Thomas Elyot, *The Boke Named the Gouernour* (London, 1531; STC 7635).
- Thomas Floyd, *The Picture of a Perfit Common Wealth, Describing aswell the Offices of Princes and Inferiour Magistrates ouer their Subiects, as also the Duties of Subiects towards their Gouernours.* (London, 1600; STC 11119).
- John Fortescue, *De Laudibus Legum Angliae*, S.B.Chrimes, ed. (Cambridge, 1942) (北野かほる、小山貞夫、直江眞一共訳「イングランド法の礼賛について」(1 ～ 3)、『法学研究』第 53 巻・第 4 号～第 54 巻・第 1 号、東北大学法学会、1989 年).
- William Fulbecke, *A Direction or Preparative to the Study of the Law* (London, 1600; STC 11410).
- William Fulbecke, *An Historicall Collection of the Continuall Factions, Tumults, and Massacres of the Romans and Italians during the Space of One Hundred and Twentie Yeares Next before the Peaceable Empire of Augus-*

tus Caesar (London, 1601; STC 11412).

- William Fulbecke, *A Parallele or Conference of the Civill Law, the Canon Law, and the Common Law of England, in Sundry Dialogues. With a Table of the Principal Points* (London, 1601; STC 11415).
- William Fulbecke, *The Pandectes of the Law of Nations: Contayning Seuerall Discourses of the Questions, Points, and Matters of Law, wherein the Nations of the World Doe Consent and Accord* (London, 1602; STC 11414).
- William Fulbecke, *The Second Part of the Parallele, or Conference of the Ciuill Law, the Canon Law, and the Common Law of this Realme of England* (London, 1602; STC 11415a).
- William Fulbecke, *An Abridgement, or rather, A Bridge of Roman Histories* (London, 1608; STC 11413.3).
- Richard Greenwey, trans., *The Annales of Cornelius Tacitus. The Description of Germanie.* (London, 1598; STC 23644).
- Laurentius Grimaldus (Goslicius), *The Covnsellor. Wherein the Offices of Magistrates, the Happie Life of Subiectes, and the Felicitie of Common-Weales is Pleasantly and Pithilie Discoursed.* [trans. Anon] (London, 1598; STC 12372).
- Stefano Guazzo, *The Civile Conversation*, G.Pettie and B.Young, trans., E. Sullivan, intro. (New York, 1967), vol.1.
- Gabriel Harvey, *Pierces Supererogation or a New Prayse of the Old Asse* (London, 1593; STC 12903).
- Richard Harvey, *Plaine Perceuall the Peace-Maker of England* (London, 1589; STC 12914).
- John Hayward, *The First Part of the Life and Reign of King Henrie the IIII* (London, 1599; STC 12995).
- John Hayward, *An Ansvver to the First Part of a Certaine Conference* (1603; STC 12988).
- John Hooker, *The Discription of the Cittie of Excester* (London, 1575?; STC 24886).
- John Hooker, *Orders Enacted for Orphans and for their Portions within the Citie of Excester, with Sundry Other Instructions Incident to the same* (London, 1575?; STC 24888).
- John Hooker, *A Catalog of the Bishops of Excester, with the Description of the Antiquitie and First Foundation of the Cathedrall Church of the same* (London, 1584; STC 24885).

- Iohn Vowell alias Hoker, *A Pamphlet of the Offices, and Duties of Euerie Particular Sworne Officer, of the Citie of Excester* (London, 1584; STC 24889).
- Richard Hooker, *Of the Lavves of Ecclesiasticall Politie Eyght Bookes* (London, 1593; STC 13712).
- Ben Jonson, *Discoveries* (1641) [G.B.Harrison, ed., *Discoveries* (London, 1922; repr. Edinburgh, 1966)].
- William Kempe, *The Education of Children in Learning: Declared by the Dignitie, Vtilitie, and Method thereof* (London, 1588; STC 14926).
- John Knox, *The First Blast of the Trvmpet against the Monstrvovs Regiment of Women* (1558; STC 15070).
- William Lambard, *Eirenarcha or of the Office of the Justices of Peace* (London, 1581; STC 15163).
- William Lambard, *The Duties of Constables, Borsholders, Tithingmen, and such Other Low Ministers of the Peace* (London, 1583; STC 15145).
- Martin Marprelate, pseud., *Oh Read ouer D. Iohn Bridges, for it is a Worthy Worke: Or an Epitome of the Fyrste Booke, of that Right Worshipfull Volume, Written against the Puritanes, in the Defence of the Noble Cleargie, by as Worshipfull a Prieste, Iohn Bridges, Presbyter, Priest or Elder, Doctor of Diuillitie, and Deane of Sarum* (East Molesey, 1588; STC 17453).
- Martin Marprelate, pseud., *Theses Martinianae: That is, Certaine Demonstratiue Conclusions, Sette downe and Collected (as it should seeme) by that Famous and Renowmed Clarke, the Reuerend Martin Marprelate the Great* (Wolston, 1589; STC 17457).
- Martin Marprelate, pseud., *Certaine Minerall, and Metaphisicall Schoolpoints, to be Defended by the Reuerende Bishops, and the Rest of my Cleargie Masters of the Conuocation House, against both the Vniuersities, and al the Reformed Churches in Christendome* (Coventry, 1589; STC 17455).
- Martin Marprelate, pseud., *The Protestatyon of Martin Marprelat wherin not Wihstanding the Surprizing of the Printer, he Maketh it Known vnto the World that he Feareth, neither Proud Priest, Antichristian Pope, Tiranous Prellate, nor Godlesse Catercap* (Wolston?, 1589; STC 17459).
- Martin Marprelate, pseud., *Hay any Worke for Cooper: Or a Briefe Pistle Directed by Waye of an Hublication to the Reverende Byshopps, Counselling them, if they will needs be Barrelled vp, for Feare of Smelling in the Nostrels of her Maiestie [and] the State, that they would Vse the Aduise of*

Reuerend Martin, for the Prouiding of their Cooper (Coventry, 1589; STC 17456).

- Martin Marprelate, pseud., *The Iust Censure and Reproofe of Martin Iunior. Wherein the Rash and Vndiscreete Headines of the Foolish Youth, is Sharply Mette with, and the Boy hath his Lesson Taught him, I Warrant you, by his Reuerend and Elder Brother, Martin Senior, Sonne and Heire vnto the Renowmed Martin Mar-Prelate the Great.* (Wolston?, 1589; STC 17458).
- Charles Merbury, *A Briefe Discourse of Royall Monarchie, as of the Best Commonweale* (London, 1581; STC 17823).
- Richard Mulcaster, T*he First Part of the Elementarie which Entreateth Chefelie of the Right Writing of our English Tung* (London, 1582; STC 18250).
- [Thomas Nash and John Lyly?], *Mar-Martine, I Know not why a Trueth in Rime Set out maie not as wel Mar Martine and his Mates, as Shamelesse Lies in Prose-Books Cast about Marpriests, & Prelates, and Subvert Whole States* (London?, 1589; STC 17461).
- Thomas Nash, *An Almond for a Parrat, or Cutbert Curry-Knaues Almes* (London?, 1590; STC 534).
- Matthew Parker, *De Antiquitate Britannicae Ecclesiae & Priuilegiis Ecclesiae Cantuariensis, cum Archiepiscopis Eiusdem 70* (London, 1572-74; STC 19292).
- Matthew Parker, *The Life off the 70. Archbishopp off Canterbury Presentlye Sittinge Englished, and to be Added to the 69. Lately Sett forth in Latin* [trans. John Stubbs?] (Zurich, 1574; STC 19292a).
- R.Doleman [Robert Parsons], *A Conference about the Next Succession to the Crowne of Ingland* (n.p., 1594; STC 19398).
- Henry Peacham, *The Compleat Gentleman Fashioning him Absolute in the most Necessary & Commendable Qualities Concerning Minde or Bodie that may be Required in a Noble Gentlema*[n] (London, 1622; STC 19502).
- George Puttenham, *The Arte of English Poesie* (London, 1589) [G.D.Willcock and A.Walker, eds., *The Arte of English Poesie* (Cambridge, 1936)].
- Christopher Saint German, *Hereafter Foloweth a Dyaloge in Englysshe, bytwyxt a Doctoure of Dyuynyte, and a Student in the Lawes of Englande: Of the Groundes of the Sayd Lawes and of Conscyence* [trans. Anon.](1530?; STC 21561).
- Henry Savile, trans., *The Ende of Nero and Beginning of Galba. Fower*

Bookes of the Histories of Cornelius Tacitus. The Life of Agricola. (Oxforde, 1591; STC 23642).

- Thomas Smith, *A Discourse of the Common Weal of this Realm of England (1581) [E.Lamond, ed., A Discourse of the Common Weal of this Realm of England: First Printed in 1581 and Commonly Attributed to W.S.* (Cambridge, 1954)].
- Thomas Smith, *De Repvblica Anglorvm: The Maner of Gouernement or Policie of the Realme of England, Compiled by the Honorable Man Thomas Smyth, Doctor of the Ciuil Lawes, Knight, and Principall Secretarie vnto the two most Worthie Princes, King Edwarde the Sixt, and Queene Elizabeth* (London, 1583; STC 22857) [L.Alston, ed., *De Republica Anglorum* (Cambridge, 1906)].
- Edmund Spenser, *The Shepheardes Calendar* (London, 1579; STC 23089).
- John Stockwood, *A Very Fruiteful Sermon Preched at Paules Crosse the Tenth of May Last, being the First Sunday in Easter Terme: In which are Conteined Very Necessary and Profitable Lessons and Instructions for this Time* (London, 1579; STC 23285).
- John Stubbs, *The Discoverie of a Gaping Gulf whereinto England is like to be Swallowed by an other French Marriage,if the Lord Forbid not the Banes, by Letting her Maiestie See the Sin and Punishment thereof* (London, 1579; STC 23400) [L.E.Berry, ed., *John Stubbs's Gaping Gulf with Letters and Other Relevant Documents* (Virginia, 1968)].
- John Udall, *A Demonstration of the Trueth of that Discipline which Christe hath Prescribed in his Worde for the Gouernement of his Church, in all Times and Places, vntill the Ende of the Worlde* (East Molesey, 1588; STC 24499).

＜史料集＞

- J.Ayre, ed., *The Works of John Jewel*, 4vols. (Cambridge, 1845-50).
- S.T.Bindoff, ed., T*he House of Commons, 1509-1558, The History of Parliament*, 3vols. (London, 1982).
- K.Duncan-Jones and J.van Dorsten, eds., *Miscellaneous Prose of Sir Philip Sidney* (Oxford, 1973).
- C.R.Elrington, ed., *A History of the County of Gloucester* (Oxford, 1968), vol. Ⅷ.
- R.J.Fletcher, ed., *The Pension Book of Gray's Inn*, 2vols. (London, 1901).
- W.H.Frere and C.E.Douglas, eds., *Puritan Manifestoes: A Study of the Ori-*

gin of the Puritan Revolt (London, 1954).
- T.E.Hartley, ed., *Proceedings in the Parliaments of Elizabeth I,* 3vols. (Leicester, 1981-95).
- *Holinshed's Chronicles of England, Scotland, and Ireland*, 6vols. (London, 1807-08).
- P.L.Hughes and J.F.Larkin, eds., *Tudor Royal Proclamations* (Yale, 1969), vol. Ⅱ .
- D.Laing, ed., *The Works of John Knox* (Edinburgh, 1848), vol.2.
- E.Lodge, ed., *Illustrations of British History in the Reign of Elizabeth* (Westmead, 1969), vol. Ⅱ .
- J.Mueller and J.Scodel, eds., *Elizabeth I Translations, 1592-1598* (Chicago, 2009).
- *Rotuli Parliamentorum*, 6vols. (London, 1767-77).
- Scholarly Publishing Office, ed., *Certain Sermons or Homilies Appointed to be Read in Churches in the Time of Queen Elizabeth* (Michigan, 2006).
- V.Snow, ed., *Parliament in Elizabethan England: John Hooker's 'Order and Usage'* (New Haven, 1977).
- J.Venn and J.A.Venn, *Alumni Cantabrigienses* (Cambridge, 1927), pt.I, vol.I.

＜邦語訳史料＞

- トマス・アクィナス著、柴田平三郎訳『君主の統治について：謹んでキプロス王に捧げる』、岩波書店、2009 年。
- アリストテレス著、山本光雄訳『政治学』、岩波書店、1961 年。
- キケロー著、高橋宏幸、中務哲郎訳『キケロー選集 9 哲学Ⅱ』、岩波書店、1999 年。
- ウィリアム・シェイクスピア著、小田島雄志訳『リチャード二世』、白水社、2013 年。
- ホッブズ著、水田洋訳『リヴァイアサン（一）～（四）』、岩波書店、2011 ～ 14 年。
- トマス・モア著、平井正穂訳『ユートピア』、岩波書店、2013 年。
- ジョン・ロック著、加藤節訳『完訳 統治二論』、岩波書店、2013 年。

◆二次文献

＜外国語文献＞

- J.C. Adams, 'Alexander Richardson's Philosophy of Art and the Sources of the Puritan Social Ethic', *Journal of the History of Ideas* 50 (1989).

- J.C.Adams, 'Gabriel Harvey's Ciceronianus and the Place of Peter Ramus' Dialecticae Libri Duo in the Curriculum', *Renaissance Quarterly* 43 (1990).
- S.Adams, 'Eliza Enthroned? The Court and its Politics', in C.Haigh, ed., *The Reign of Elizabeth I* (London, 1984).
- S.Adams, 'Favourites and Factions at the Elizabethan Court', in J.Guy, ed., *The Tudor Monarchy* (London, 1997).
- S.Alford, T*he Early Elizabethan Polity: William Cecil and the British Succession Crisis, 1558-1569* (Cambridge, 1998).
- J.W.Allen, *A History of Political Thought in the Sixteenth Century* (London, 1928).
- J.D.Alsop, 'The Act for the Queen's Royal Power, 1554', *Parliamentary History* 13, no.3 (1994).
- S.Anglo, *Spectacle, Pageantry and Early Tudor Policy* (Oxford, 1969).
- D.Armitage, A.Himy and Q.Skinner, eds., *Milton and Republicanism* (Cambridge, 1995).
- H.Baron, *Humanistic and Political Literature in Florence and Venice at the Beginning of the Quattrocento* (Cambridge, 1955).
- H.Baron, *The Crisis of the Early Italian Renaissance* (Princeton, 2nd ed., 1966).
- H.Baron, 'Leonardo Bruni', *Past and Present* 36 (1967).
- H.Baron, *From Petrarch to Leonardo Bruni: Studies in Humanistic and Political Literature* (Chicago, 1968).
- H.Baron, 'Petrarch: His Inner Struggles and the Humanistic Discovery of Man's Nature', in Rowe and Stockdale, eds., *Florilegium Historiale: Essays Presented to Wallace K. Ferguson* (Toronto, 1971).
- F.L.Baumer, *The Early Tudor Theory of Kingship* (New York, 1966).
- J.S.Benger, 'The Authority of Writer and Text in Radical Protestant Literature 1540 to 1593 with Particular Reference to the Marprelate Tracts', DPhil thesis, University of Oxford (1989).
- E.B.Benjamin, 'Sir John Hayward and Tacitus', *Review of English Studies*, New Series 8 (1957).
- J.Bennett , *The History of Tewkesbury* (Tewkesbury, 1830).
- D.Bergeron, *English Civic Pageantry 1558-1642* (London, 1971).
- S.T.Bindoff, *Tudor England* (Pelican Books, rep., 1952).
- J.L.Black, 'Pamphlet Wars: The Marprelate Tracts and "Martinism", 1588-1688', PhD thesis, University of Toronto (1996).
- A.D.Boyer, *Sir Edward Coke and the Elizabethan Age* (Stanford, 2003).

- A.D.Boyer, 'Sir Edward Coke, Ciceronianus: Classical Rhetoric and the Common Law Tradition', in idem, ed., *Law, Liberty, and Parliament: Selected Essays on the Writings of Sir Edward Coke* (Indianapolis, 2004).
- A.T.Bradford, 'Stuart Absolutism and the "Utility" of Tacitus', *Huntington Library Quarterly* 46 (1983).
- S.Brigden, *London and the Reformation* (Oxford, 1989).
- C.Brooks and K.Sharpe, 'Debate: History, English Law and Renaissance', *Past and Present* 72 (1976).
- G.Burgess, 'Common Law and Political Theory in Early Stuart England', *Political Science* 40 (1988).
- G.Burgess, *The Politics of the Ancient Constitution: An Introduction to English Political Thought, 1603-1642* (London, 1992).
- G.Burgess, *Absolute Monarchy and the Stuart Constitution* (New Haven, 1996).
- P.Burke, 'A Survey of the Popularity of Ancient Historians, 1450-1700', *History and Theory* 5 (1966).
- P.Burke, 'Tacitism', in T.A.Dorey, ed., *Tacitus* (New York, 1969).
- J.H.Burns, *Lordship, Kingship, and Empire: the Idea of Monarchy 1400-1525*, The Carlyle Lectures, 1988 (Oxford, 1992).
- D.Bush, *The Renaissance and English Humanism* (Toronto, 1939).
- H.M.Cam, ed., *Selected Historical Essays of F.W.Maitland* (Cambridge, 1957).
- L.H.Carlson, *Martin Marprelate, Gentleman: Master Job Throkmorton Laid Open in his Colours* (San Marino, 1981).
- F.Caspari, *Humanism and the Social Order in Tudor England* (Chicago, 1954).
- R.W.Chambers, *Thomas More* (London, Rep., 1951).
- K.Charlton, *Education in Renaissance England* (London, 1965).
- P.Christianson, 'Young John Selden and the Ancient Constitution, ca.1610-18', *Proceedings of the American Philosophical Society* 78 (1984).
- P.Clark, *English Provincial Society from the Reformation to the Revolution: Religion, Politics and Society in Kent, 1500-1640* (Hassocks, 1977).
- P.Clark, A.G.R.Smith and N.Tyacke, eds., *The English Commonwealth 1547-1640* (Leicester, 1979).
- M.H.Cole, *The Portable Queen: Elizabeth I and the Politics of Ceremony* (Amherst, 1999).
- C.Coleman and D.Starkey, eds., *Revolution Reassessed* (Oxford, 1986).

- P.Collinson, *The Elizabethan Puritan Movement* (London, 1967).
- P.Collinson, 'Sir Nicholas Bacon and the Elizabethan via media', *Historical Journal* 23 (1980).
- P.Collinson, *The Religion of Protestants* (Oxford, 1982).
- P.Collinson, *Godly People: Essays on English Protestantism and Puritanism* (London, 1983).
- P.Collinson, 'The Monarchical Republic of Queen Elizabeth I', *Bulletin of the John Rylands Library* 69 (1987).
- P.Collinson, 'Puritans, Men of Business and Elizabethan *Parliaments', Parliamentary History* 7, no.2 (1988).
- P.Collinson, 'The Theatre Constructs Puritanism', in D.L.Smith, R.Strier and D.Bevington, eds., *The Theatrical City: Culture, Theatre and Politics in London* (Cambridge, 1993).
- P.Collinson, 'De Republica Anglorum: Or, History with the Politics Put back', in idem, ed., *Elizabethan Essays* (London,1994).
- C.Condren, *The Language of Politics in Seventeenth-Century England* (Houndmills, 1994).
- F.W.Conrad, 'The Problem of Council Reconsidered: the Case of Sir Thomas Elyot', in P.A.Fideler and T.F.Mayer, eds., *Political Thought and the Tudor Commonwealth* (London, 1992).
- M.T.Crane, 'Video and Taceo: Elizabeth I and the Rhetoric of Counsel', *Studies in English Literature 1500-1900* 28 (1988).
- A.Cromartie, 'The Constitutionalist Revolution: The Transformation of Political Culture in Early Stuart England', *Past and Present* 163 (1999).
- C.Cross, *The Royal Supremacy in the Elizabethan Church* (London, 1969).
- M.H.Curtis, 'The Alienated Intellectuals of Early Stuart England', *Past and Present* 23 (1962).
- R.Cust and P.Lake, 'Sir Richard Grosvenor and the Rhetoric of Magistracy', *Bulletin of the Institute of Historical Research* 54 (1981).
- R.Cust, 'News and Politics in Early Seventeenth-Century England', *Past and Present* 112 (1986).
- R.Cust and A.Hughes, eds., *Conflict in Early Stuart England: Studies in Religion and Politics, 1603-1642* (Harlow, 1989).
- R.Cust, 'The "Public Man" in Late Tudor and Early Stuart England', in P.Lake and S.Pincus, eds., *The Public Sphere in Early Modern England* (Manchester, 2007).
- J.E.A.Dawson, 'William Cecil and the British Dimension of Early Elizabe-

than Foreign Policy', *History*, vol.74, no.241 (1989).
- D.M.Dean, 'Public or Private?: London, Leather and Legislation in Elizabethan England', *Historical Journal* 31 (1988).
- M.Dewar, *Sir Thomas Smith: A Tudor Intellectual in Office* (London, 1964).
- A.G.Dickens, 'The Elizabethans and St Bartholomew', in A.Soman, ed., *The Massacre of St Bartholomew: Reappraisals and Documents* (Hague, 1974).
- S.Doran, *England and Europe 1485-1603* (London, 1986).
- S.Doran, 'Juno versus Diana: the Treatment of Elizabeth I's Marriage in Plays and Entertainments, 1561-1581', *Historical Journal*, vol.38, no.2 (1995).
- S.Doran, *Monarchy and Matrimony: The Courtships of Elizabeth I* (London, 1996).
- S.Doran and G.Richardson, eds., *Tudor England and its Neighbours* (New York, 2005).
- M.Dowling, *Humanism in the Age of Henry Ⅷ* (London, 1986).
- R.Eccleshall, *Order and Reason in Politics: Theories of Absolute and Limited Monarchy in Early Modern England* (Oxford, 1978).
- C.R.Elrington, ed., *A History of the County of Gloucester* (Oxford, 1968), vol. Ⅷ .
- G.R.Elton, *Tudor Revolution in Government: Administrative Change in the Reign of Henry Ⅷ* (Cambridge, 1953).
- G.R.Elton, *The Tudor Constitution* (London, 1960).
- G.R.Elton, *The Enforcement of the Reformation in the Age of Thomas Cromwell* (Cambridge, 1972).
- G.R.Elton, *Reform and Renewal: Thomas Cromwell and the Commonweal* (Cambridge, 1973).
- G.R.Elton, 'Tudor Government: The Points of Contact: I. Parliament', *Transaction of the Royal Historical Society*, 5th ser., 24 (1974).
- G.R.Elton, 'Tudor Government: The Points of Contact', in idem, *Studies in Tudor and Stuart Politics and Government* (Cambridge, 1983).
- G.R.Elton, 'Parliament in the Reign of Elizabeth I', in C.Haigh, ed., *The Reign of Elizabeth I* (London, 1984).
- G.R.Elton, *The Parliament of England, 1559-1581* (Cambridge, 1986).
- G.R.Elton, 'Humanism in England', in A.Goodman and A.MacKay, eds., *The Impact of Humanism on Western Europe* (Harlow, 1990).
- E.H.Emerson, *English Puritanism from John Hooper to John Milton* (Durham, 1968).

- A.Everitt, *The Community of Kent and the Great Rebellion, 1640-60* (Leicester, 1966).
- A.Everitt, *Change in the Provinces: The Seventeenth Century* (Leicester, 1969).
- A.B.Ferguson, 'Renaissance Realism in the "Commonwealth" Literature of Early Tudor England', *Journal of the History of Ideas*, vol.16, no.3 (1955).
- A.B.Ferguson, *The Articulate Citizen and the English Renaissance* (Durham, 1965).
- A.B.Ferguson, *The Chivalric Tradition in Renaissance England* (Washington, 1986).
- P.Fideler and T.Mayer, eds., *Political Thought and the Tudor Commonwealth: Deep Structure, Discourse and Disguise* (Routledge, 1992).
- Z.S.Fink, *The Classical Republicans: An Essay in the Recovery of a Pattern of Thought in Seventeenth-Century England* (Evanston, 1945).
- S.E.Fish, ed., *Seventeenth-Century Prose: Modern Essays in Criticism* (New York, 1971).
- R.M.Fisher, 'The Reformation in Microcosm? Benchers at the Inns of Court, 1530-1580', *Parergon*, n.s., 6 (1988).
- A.Fletcher, 'National and Local Awareness in the County Communities', in H.Tomlinson, ed., *Before the English Civil War: Essays on Early Stuart Politics and Government* (London, 1983).
- A.Fox and J.Guy, *Reassessing the Henrician Age: Humanism, Politics and Reform 1500-1550* (Oxford, 1986).
- A.Fox, 'Rumour, News and Popular Political Opinion in Elizabethan and Early Stuart England', *Historical Journal*, vol.40, 3 (1997).
- E.Garin, *Italian Humanism, Philosophy and Civic Life in the Renaissance*, P.Munz, trans. (New York, 1965) (E. ガレン著、清水純一訳『イタリアのヒューマニズム』、創文社、1960 年).
- M.van Gelderen and Q.Skinner, eds., *Republicanism: A Shared European Heritage*, 2vols. (Cambridge, 2002).
- P.Goodrich, *Languages of Law: From Logics of Memory to Nomadic Masks* (London, 1990).
- H.Grabes, ed., *Writing the Early Modern English Nation: The Transformation of National Identity in Sixteenth- and Seventeenth-Century England* (Atlanta, 2001).
- M.A.R.Graves, 'Thomas Norton the Parliament Man: An Elizabethan M.P., 1559-1581', *Historical Journal* 23 (1980).

- M.A.R.Graves, 'The Management of the Elizabethan House of Commons: The Council's Men of Business', *Parliamentary History* 2 (1982).
- M.A.R.Graves, 'The Common Lawyers and the Privy Council's Parliamentary Men of Business, 1554-1601', *Parliamentary History* 8 (1989).
- M.A.R.Graves, *Thomas Norton: The Parliament Man* (Oxford, 1994).
- J.Greenberg, *The Radical Face of the Ancient Constitution: St Edward's "Law" in Early Modern Political Thought* (Cambridge, 2001).
- J.A.Guy, *Tudor England* (Oxford, 1988).
- J.A.Guy, 'The Henrician Age', in J.G.A.Pocock, ed., *The Varieties of British Political Thought, 1500-1800* (Cambridge, 1993).
- J.A.Guy, ed., *The Reign of Elizabeth I: Court and Culture in the Last Decade* (Cambridge, 1995).
- J.A.Guy, 'The Rhetoric of Counsel in Early Modern England', in D.Hoak, ed., *Tudor Political Culture* (Cambridge, 1995).
- J.A.Guy, 'Tudor Monarchy and its Critiques', in idem, ed., *The Tudor Monarchy* (London, 1997).
- J.A.Guy, *Politics, Law and Counsel in Tudor and Early Stuart England* (London, 2000).
- J.Habermas, *The Structural Transformation of the Public Sphere: an Inquiry into a Category of Bourgeois Society* , T.Burger and F.Lawrence, trans. (Cambridge, 1989), （J. ハーバーマス著、細谷貞雄訳『公共性の構造転換』、未来社、1973年）.
- A.Hadfield, *Shakespeare and Republicanism* (Cambridge, 2005).
- P.E.J.Hammer, *The Polarisation of Elizabethan Politics: The Political Career of Robert Devereux, 2nd Earl of Essex, 1585-1597* (Cambridge, 1999).
- D.W.Hanson, *From Kingdom to Commonwealth: The Development of Civic Consciousness in English Political Thought* (Cambridge, 1970).
- T.E.Hartley, *Elizabeth's Parliamants: Queen, Lords and Commons 1559-1601* (Manchester, 1992).
- R.Helgerson, *Forms of Nationhood: The Elizabethan Writing of England* (Chicago, 1992).
- C.Hill, *Puritanism and Revolution: Studies in Interpretation of the English Revolution of the 17th Century* (London, 1958).
- C.Hill, *Society and Puritanism in Pre-Revolutionary England* (New York, 1964).
- C.Hill, *Intellectual Origins of the English Revolution* (Oxford, 1965).
- C.Hill, *The World Turned upside down: Radical Ideas during the English*

Revolution (Harmondsworth, 1972).

- D.Hirst, *The Representative of the People?: Voters and Voting in England under the Early Stuarts* (Cambridge, 1975).
- D.Hirst, 'Court, Country, and Politics before 1629', in K.Sharpe, ed., *Faction and Parliament* (Oxford, 1979).
- D.Hirst, 'Review of Kishlansky', *Albion* 19 (1987).
- D.Hoak, 'The Iconography of the Crown Imperial', in idem, ed., *Tudor Political Culture* (Cambridge, 1995).
- C.Holmes, 'The County Community in Stuart Historiography', *Journal of British Studies* XIX, 2 (1980).
- G.Holmes, *The Florentine Enlightenment, 1400-1450* (London, 1969).
- M.P.Holt, *The Duke of Anjou and the Politique Struggle during the Wars of Religion* (Cambridge, 1986).
- W.S.Howell, *Logic and Rhetiric in England, 1500-1700* (Princeton, 1956).
- W.S.Hudson, *The Cambridge Connection and the Elizabethan Settlement of 1559* (Durham, 1980).
- A.Hughes, 'Warwickshire on the Eve of the Civil War: A "County Community"?', *Midland History* VII (1982).
- A.Hughes, *The Causes of the English Civil Wa*r (Basingstoke, 1991).
- R.Hutton, *Debates in Stuart History* (Basingstoke, 2004).
- S.Ito, 'Charles Davenant's Politics and Political Arithmetic', *History of Economic Ideas* XIII (2005).
- M.James, *Society, Politics and Culture: Studies in Early Modern England* (Cambridge, 1986).
- N.L.Jones, *Faith by Statute: Parliament and the Settlement of Religion, 1559* (London, 1982).
- N.L.Jones, 'Parliament and the Governance of Elizabethan England: A Review', *Albion* 19 (1987).
- W.R.D.Jones, *Tudor Commonwealth, 1529-59* (Athlone, 1970).
- W.R.D.Jones, *The Tree of Commonwealth, 1450-1793* (Fairleigh, 2000).
- C.Jordan, 'Women's Rule in Sixteenth Century British Political Thought', *Renaissance Quarterly* 40, no.3 (1987).
- D.R.Kelley, *François Hotman: A Revolutionary's Ordeal* (Princeton, 1973).
- D.R.Kelley, 'History, English Law and the Renaissance', *Past and Present* 65 (1974).
- J.N.King, *Tudor Royal Iconography: Literature and Art in an Age of Religious Crisis* (Princeton, 1989).

- M.A.Kishlansky, *Parliamentary Selection: Social and Political Choice in Early Modern England* (Cambridge, 1986).
- K.O.Kupperman, 'Definitions of Liberty on the Eve of Civil War: Lord Saye and Sele, Lord Brooke, and the American Puritan Colonies', *Historical Journal* 32 (1989).
- P.Lake, 'Anti-Popery: The Structure of a Prejudice', in R.Cust and A.Hughes, eds., *Conflict in Early Stuart England* (Harlow, 1989).
- P.Lake, 'Retrospective: Wentworth's Political World in Revisionist and Post Revisionist Perspective', in J.F.Merritt, ed., *The Political World of Thomas Wentworth, Earl of Strafford, 1621-1641* (Cambridge, 1996).
- P.Lake and M.Questier, 'Puritans, Papists, and the "Public Sphere" in Early Modern England: The Edmund Campion Affair in Context', *Journal of Modern History*, vol.72, no.3 (2000).
- P.Lake, '"The Monarchical Republic of Queen Elizabeth I" (and the Fall of Archbishop Grindal) Revisited', in J.F.McDiarmid, ed., *The Monarchical Republic of Early Modern England: Essays in Response to Patrick Collinson* (Ashgate, 2007).
- P.Lake and S.Pincus, eds., *The Politics of the Public Sphere in Early Modern England: Politics, Culture and Society in Early Modern Britain* (Manchester, 2007).
- V.M. Larmine, 'The Godly Magistrate: The Private Philosophy and Public Life of Sir John Newdigate 1571-1610', *Dugdale Society Occasional Papers*, no.28 (1982).
- M.M.Leimon, 'Sir Francis Walsingham and the Anjou Marriage Plan, 1574-81', PhD thesis, Cambridge University (1989).
- B.P.Levack, *The Civil Lawyers in England 1603-1641: A Political Study* (Oxford, 1973).
- B.P.Levack, 'Law and Ideology: The Civil Law and Theories of Absolutism in Elizabethan and Jacobean England', in H.Dubrow and R.Strier, eds., *The Historical Renaissance: New Essays on Tudor and Stuart Literature and Culture* (Chicago, 1988).
- C.Levin, *'The Heart and Stomach of a King': Elizabeth I and the Politics of Sex and Power* (Philadelphia, 1993).
- L M.Levine, *The Early Elizabethan Succession Question 1558-1568* (Stanford, 1966).
- F.J.Levy, 'How Information Spread among Gentry, 1550-1640', *Journal of British Studies* 112 (1982).

- F.J.Levy, 'Francis Bacon and the Style of Politics', *English Literary Renaissance* 16 (1986).
- F.J.Levy, 'Hayward, Daniel and the Beginning of Politic History', *Huntington Library Quarterly* 50 (1987).
- F.L.Levy, *Tudor Historical Thought* (San Marino, 1967).
- J.Loach, *Parliament and the Crown in the Reign of Mary Tudor* (Oxford, 1986).
- D.Loades, *Power in Tudor England* (London, 1997).
- S.Lucas, 'The Suppressed Edition and the Creation of the "Orthodox" *A Mirror for Magistrates*', *Renaissance Papers 1994* (1995).
- W.T.MacCaffrey, 'Place and Patronage in Elizabethan Politics', in S.T.Bindoff, J.Hurstfield and C.H.Williams, eds., *Elizabethan Government and Society, Essays Presented to Sir John Neale* (London, 1961).
- W.T.MacCaffrey, *Queen Elizabeth and the Making of Policy, 1572-1588* (Princeton, 1981).
- D.MacCulloch, *Suffolk and the Tudors* (Oxford, 1986).
- H.Macdonald, 'Another Aspect of Seventeenth-Century Prose', *Review of English Studies* 19 (1943).
- P.Mack, *Elizabethan Rhetoric: Theory and Practice* (Cambridge, 2002).
- I.Maclean, *The Rennaissance Notion of Woman: A Study in the Fortunes of Scholasticism and Medical Science in European Intellectual Life* (Cambridge, 1980).
- T.Mayer, *Thomas Starkey and the Commonwealth: Humanist Politics and Religion in the Reign of Henry VIII* (Cambridge, 2002).
- J.K.McConica, *English Humanists and Reformation Politics under Henry VIII and Edward VI* (Oxford, 1965).
- P.E.McCullough, *Sermons at Court: Politics and Religion in Elizabethan and Jacobean Preaching* (Cambridge, 1998).
- J.F.McDiarmid, ed., *The Monarchical Republic of Early Modern England: Essays in Response to Patrick Collinson* (Ashgate, 2007).
- D.J.McGinn, *John Penry and the Marprelate Controversy* (New Brunswick, 1966).
- A.N.McLaren, 'Reading Sir Thomas Smith's *De Republica Anglorum* as Protestant Apologetic', *Historical Journal* 42 (1999).
- A.N.McLaren, *Political Culture in the Reign of Elizabeth I: Queen and Commonwealth 1558-1585* (Cambridge, 1999).
- A.N.McLaren, 'The Quest for a King: Gender, Marriage, and Succession in

Elizabethan England', *Journal of British Studies*, vol.41 (2002).

- N.Mears, 'Counsel, Public Debate, and Queenship: John Stubbs's *The Discoverie of a Gaping Gulf*, 1579', *Historical Journal*, vol.44, 3 (2001).
- N.Mears, *Queenship and Political Discourse in the Elizabethan Realms* (Cambridge, 2005).
- M.Mendle, *Dangerous Positions: Mixed Government, the Estates of the Realm, and the Making of the Answer to the XLX Propositions* (Alabama, 1985).
- H.Morgan, 'The Colonial Venture of Sir Thomas Smith in Ulster, 1571-1575', *Historical Journal* 28 (1985).
- I.Morgan, *Prince Charles's Puritan Chaplain* (London, 1957).
- R.C.Munden, '"All the Privy Council being Members of this House": A Note on the Constitutional Significance of Procedure in the House of Commons, 1589-1614', *Parliamentary History* 12 (1993).
- J.J.Murphy, *Rhetoric in the Middle Ages; A History of Rhetorical Theory from Saint Augustine to the Renaissance* (Berkeley, 1974).
- J.J.Murphy, ed., *Renaissance Eloquence: Studies in the Theory and Practice of Renaissance Rhetoric* (Berkeley, 1983).
- J.E.Neale, 'Peter Wentworth: Part I', *English Historical Review*, vol.xxxix (1924).
- J.E.Neale, 'The Elizabethan Political Scene', *Proceedings of the British Academy* 34 (1948).
- J.E.Neale, *The Elizabethan House of Commons* (London, 1949).
- J.E.Neale, *Elizabeth I and her Parliaments*, 2vols. (London, 1953, 57).
- J.E.Neale, 'The Commoners' Privilege of Free Speech in Parliament', in E.B.Fryde and E.Miller, eds., *Historical Studies of the English Parliaments* (Cambridge, 1970).
- E.Nelson, *The Greek Tradition in Republican Thought* (Cambridge, 2004).
- D.Norbrook, *Poetry and Politics in the English Renaissance* (London, 1984).
- A.Pagden, *Lords of all the World: Ideologies of Empire in Spain, Britain and France c.1500-1800* (New Haven, 1995).
- G.Parmiter, 'Elizabethan Popish Recusancy in the Inns of Court', *Bulletin of the Institute of Historical Research, Special Supplement*, no.11 (1976).
- G.J.R.Parry, *A Protestant Vision: William Harrison and the Reformation of Elizabethan England* (Cambridge, 1987).
- C.F.Patterson, *Urban Patronage in Early Modern England: Corporate Bor-*

oughs, the Landed Elite, and the Crown, 1580-1640 (Stanford, 1999).

- H.S.Pawlisch, 'Sir John Davies, the Ancient Constitution, and the Civil Law', *Historical Journal* 23 (1980).
- H.S.Pawlisch, *Sir John Davies and the Conquest of Ireland: A Study in Legal Imperialism* (Cambridge, 1985).
- A.F.S.Pearson, *Thomas Cartwright and Elizabethan Puritanism* (London, 1935).
- L.L.Peck, *Court Patronage and Corruption in Early Stuart England* (London, 1993).
- M.Peltonen, *Classical Humanism and Republicanism in English Political Thought, 1570-1640* (Cambridge, 1995).
- M.Peltonen, *The Duel in Early Modern England* (Cambridge, 2003).
- M.Peltonen, *Rhetoric, Politics and Popularity in Pre-Revolutionary England* (Cambridge, 2012).
- J.G.A.Pocock, *The Ancient Constitution and the Feudal Law: A Study of English Historical Thought in the Seventeenth Century* (Cambridge, 1957).
- J.G.A.Pocock, *The Machiavellian Moment: Florentine Political Thought and the Atlantic Republican Tradition* (Princeton, 1975) (J. G. A. ポーコック著、田中秀夫、奥田敬、森岡邦泰訳『マキァヴェリアン・モーメント：フィレンツェの政治思想と大西洋圏の共和主義の伝統』、名古屋大学出版会、2008 年).
- J.G.A.Pocock, 'Burke and the Ancient Constitution: A Problem in the History of Ideas', in idem, *Politics, Language, and Time* (Chicago, 1989).
- A.F.Pollard, *England under Protector Somerset* (London, 1900).
- A.F.Pollard, *Factors in Modern History* (London, 3rd ed., 1948).
- R.Pollitt, 'The Defeat of the Northern Rebellion and the Shaping of Anglo-Scottish Relations', *Scottish Historical Review*, vol.LXIV, I, no.177 (1985).
- R.Pooley, *English Prose of the Seventeenth Century, 1590-1700* (Longman, 1992).
- W.R.Prest, The *Inns of Court under Elizabeth I and the Early Stuarts 1590-1640* (London, 1972).
- W.R.Prest, ,'The Dialectical Origins of Finch's Law', *Cambridge Law Journal* 36 (1977).

- W.R.Prest, *The Rise of the Barristers* (Oxford, 1986).
- F.Raab, *The English Face of Machiavelli* (London, 1965).
- T.K.Rabb, 'The Role of the Commons', *Past and Present* 92 (1981).
- P.Raffield, *Images and Cultures of Law in Early Modern England: Justice and Political Power, 1558-1660* (Cambridge, 2004).
- E.Rawson, *The Spartan Tradition in European Thought* (Oxford, 1969).
- J.Raymond, *Pamphlets and Pamphleteering in Early Modern Britain* (Cambridge, 2003).
- C.Read, 'Walsingham and Burghley in Queen Elizabeth's Privy Council', *English Historical Review* 28 (1913).
- C.Read, *Mr Secretary Walsingham and the Policy of Queen Elizabeth* (Cambridge, 1925), vol. II .
- N.Rhodes, ed., *English Renaissance Prose: History, Language, and Politics* (Tempe, 1997).
- D.Robey, 'P.P.Vergerio the Elder: Republicanism and Civic Values in the Work of an Early Humanist', *Past and Present* 58 (1973).
- C.P.Rodgers, 'Humanism, History and the Common Law', *Journal of Legal History* 6 (1985).
- D.Rollinson, *A Commonwealth of the People: Popular Politics and England's Long Social Revolution, 1066-1649* (Cambridge, 2010).
- D.H.Sacks, 'Parliament, Privilege, and the Liberties of the Subject', in J.H.Hexter, ed., *Parliament and Liberty from the Reign of Elizabeth to the English Civil War* (Stanford, 1992).
- J.H.M.Salmon, *The French Religious Wars in English Political Thought* (Oxford, 1959).
- J.H.M.Salmon, 'Stoicism and Roman Example: Seneca and Tacitus in Jacobean England', *Journal of History of Ideas* 50 (1989).
- E.Sandoz, ed., *The Roots of Liberty: Magna Carta, Ancient Constitution, and the Anglo-American Tradition of Rule of Law* (Columbia, 1993).
- R.J.Schoeck, 'Humanism in England', in A.Rabil (Jr.), ed., *Renaissance Humanism: Foundations, Forms, and Legacy*, 3vols. (Philadelphia, 1988).
- J.Scott, *Algernon Sidney and the English Republic 1623-1677* (Cambridge, 1988).
- J.Scott, *Commonwealth Principles* (Cambridge, 2004).
- J.E.Seigel, 'Civic Humanism or Ciceronian Rhetoric?', *Past and Present* 34 (1966).
- J.E.Seigel, *Rhetoric and Philosophy in Renaissance Humanism: The Union*

of Eloquence and Wisdom, Petrarch to Valla (Princeton, 1968).

- B.Shapiro, 'Codification of the Laws in Seventeenth Century England', *Wisconsin Law Review* (1974).
- K.Sharpe, 'Introduction: Parliamentary History 1603-1629: In or out of Perspective', in idem, ed., *Faction and Parliament: Essays on Early Stuart History* (Oxford, 1978).
- K.Sharpe, *Politics and Ideas in Early Stuart England: Essays and Studies* (London, 1989).
- K.Sharpe and P.Lake, eds., *Culture and Politics in Early Stuart England* (Houndmills, 1994).
- C.Skeel, 'The Influence of the Writings of Sir John Fortescue', *Transactions of the Royal Historical Society*, 3rd ser., 10 (1916).
- E.Skerpan, *The Rhetoric of Politics in the English Revolution 1642-1660* (Columbia, 1992).
- Q.Skinner, *The Foundations of Modern Political Thought*, 2vols. (Cambridge, 1978)（Q．スキナー著､門間都喜郎訳『近代政治思想の基礎：ルネッサンス、宗教改革の時代』、春風社、2009年）．
- Q.Skinner, 'Political Philosophy', in C.B.Schmitt and Q.Skinner, eds., *The Cambridge History of Renaissance Philosophy* (Cambridge, 1988).
- Q.Skinner, *Liberty before Liberalism* (Cambridge, 1998)（Q．スキナー著、梅津順一訳『自由主義に先立つ自由』、聖学院大学出版会、2001年）．
- R.M.Smuts, 'Court-Centered Politics and the Uses of Roman Historians, c.1590-1630', in K.Sharpe and P.Lake, eds., *Culture and Politics in Early Stuart England* (Houndmills, 1994).
- R.M.Smuts, *Culture and Power in England, 1585-1685* (New York, 1999).
- J.Sommerville, 'Richard Hooker, Hadrian Saravia and the Advent of the Divine Right of Kings', *History of Political Thought* 4 (1983).
- J.P.Sommerville, *Politics and Ideology in England, 1603-1640* (Harlow, 1986).
- D.Starkey, 'Court History in Perspective', in idem, ed., *The English Court: From the War of the Roses to the Civil War* (London, 1987).
- L.Stone, *The Crisis of the Aristocracy 1558-1641* (Oxford, 1967).
- L.Stone, *The Causes of the English Revolution 1529-1642* (London, 1986)（L．ストーン著、紀藤信義訳『イギリス革命の原因：1529～1642』、未来社、1978年）．
- J.R.Stoner, *Common Law & Liberal Theory: Coke, Hobbes, & the Origins of American Constitutionalism* (Kansas, 1992).

- S.J.E.Surtz, *The Praise of Pleasure* (Cambridge, 1957).
- R.H.Tawney, 'The Rise of the Gentry, 1558-1641', *Economic History Review,* vol.XI, no.1 (1941)（R. H. トーニー著、浜林正夫訳『ジェントリの勃興』、未来社、1957 年）.
- M.F.Tenny, 'Tacitus in the Politics of Early Stuart England', *Classical Journal* 37 (1941).
- R.J.Terrill, 'Humanism and Rhetoric in Legal Education: The Contribution of Sir John Dodderidge (1555-1628)', *Journal of Legal History* 2 (1981).
- R.J.Terrill, 'The Application of the Comparative Method by English Civilian: The Case of William Fulbecke and Thomas Ridley', *Journal of Legal History*, 2:2 (1981).
- B.Tierney, "The Prince Is Not Bound by the Laws': Accursius and the Origins of the Modern State', *Comparative Studies in Society and History* 5 (1963).
- R.Tittler, *Nicholas Bacon*: *The Making of a Tudor Statesman* (London, 1976).
- R.Tittler, 'Elizabethan Towns and the "Point of Contact": Parliament', *Parliamentary History* 8 (1989).
- M.Todd, *Christian Humanism and the Puritan Social Order* (Cambridge, 1987).
- H.R.Trevor-Roper, 'The Gentry 1540-1640', *Economic History Review Supplements*, no.1 (1953).
- R.Tuck, *Philosophy and Government 1572-1651* (Cambridge, 1993).
- D.Underdown, 'Community and Class: Theories of Local Politics in the English Revolution' in B.C.Malament, ed., *After the Reformation: Essays in Honor of J.H.Hexter* (Philadelphia, 1980).
- D.Underdown, *Revel, Riot, and Rebellion: Popular Politics and Culture in England 1603-1660* (Oxford, 1985).
- M.Viroli, *From Politics to Reason of State: The Acquisition and Transformation of a Language of Politics 1250-1600* (Cambridge, 1992).
- M.Walzer, *The Revolution of the Saints* (Cambridge, 1965).
- M.Weinbaum, *British Borough Charters 1307-1660* (Cambridge, 1943).
- J.M.Welsh, 'Edmund Burke and the Commonwealth of Europe: The Cultural Bases of International Order', in I.Clark and I.B.Neumann, eds., *Classical Theories of International Relations* (New York, 1996).
- R.B.Wernham, *Before the Armada: The Growth of English Foreign Policy 1485-1588* (Cape, 1966).

- W.B.Willcox, *Gloucestershire: A Study in Local Government 1590-1640* (Yale, 1940).
- P.Williams, *The Tudor Regime* (London, 1979).
- G.Williamson, *The Senecan Amble: A Study in Prose Form from Bacon to Collier* (Chicago, 1951).
- C.Wilson, *Queen Elizabeth and the Revolt of the Netherlands* (Macmillan, 1970).
- D.Womersley, 'Sir Henry Savil's Translation of Tacitus and Political Interpretation of Elizabethan Texts', *Review of English Studies New Series* 42 (1991).
- N.Wood, 'Sir Thomas Smith's New 'Moral Philosophy'', in idem, *Foundations of Political Economy: Some Early Tudor View on State and Society* (Bakeley, 1994).
- N.Wood, 'Avarice and Civil Unity: The Contribution of Sir Thomas Smith', *History of Political Thought* 18 (1997).
- D.Wootton, ed., *Divine Right and Democracy: An Anthology of Political Writing in Stuart England* (Harmondsworth, 1986).
- B.Worden, 'Classical Republicanism and the Puritan Revolution', in H.Lloyd-Jones, V.Pearl and B.Worden, eds., *History and Imagination: Essays in Honour of H.R.Trevor-Roper* (London, 1981).
- B.Worden, 'Milton's Republicanism and the Tyranny of Heaven', in G.Bock, Q.Skinner, and M.Viroli, eds., *Machiavelli and Republicanism* (Cambridge, 1990).
- B.Worden, 'English Republicanism', in J.H.Burns, ed., *The Cambridge History of Political Thought 1450-1700* (Cambridge, 1991).
- B.Worden, 'The Revolution of 1688-89 and the English Republican Tradition', in J.I.Israel, ed., *The Anglo-Dutch Moment: Essays on the Glorious Revolution and its World Impact* (Cambridge, 1991).
- B.Worden, *The Sound of Virtue: Philip Sidney's 'Arcadia' and Elizabethan Politics* (New Haven, 1996).
- F.A.Youngs (Jr.), *The Proclamations of the Tudor Queens* (Cambridge, 1976).
- P.Zagorin, *A History of Political Thought in the English Revolution* (London, 1954).
- W.G.Zeeveld, *Foundations of Tudor Policy* (Cambridge, 1948).

<邦語訳文献>

- D. アーミテイジ著、平田雅博他訳『帝国の誕生：ブリテン帝国のイデオロギー的起源』、日本経済評論社、2005 年。
- H. アレント著、志水速雄訳『人間の条件』、筑摩書房、1994 年。
- B. アンダーソン著、白石さや、白石隆訳『想像の共同体：ナショナリズムの起源と流行』、ＮＴＴ出版、1997 年。
- G. エストライヒ著、阪口修平、千葉徳夫、山内進編訳『近代国家の覚醒：新ストア主義・身分制・ポリツァイ』、創文社、1993 年。
- N. エリアス著、波田節夫他訳『宮廷社会』、法政大学出版局、1981 年。
- E. カントローヴィチ著、小林公訳『王の二つの身体：中世政治神学研究』、平凡社、1992 年。
- P. O. クリステラー著、渡辺守道訳『ルネサンスの思想』、東京大学出版会、1977 年。
- E. R. クルツィウス著、南大路振一他訳『ヨーロッパ文学とラテン中世』、みすず書房、1971 年。
- L. コリー著、川北稔監訳『イギリス国民の誕生』、名古屋大学出版会、2000 年。
- I. バーリン著、小川晃一他訳『自由論』、みすず書房、1997 年。
- J. ブルーア著、近藤和彦編『スキャンダルと公共圏』、山川出版社、2006 年。
- J. G. A. ポーコック著、田中秀夫訳『徳・商業・歴史』、みすず書房、1993 年。
- C. H. マクワルワイン著、森岡敬一郎訳『立憲主義：その成立過程』、慶應通信、1966 年。
- C. モリス著、平井正樹訳『宗教改革時代のイギリス政治思想』、刀水書房、1981 年。
- A. O. ラヴジョイ著、内藤健二訳『存在の大いなる連鎖』、晶文社、1975 年。

<邦語文献>

- 青木道彦『エリザベス一世：大英帝国の幕あけ』、講談社現代新書、2000 年。
- 青木康『議員が選挙区を選ぶ：18 世紀イギリスの議会政治』、山川出版社、1997 年。
- 青柳かおり「リチャード・フッカーと教会統治の可変性：イングランド国教会の時代的継続と空間的拡大」、『イギリス哲学研究』第 30 号、2007 年。
- 犬塚元「拡散と融解のなかの『家族的類似性』：ポーコック以後の共和主義思想史研究 1975 ～ 2007」、『社会思想史研究』(No.32)、2008 年。
- 井野瀬久美恵「エリザベス朝中期の派閥政治」、『史林』68-1、1985 年。
- 今井宏編『世界歴史大系　イギリス史 2』、山川出版社、1990 年。
- 岩井淳『千年王国を夢みた革命：17 世紀英米のピューリタン』、講談社、

1995年。
- 岩井淳、指昭博編『イギリス史の新潮流:修正主義の近世史』、彩流社、2000年。
- 岩井淳「ピューリタン・ジェントリ論の射程」、『人文論集』No.51-2、2000年。
- 岩井淳「『ブリテン帝国』の成立:16～17世紀の帝国概念と古代ローマ」、『歴史学研究』776、2003年。
- 植村雅彦「ウェントワース事件をめぐる一考察：エリザベス治世における絶對性と立憲性」、『西洋史学』第22号、1954年。
- 植村雅彦「テューダー救貧法成立のための一要件：人文主義と救貧政策」、『西洋史学』第32号、1956年。
- 植村雅彦『テューダー・ヒューマニズム研究序説』、創文社、1967年。
- 大野真弓『イギリス絶対主義の権力構造』、東京大学出版会、1977年。
- 大野真弓「エリザベス朝の派閥抗争：サー・ロバート・セシルとエセックス伯爵ロバート・デヴァルー」、『政治経済史学』第300号、1991年。
- 岡本明編著『支配の文化史:近代ヨーロッパの解読』、ミネルヴァ書房、1997年。
- 越智武臣『近代英国の起源』、ミネルヴァ書房、1966年。
- 菊池理夫『ユートピアの政治学:レトリック・トピカ・魔術』、新曜社、1987年。
- 菊池理夫『共通善の政治学：コミュニティをめぐる政治思想』、勁草書房、2011年。
- 木村俊道『顧問官の政治学：フランシス・ベイコンとルネサンス期イングランド』、木鐸社、2003年。
- 小泉徹「革命前のイングランド国教会」、『武蔵大学人文学会雑誌』第23巻、第2・3号、1992年。
- 小泉徹「『イギリス絶対王政』再考」、『武蔵大学人文学会雑誌』第27巻、第2号、1996年。
- 小林麻衣子「ジョージ・ブキャナンの抵抗権論」、『一橋論叢』第127巻、第2号、2002年。
- 小林麻衣子「ルネサンス期イングランドとトマス・エリオット:顧問官の概念」、『一橋研究』第29巻、第4号（通巻146号)、2005年。
- 小林麻衣子『近世スコットランドの王権：ジェイムズ六世と「君主の鑑」』、ミネルヴァ書房、2014年。
- 小山貞夫『絶対王政期イングランド法制史抄説』、創文社、1992年。
- 近藤和彦編『長い18世紀のイギリス:その政治社会』、山川出版社、2002年。
- 佐伯啓思、松原隆一郎編著『共和主義ルネサンス：現代西欧思想の変貌』、ＮＴＴ出版、2007年。
- 三枝幸夫「ヘンリー・ピーチャム『完全なるジェントルマン』：イギリス・ルネサンスにおけるコンダクト・ブックの一断面」、『イギリス・ルネサンスの諸相：演劇・文化・思想の展開』、中央大学出版部、1989年。

- 佐々木武「近世共和主義：『君主のいる共和国』について」、近藤和彦編『岩波講座・世界歴史 16：主権国家と啓蒙 16 〜 18 世紀』、岩波書店、1999 年。
- 指昭博「ブルータス伝説」、指昭博編『「イギリス」であること』、刀水書房、1999 年。
- 指昭博編『王はいかに受け入れられたか：政治文化のイギリス史』、刀水書房、2007 年。
- 清水祐司「エリザベス治世期の治安判事（一）：ノーフォーク州を中心に」、『史学』第 48 巻、第 3 号、1977 年。
- 清水祐司「エリザベス治世期の治安判事（二）：ノーフォーク州を中心に」、『史学』第 49 巻、第 2・3 号、1978 年。
- 清水祐司「ウィリアム・ランバードと中央・地方（一）」、『史学』第 68 巻、第 1・2 号、1999 年。
- 隅田哲司「エリザベス時代における一政治思想：T．スミスの議会内国王主権論」、『広島商大論集』第 1 巻、第 2 号、1961 年。
- 田中秀夫、山脇直司編『共和主義の思想空間：シヴィック・ヒューマニズムの可能性』、名古屋大学出版会、2006 年。
- 塚田富治『トマス・モアの政治思想：イギリス・ルネッサンス期政治思想研究序説』、木鐸社、1978 年。
- 塚田富治『ルネサンス期イングランドにおける「政治」観と「政治」論：「政治」という言葉の分析』、一橋大学社会科学古典資料センター、1986 年。
- 塚田富治『カメレオン精神の誕生：徳の政治からマキアヴェリズムへ』、平凡社、1991 年。
- 出口勇蔵監修『近世ヒューマニズムの経済思想：イギリス絶対主義の一政策体系』、有斐閣、1957 年。
- 土井美徳『イギリス立憲政治の源流：前期ステュアート時代の統治と「古来の国制」論』、木鐸社、2006 年。
- 仲丸英起「ある下院議員の生涯：エリザベス期『ピューリタン』ピーター・ウェントワースの再検討」、『ピューリタニズム研究』第 4 号、2010 年。
- 仲丸英起『名誉としての議席：近世イングランドの議会と統治構造』、慶應義塾大学出版会、2011 年。
- 堀江洋文「エルトン史学と歴史研究：テューダー行政革命論争を中心として」、『社会科学年報』第 28 号、1994 年。
- 松浦志穂「エリザベス朝末期における枢密院議官の派閥活動」、『史論』第 52 号、1999 年。
- 松村高夫「社会史の言語論的アプローチをめぐって」、『三田学会雑誌』86 巻 3 号、1993 年。
- 村松茂美『ブリテン問題とヨーロッパ連邦：フレッチャーと初期啓蒙』、京都

大学学術出版会、2013 年。
- 山内進『新ストア主義の国家哲学』、千倉書房、1985 年。
- 山本信太郎『イングランド宗教改革の社会史：ミッド・テューダー期の教区教会』、立教大学出版会、2009 年。
- 拙稿「エリザベス期イングランドにおける『リパブリカニズム』：当時の『言説』を手掛りに」、『立教史学』創刊号、2010 年。

人名索引

ア行

カ行

〈著者紹介〉
山根　明大（やまね あきひろ）

2004 年 3 月　慶應義塾大学経済学部経済学科卒業
2007 年 3 月　慶應義塾大学大学院文学研究科史学専攻前期博士課程修了
2015 年 9 月　立教大学大学院文学研究科史学専攻博士課程後期課程修了
博士（文学）

コモンウェルスの政治思想史
——エリザベス一世期の政治的イングランド意識——

2017 年 3 月 31 日　初版第 1 刷発行

RIKKYO UNIVERSITY PRESS

著　者　山　根　明　大
発行所　立　教　大　学　出　版　会
〒 171-8501　東京都豊島区西池袋 3 丁目 34-1
電話（03）3985-4955
email rikkyo-press@rikkyo.ac.jp

発売所　丸 善 雄 松 堂 株 式 会 社
〒 105-0022　東京都港区海岸 1 丁目 9 -18

編集・制作・組版　株式会社アットマーククリエイト
印刷・製本　大日本印刷株式会社

ISBN 978-4-901988-31-5 C3022